我国冷链物流
发展研究

交通运输部公路科学研究院　编著

RESEARCH ON THE DEVELOPMENT OF
COLD CHAIN LOGISTICS
IN CHINA

人民交通出版社
北　京

内 容 提 要

本书以推动冷链物流高质量发展为主题，回顾了冷链物流的起源与国内外发展历程，阐述了新时期构建现代冷链物流体系的重要意义，从冷链物流全链条、全要素的角度，围绕冷链物流市场需求、基础设施、技术装备、企业运营、体制机制、法规标准等6个方面，全面梳理发展现状，准确分析阶段特征，系统总结经验做法与典型案例，深入剖析行业发展中存在的突出问题，提出未来冷链物流发展的创新举措与政策建议。

本书适合冷链物流行业管理人员、冷链物流相关从业人员以及科研机构、高等院校相关研究人员阅读参考。

图书在版编目(CIP)数据

我国冷链物流发展研究 / 交通运输部公路科学研究院编著. — 北京：人民交通出版社股份有限公司，2024.6

ISBN 978-7-114-19464-1

Ⅰ.①我⋯ Ⅱ.①交⋯ Ⅲ.①冷冻食品—物流管理—研究—中国 Ⅳ.①F252.8

中国国家版本馆CIP数据核字(2024)第068119号

Wo Guo Lenglian Wuliu Fazhan Yanjiu

书　　名：我国冷链物流发展研究
著 作 者：交通运输部公路科学研究院
责任编辑：董　倩
责任校对：孙国靖　刘　璇
责任印制：刘高彤
出版发行：人民交通出版社
地　　址：(100011)北京市朝阳区安定门外外馆斜街3号
网　　址：http:// www.ccpcl.com.cn
销售电话：(010)59757973
总 经 销：人民交通出版社发行部
经　　销：各地新华书店
印　　刷：北京市密东印刷有限公司
开　　本：720×960　1/16
印　　张：16.5
字　　数：235千
版　　次：2024年6月　第1版
印　　次：2024年6月　第1次印刷
书　　号：ISBN 978-7-114-19464-1
定　　价：80.00元
(有印刷、装订质量问题的图书，由本社负责调换)

编 写 组

主　编　　叶　静　蔡　翠

副主编　　王俊波　李思聪

参编人员　杨　勇　宗成强　李　弢　秦玉鸣　郝攀峰
　　　　　王　娟　甘家华　陈波莅　刘　飞　牛志强

参编单位　交通运输部公路科学研究院
　　　　　交通运输部科学研究院
　　　　　交通运输部规划研究院
　　　　　中国物流与采购联合会冷链物流专业委员会
　　　　　中国集装箱行业协会

前言
PREFACE

冷链物流广泛服务于农产品、食品、医药等诸多领域,连接着生产端和消费端,与经济社会发展和人民群众生活密切相关,是减少农产品产后损失和食品流通浪费,扩大高品质市场供给,满足消费提档升级的重要手段,也是健全"从农田到餐桌、从枝头到舌尖"的农产品质量安全体系,提高医药产品物流全过程品质管控能力的重要保障。早在2010年,我国出台了冷链物流领域的第一部规划《农产品冷链物流发展规划》,从技术体系、标准规范、基础设施、市场主体等方面系统性提出目标任务,为加快发展农产品冷链物流做出了顶层设计。这部规划的出台使得全国更加重视冷链物流的发展。近年来,在国家政策大力支持和消费结构升级的双轮驱动下,生鲜电商快速发展,新零售模式变革,冷链物流进入了发展快车道,市场需求迅速增长,冷库、冷藏车等设施设备随之加快发展,自动化、信息化等技术条件逐步改善,市场主体不断发展壮大,物流组织模式加快创新,满足了城乡居民个性化、便利化、品质化、差异化的消费需求。

与此同时,我们应该看到,冷链物流是一个从前端产地,到中端加工、仓储、分拣、包装、运输、配送,再到终端销售、交付的长链条,具有货物易腐、运输时效性强、投入成本高等特点,这些决定了冷链物流的系统性、复杂性以及全程冷链"不断链"的专业性。但是我国冷链物流起步较晚,基础薄弱,当前行业发展面临着设施设备不完善、运营行为不规范、法规标准不健全、行业监管不到位等突出瓶颈和痛点、难点、卡点问题,果蔬等生鲜农产品流通过程的腐损率偏高,"脱冷断链"现象仍然存在,与经济社会发展和人民群众需求相比还存在较大差距,冷链物流发展水平远不及美国、德国、日本等发达国家。

当前,我国已经进入新发展阶段,人民群众对高品质消费品和市场主体对高质量物流服务的需求快速增长,食品安全、健康中国、交通强国等国家战略对冷链物流提出新的更高要求,冷链物流发展面临新的机遇和挑战。基于市场规模大、发展迅速但水平落后的现状,2021年以来,国家又密集出台大量政策,从《"十四五"冷链物流发展规划》到《关于加快推进冷链物流运输高质量发展的实施意见》《关于支持加快农产品供应链体系建设 进一步促进冷链物流发展的通知》等,均指出要积极推进冷链物流高质量发展。

因此,在我国冷链物流向高质量发展阶段迈进的重要时刻,对我国冷链物流进行系统的回顾和研究,全面总结梳理发展历程及现状,分析突出问题及未来发展趋势,提出有效措施建议,无论是对于构建我国现代冷链物流体系、加快形成双循环新发展格局,还是贯彻落实食品安全、健康中国、交通强国等国家战略,均具有重要的指导价值和现实意义。

本书具体撰写分工为:第一章由叶静、蔡翠撰写;第二章由李思聪、王俊波撰写;第三章由杨勇、王娟撰写;第四章由宗成强、郝攀峰撰写;第五章由叶静、牛志强撰写;第六章由李叕、甘家华、陈波茬撰写;第七章由秦玉鸣、刘飞撰写。此外,感谢交通运输部运输服务司对本书撰写工作的指导,感谢交通运输部科学研究院、交通运输部规划研究院、中国物流与采购联合会冷链专业委员会、中国集装箱行业协会作为参编单位对本书撰写工作的支持。本书是交通运输部公路科学研究院交通强国建设试点任务"公路运输模式创新研究"中"道路冷链运输监管与防控技术研发及推广应用"研究成果的凝练与总结,得到了中央级公益性科研院所基本科研业务费专项资金项目"冷链物流运输管控制度及关键技术研究(2020-9017)"的资助。

在本书编写过程中,编写组查阅了大量冷链物流行业的政策资料,借鉴引用了交通运输部"冷链物流高质量发展专题调研"工作及课题研究成果。但因时间和精力有限,本书对涉及问题的研究难免有疏漏,或存在方法观点、措施建议的偏颇,敬请广大读者批评指正,同时希望本书能引发读者对我国冷链物流发展的更多关注,进而深入探讨,为我国冷链物流高质量发展出谋献策。

本书编写组
2024年4月

目录
CONTENTS

第一章

冷链物流概述

　　冷链物流广泛服务于农产品、食品、医药等诸多领域，与经济社会发展和人民群众生活密切相关，是保障亿万人民身体健康、提升人民群众生活品质的重要环节。我国冷链物流最早出现在20世纪60年代，历经了从无到有、"从土到洋"的变化。一方面，因为物质生活的改善和丰富，人民对食品种类的需求越来越多，对食品新鲜程度的要求越来越高；另一方面，冷链物流产业逐渐发展，为人民实现这种要求提供了可能。本章主要介绍冷链物流的起源与发展历程、概念与特点，以及我国冷链物流发展情况，并论述在新时期构建现代冷链物流体系的重要意义。

第一节 冷链物流起源与发展历程

一、冷链物流的起源及国外发展历程

冷链物流起源于19世纪上半叶,由于制冷机、冷冻剂和电冰箱的发明,制冷技术开始广泛应用于食品工业,各种保鲜冷冻食品依次出现,食品工业得到了迅猛发展。随后制冷技术向着规模化、工业化发展,1908年法国的一名工程师在说明控制低温条件能确保易腐食品品质时,第一次使用了"冷链"这一术语,冷链物流的概念由此诞生。

随着人民生活水平的不断提高和科学技术水平的不断进步,食品冷藏运输得到了迅猛发展,20世纪30年代初,发达国家制冷技术快速发展,美国和欧洲相继建立了食品冷链体系,冷链运输品类更加多样化,制冷技术和运输设备更加先进。但是,由于这一时期仍然处于传统工业化时代,冷藏食品零售业刚刚兴起,零售商对冷链物流效率要求不高,交通设施相对落后,因此,冷链物流在运行效率和配送衔接上还不够完善。

从20世纪90年代开始,发达国家的冷链物流发展逐步已演化成多品种、小批量、标准化和法规化模式,"冷链"的概念由之前的"原产地—初预冷—冷库—冷藏运输—批发站点冷库"发展成为"原产地—初预冷—冷库—冷藏运输—批发站点冷库—超市冷柜—消费者冰箱",在电子商务发展之前,欧美、日本等发达国家基本建立了各类低温食品冷链物流链,冷链物流发展已经非常成熟。

21世纪初,电子商务的蓬勃发展进一步促进了冷链物流的发展,线下冷链物流的支撑反过来更推进了电子商务的进步。发达国家在比较完善的全国性农产品生产分工体系上,应用卫星定位、射频识别、传感器等技术建立了全程追溯系统,通过自动控温系统,实时监控冷链物流的温度,冷链物流发展逐步智能化。

二、我国冷链物流发展历程

我国冷链物流历经了从无到有、"从土到洋"的变化,在短短几十年的时间里经历了国外100多年的发展历程,呈现出飞跃式的发展。

1.起步阶段(20世纪50年代—20世纪末)

我国的冷链物流起源于食品冷链物流领域,最早出现在20世纪50~60年代,最先在食品出口贸易中出现,主要运输的对象是肉类、禽类以及水产品类等。那时为了保障市场供给,国营企业等建立了很多冷库,但实际上配送的只有"冷",还谈不上"链",基础设施普遍比较落后,技术水平也比较低下。到了20世纪90年代中期,北京、上海、广州等大城市的超市连锁业开始萌芽,超市开始大量使用冷柜以保障店内销售额,冷冻和冷藏食品的市场需求量增大,推动了食品冷藏链的发展。直到2000年左右,"冷链"一词才开始在我国出现。2001年,国家标准《物流术语》(GB/T 18354—2001)对"冷链"进行了定义:保持新鲜食品及冷冻食品等的品质,使其在从生产到消费的过程中,始终处于低温状态的配有专门设备的物流网络。但即便如此,"冷链"从概念到企业层面的实际运用仍然经历了好几年时间。

2.发展提速阶段(2000—2010年)

进入21世纪,我国社会经济得到快速发展,居民消费水平不断提升,人民的生活方式和消费结构逐渐发生变化,消费者对食品的多样性、营养性、口感需求亦大幅提升,这对冷链物流提出更高要求。加之连锁商超大量出现,冷链物流发展提速,速冻食品销量年均增速达到20%。

2010年,国家发改委印发了《农产品冷链物流发展规划》(发改经贸〔2010〕1304号),这是我国冷链物流领域的首部规划,提出了建立冷链物流技术体系、制定推广冷链物流规范和标准、加快冷链物流基础设施建设、培育一批冷链物流企业等目标任务,为加快发展农产品冷链物流做出了顶层设计和系统布局。这部规划的出台使得全国更加重视冷链物流的发展,着力提升农产品冷链流通率,适应城乡居民生活水平提高和保障居民食品安全的需要。

3.快速崛起阶段(2011—2020年)

这个阶段,生鲜电商市场快速崛起,网购、生鲜电商、蔬果宅配等开始受到消费者青睐。冷链物流行业进入了发展快车道,市场规模持续扩张。天南地北的生鲜产品,依靠全程冷链,跨越了时间和地理的鸿沟,开始在全国甚至全世界范围流转,让消费者有了全新体验,也让农户和企业尝到了甜头。特别是2016—2020年,我国食品冷链物流需求总量由1.25亿t增至2.65亿t,年均增速超过20%。在市场快速扩张的同时,冷链物流的设施设备也随之加快发展,技术条件逐步改善。2016—2020年,全国冷库容量由4200万t增长至7080万t,年均增速在10%以上,库容总量已超过美国;冷藏车保有量由11.5万辆增长到28.67万辆,年均增速在20%左右。随着信息技术与自动化设备的快速发展,农产品运输环节"断链"问题得到进一步解决,果蔬、肉类和水产品冷链运输率由"十二五"期的20%、30%和36%提高到"十三五"期的35%、57%、69%,增幅超过50%,冷链物流行业实现了快速发展。

这个阶段国家和各地密集推出冷链发展相关政策。2017年4月,国务院办公厅印发了《关于加快发展冷链物流 保障食品安全 促进消费升级的意见》(国办发〔2017〕29号),对健全冷链物流体系、保障食品流通安全做出系统部署。同年8月,交通运输部出台了《关于加快发展冷链物流 保障食品安全 促进消费升级的实施意见》(交运发〔2017〕127号),从加快完善冷链物流设施设备、鼓励冷链物流企业创新发展、提升冷链物流信息化水平、提高行业监管水平、健全完善相关政策等方面提出相关意见。广东、黑龙江、贵州、河南、浙江、山东等多个省份也相继出台冷链物流政策和发展规划,把发展冷链物流提升到同乡村振兴、精准扶贫、产业升级等息息相关的层面,在冷链用地、建设资金等方面给予扶持和补贴。据统计,2018年,国家有关部门和各地政府出台的冷链物流相关政策合计超过70项。新修订的《中华人民共和国食品安全法实施条例》于2019年12月1日正式实施,其中对食品储藏运输提出了更高要求。

4.高质量发展阶段(2021年之后)

这个阶段,中国经济在高速发展后,已逐渐步入新常态,发展模式从粗放式发展转向高质量发展,从规模导向过渡到效益导向。随着"双循环"经济发展新格局的逐步构建,国家对食品药品安全管控力度将进一步加大,冷链物流面临着转型升级的黄金机遇期,温控溯源全程化、设施设备标准化、操作标准规范化将成为冷链物流高质量发展的必然要求。2021年2月,习近平总书记等中央领导同志对冷链物流作出的重要批示,为加快推进冷链物流高质量发展指明了方向,提供了根本遵循。2021年12月,国务院办公厅印发了《"十四五"冷链物流发展规划》,将冷链物流产业发展提升到国家战略高度。2022年4月,交通运输部、国家铁路局等五部门联合发声,发布了《关于加快推进冷链物流运输高质量发展的实施意见》(交运发〔2022〕49号),冷链物流政策支持再次加码。按照世界银行的标准,一个国家的人均国民总收入❶达到1.3万美元,基本就属于高收入国家。2022年我国人均国民总收入为1.27万美元,即将进入高收入国家水平,对标高收入或发达国家发展,冷链物流市场规模增速将逐步减缓,集中度提升,行业将迎来蝶变升维和高质量发展的新格局。

我国冷链物流发展历程见表1-1。

我国冷链物流发展历程　　　　　　　　　　　　　　　　表1-1

阶段	时间	发展情况
起步阶段	20世纪50年代—20世纪末	计划经济时期,国家自建冷库保障居民食品供应。改革开放后,农产品政策改革,农产品批发市场兴起
发展提速阶段	2000—2010年	连锁商超大量出现,冷链物流产业发展提速,速冻食品销量年增长20%

---

❶ 按照世界银行的标准,低收入国家与高收入国家的标准是按人均国民总收入(GNI)评判。但由于大多数国家的国内生产总值(GDP)与国民总收入(GNI)差额都在4%之内,且GDP数值比GNI更容易获得,粗略计算的时候,往往会直接使用GDP。

续上表

阶段	时间	发展情况
快速崛起阶段	2011—2020年	政府政策高度关注,生鲜电商加速布局。其中2015年我国人均GDP突破8000美元,冷链需求迸发,京东物流集团、阿里巴巴集团、顺丰控股(集团)有限公司等相继布局
高质量发展阶段	2021年之后	将进入高收入国家水平,对标高收入或发达国家发展,冷链市场规模增速减缓,集中度提升,行业将迎来蝶变升维的新格局

第二节　冷链物流基本概念

一、相关定义

1.冷链物流

1)定义

国家标准《冷链物流分类与基本要求》(GB/T 28577—2021)对"冷链物流"进行了定义:冷链物流是根据物品特性,从生产到消费的过程中使物品始终处于保持其品质所需温度环境的实体流动过程。《"十四五"冷链物流发展规划》(国办发〔2021〕46号)中指出:冷链物流是利用温控、保鲜等技术工艺和冷库、冷藏车、冷藏箱等设施设备,确保冷链产品在初加工、储存、运输、流通加工、销售、配送等全过程始终处于规定温度环境下的专业物流。

2)分类

冷链物流按物品类别,可分为食品类,医药、医疗类,花卉、植物类和其他,见表1-2。其中食品类冷链物流大约占比90%,医药、医疗类占比9%,剩余其他类别占比1%。按照温度控制要求,可分为冷藏(C)和冷冻(F)两大类,见表1-3。

按冷链物品对象分类　　　　　　　　　　　表1-2

类型	对应冷链物品
食品类	果蔬类、肉类、水产类、禽蛋类、乳类、粮食类及其加工制品等
医药、医疗类	药品、医疗器械、生物样本等
花卉、植物类	花卉、植物及其鲜切产品等
其他物品	化学品、精密仪器、电子产品、艺术品等

按冷链温度带分类　　　　　　　　　　　表1-3

分类	等级	温度带(℃)
冷藏(C)	C_1	10 ~ 25(含)
	C_2	0 ~ 10(含)
冷冻(F)	F_1	−18 ~ 0(含)
	F_2	−30 ~ −18(含)
	F_3	−55 ~ −30(含)
	F_4	−55(含)以下
注:C是Cold的英文首字母,代表冷藏;F是Frozen的英文首字母,代表冷冻。		

2.易腐食品

国家标准《易腐食品控温运输技术要求》(GB/T 22918—2008)对"易腐食品"进行了定义:易腐食品是指容易腐烂变质的食品,包括生鲜的肉、蛋、奶、水产品、水果、蔬菜及冷饮、速冻食品等。运输中的易腐食品也称易腐货物。易腐货物由于有着保鲜、易腐等特点,需要在特定条件下进行运输,有别于普通货物运输,不同类别的货物和不同温度范围的货物,储运要求有较大差异。

1)果蔬

果蔬的种类繁多,耐运性、抗病性随各种环境因素的影响而有差异;果蔬个体不仅成熟度、品种、大小各不相同,而且储运条件也有差别。温度是影响果蔬品质的重要因素,在一定范围内,温度越高果蔬的呼吸强度越大,果蔬的衰老越快。但储运温度并不是越低越好,温度过低有可能出现冷冻、低温危害,应根据果蔬对低温的忍耐性尽量降低储运温度,避免温度的波动。国际制冷学会规定,果蔬的运输温度等于或略高于储藏温度,低温流通超过6天的果蔬与低温储藏的温度相同。在低温运输中,温度的控制不仅受运输工具的影响,而且与空气的循环状况有关系,因此应采用适当的堆垛方法、考虑空气循环通道,使车体内的温度分布均匀。果蔬蒸发速度受相对湿度影响,不同品种的相对湿度和蒸发量也不一样,高湿环境对果蔬的保鲜有效,但高湿也易引起结露现象而加速蒸发,导致霉变和细菌繁殖,加速果蔬腐败。同时,果蔬在运输过程中还要避免受到机械损伤。常见果蔬的温度要求见表1-4。

常见果蔬温度要求　　　　　　　　　　　　　　　　　表1-4

货类	品类		适宜温度(℃)
鲜水果	仁果类、核果类、坚果类		0~4
	柑橘类		3~9
	浆果类		1~4
	瓜类		4~10
	热带、亚热带水果	香蕉	13~14
		荔枝、龙眼、橄榄	1~5
		菠萝、杨桃、芒果、木瓜等	10~13
鲜蔬菜	叶菜类、花菜类、葱蒜类、多年生菜类、食用菌类、其他类		0~4
	根茎类		5~15
	瓜菜类		7~13
	茄果类		8~12
	菜用豆类		4~7
	水生菜类		0~8

2)肉类

肉类蛋白质等营养物质含量、肉质口感、细菌多少都有严格标准,要维持冷鲜冷冻肉的新鲜度、营养与口感,需要冷链物流。肉类冷链物流应使肉保持在0~4℃的冷藏条件或低于-18℃冷冻条件,包括车间冷却、冷藏间储存、冷藏车运输、批发或零售等中间周转冷库或冰柜临时储存,以及家庭冰箱储存等全程温度控制系统。肉的冷链可分为冷却肉和冷冻肉两种。冷冻肉是将肉品进行快速、深度冷冻,使肉中大部分水冻结成冰。肉的冷冻,一般采用-3℃以下的温度,并在-18℃左右储藏,冷藏库的温度要求低于-18℃,肉的中心温度保持在

–15℃以下。冷藏时,温度越低,储藏时间越长。在–18℃条件下,例如,猪肉可保存4个月;在–30℃条件下,可保存10个月以上。冷却肉是主要用于短时间存放的肉品,通常使肉中心温度降低到0~1℃。对于冷藏和冷冻温度,各国有所不同。美国冷却肉温度为–2℃,冷冻肉温度为–18℃;日本冷却肉温度为5℃,冷冻肉温度为–20℃;欧盟国家冷冻肉温度相对要更低些,达到–26℃左右。常见肉类温度要求见表1-5。

常见肉类温度要求

表1-5

货类	品类	适宜温度(℃)
肉类	冻肉类	≤–18
	鲜品肉类/冷却肉	0~4
	肉类制品	0~5

3)水产品

水产品受产地限制,其运输方式一般需要多种运输方式的相互衔接。在运输中,由冷藏船、冷藏车和冷库构成的网络是冷链物流的核心。经过海上保鲜处理的水产品,先由冷藏船运输到港口,然后将水产品经冷藏车、低温集装箱运到加工厂、超市食品商店设置的小型冷藏库或冷藏柜。从海上到陆上,从生产到消费,要求始终在低温状态、符合食品卫生要求的条件下运输,从而保证水产品的新鲜度。水产品营养丰富,富含蛋白质、氨基酸及各种维生素,因此非常适合微生物的生长,而微生物是破坏水产品品质的罪魁祸首,因为它会分解蛋白质、脂肪,这些都会直接导致水产品掺有异臭和毒性物质,从而降低了其经济价值。温度对产品品质影响极大,不同品种的水产品对温度控制要求不同,一般来说,温度越低越能保证品质。除此之外,对于鲜活类的水产品冷链运输,还可考虑采取充氧、麻醉、水质控制等手段对水产品进行养护。常见水产品温度要求见表1-6。

常见水产品货物温度要求

表1-6

货类	品类	适宜温度(℃)
水产品	活鱼	10~15
	活虾	13~16

续上表

货类	品类	适宜温度（℃）
水产品	活蟹	8～12
	活贝	8～10
	其他活海鲜（活海参等）	3～5
	鲜鱼、鲜虾	-2～2
	冻品鱼类	≤-18
	超低温冻品水产品（金枪鱼等）	-45～-50
	冻品贝类、冻虾、蟹	≤-18

4）乳制品

乳制品包括液体乳、乳粉、其他乳制品三大类。乳制品中需要通过冷链进行运输的主要是液体乳的巴氏乳、发酵乳和炼乳、奶油、干酪等其他乳制品，不同种类的产品对运输温度也有不同的要求。乳制品运输分为三类：一是奶粉、常温液态奶及乳饮料的常温运输；二是巴氏奶、酸奶等乳制品的冷藏冷链运输；三是冰淇淋、干酪等冷饮乳品的冷冻冷链运输。例如，巴氏奶是经过巴氏消毒生产出来的，在2～6℃的环境下可以保存1～7天。酸奶是在经过巴氏消毒后的牛奶中加入有益菌发酵后生成的，在2～6℃的环境下可以保存2周左右。冰淇淋等冷饮乳品对温度的要求更高，它们的保存温度一般在-18℃左右。冷冻饮品保质期较长，且不易变质，只要在冷冻条件下进行运输和储存，就可以进行较长距离的运输和长时间存放。常见乳制品温度要求见表1-7。

常见乳制品温度要求 表1-7

货类	品类	适宜温度（℃）
乳制品	冰淇淋、雪糕	≤-18
	炼乳	≤20
	鲜乳、巴氏乳、调制乳、发酵乳、干酪、奶油、乳饮料等	2～6

5）速冻食品

速冻食品是利用现代超低温冻结技术，使产品在-25℃以下迅速冻结，然后在-18℃或更低温度的条件下储藏、运输、配送的可以长期保存的一种新兴食品。最常见的速冻米面食品包括速冻水饺、速冻汤圆、速冻粽子、速冻面点等。

3.冷链流通率

完整的冷链物流包括从生产、加工到储存、运输、销售的全过程。由于冷链物流的连续性要求,如果某个环节没有采用冷链方式流通,其他环节即使采用冷链方式流通也会失去意义,因此,严格的冷链物流强调的是全流程、全链条,即必须各个环节都是在符合冷链要求的方式和条件下流通。

冷链流通率可以描述为实际在冷链条件下流通的产品数量(即经过冷链加工、并在冷链条件下储存和运输的数量,忽略销售环节的影响)与该类产品的流通总量的比率。流通总量从理论上说采用总物流量较为理想,但由于没有可靠的统计数据而难以确定,因此采用总产量作为计算基数,有统计数据作为依据,易获取且可靠,且能反映一个地区冷链物流发展水平,相对合理。冷链流通率与产品冷加工比率、冷藏储存率和冷藏运输率密切相关,通常经过冷链加工的产品基本上应在适当的温度条件下进行储存,否则这些产品很容易变质或品质明显降低,因此可以认为冷藏储存率是1,冷链流通率的高低主要取决于产品是否进行冷链加工以及是否进行冷藏运输,而目前我国农产品产后预冷、保鲜等冷链加工较为滞后,冷藏运输也存在诸多不规范,这是我国冷链物流发展水平与发达国家存在较大差距的原因之一。

4.冷藏运输率

冷藏运输率可以描述为实际采用冷藏方式运输的产品数量占经过冷链加工(包括冷冻加工、预冷和冷藏保鲜处理)的产品数量的比例。没有经过冷链加工并在冷链条件下储存的产品,没有必要且通常也不会采用冷藏运输,因此以经过冷链加工的产品数据作为计算基数更为合理。但在现实情况下,有一部分经过冷链加工的产品由于货主企业未作要求、运输企业操作不规范等各种原因没有在符合冷链要求的条件下采用冷藏运输,导致"应冷未冷",造成冷链断链的情况。

5.流通环节腐损率

流通环节腐损率,又称为产后腐损率,可以描述为某类产品因腐败变质实际损失的部分占该类产品总产量的比率。该指标反映的是易腐食品腐损的总体状况,既包括经过冷链加工的部分,也包括未经过冷链加工的常温部分,而常温状态下的产品更易于腐坏而造成损失。因此,农产品产后的预冷保鲜尤为重要。有数据表明,水果、蔬菜等鲜活农产品产后常温下1h的质量损失,相当于其在冷库内半年的损失。我国1/3的蔬菜和1/4的水果浪费,主要原因在于产地未及时预冷存储和保鲜处理,一旦农产品不能及时售出,腐损情况就非常严重。农产品的预冷保鲜、加工处理与经济发展水平、农业生产经营方式紧密相关,受到各方面因素制约,有一个逐步提高的过程。

上述冷链流通率、冷藏运输率和产后腐损率主要用于衡量易腐食品冷链物流发展水平,具有相关性,反映了冷链物流上下游环节之间环环相扣的关系。但由于我国冷链物流的统计指标体系尚未建立,上述几个指标未有官方的定义和统计,尚缺少准确可靠的统计数据作为支撑,在很大程度上只能进行分析推算,可能存在一定的差异和分歧,这是需要在推动我国冷链物流高质量发展中进一步提高和完善的。

二、冷链物流特性

冷链物流作为物流的重要组成部分,其目的是保障快速消费品以及医药行业等特殊产品的品质,因此,冷链物流除了具有一般物流的特点外,还有其自身的特点。

1.货物特殊性

冷链物流运输的货物一般为易腐的鲜活品、加工食品以及医药产品,在运输过程中,多种原因会导致货物腐烂、变质或效用减弱。

在实际操作中,通常根据温度要求将易腐货物区分为冷藏货物和冷冻货物。

1)冷藏货物

指在流通过程中需要进行低温冷藏的货物,主要包括部分果蔬、鲜肉、鲜活水产品、低温乳制品等。这类货物对冷藏物流的技术要求相对不高,温度一般在冻结点以上,8℃以下,或者更高。这类货物具有以下几个特点:

(1)仓储时间短,果蔬等是新鲜食品,在刚采摘新鲜度较高时往往价格较高,仓储时间过长导致新鲜度不够甚至腐烂时其价格会下降。

(2)地域差别较大,我国南北方跨度较大,气候差异也大,各地果蔬生产时间不一,季节性特点较为突出。

(3)销售价格随市场变化波动较明显,果蔬等对周转时间的要求很高,其市场价格的波动比较明显。

(4)价格承受能力差,虽然果蔬冷链物流需求比较大,但价格承受能力差,因此大量果蔬在运输过程中采用简易的保温措施控制温度,以降低成本。

2)冷冻货物

冷冻货物又称为深冷货物,我国现在的冷冻货物主要包括速冻食品类、部分冻肉、冻水产品、冰淇淋类产品,同时也有少量的医药品和化学品需要深冷温度条件下运输,如部分疫苗、摄影材料等。这类货物在流通过程中温度要求保持在-18℃以下,甚至更低。这类货物具有以下几个特点:

(1)对冷链运输的质量要求较高。冷冻货物的附加值一般都较高,因此对制冷和运输过程中温度、湿度、卫生等的可控性也要求较高。

(2)产品的价格承受能力较强。冷冻产品一般附加值较高,此类产品的市场格局已经形成,大客户已成市场中的主流,价格承受能力较强。

(3)对第三方物流企业的依赖性较强。大客户的形成就会更多地专注核心竞争力的开发,而冷链物流则会更多地交给第三方物流企业运作。

此外,医药品是冷链物流中较为特殊的品类,主要涉及中药材、中药饮片、中成药、化学原料及其制剂、抗生素、生化药品、放射性药品、血清、疫苗、血液制品和诊断药品等。无论是中药还是西药,对温度的要求都非常高,药品经营质量管理规范(GSP)对所经营药品的冷藏储存时温湿度规定为:温度:2～10℃,

生物药剂是 2 ~ 8℃,相对湿度:45% ~ 75%。实际操作时一般是将冷藏温度控制在5℃左右。不同性质的药品对储藏温度有不同的要求。例如疫苗,必须2~8℃储藏和运输;化学性质不太稳定、对温度敏感的药品,例如抗生素类粉针剂、部分生物制品等一般需要0 ~ 20℃保存;性质比较稳定的,例如片剂、胶囊等常温(0 ~ 30℃)保存即可。

2.时效性

冷链物流配送的产品往往生命周期较短,其品质在很大程度上是由运送的时间所决定的。销售商为了达到较高的服务标准,往往会限制运输者必须在规定的时间段内完成商品的运输。

3.复杂性

冷链物流中的产品在流通过程中需要遵守3T原则,即产品最终质量取决于在冷链中储藏和流通时间(Time)、温度(Temperature)和产品耐藏性(Tolerance)。由于商品的品质随温度与时间的变化而变化,因此,不同的产品都必须要有对应的温度控制和储藏时间,要求运输者必须追踪监控产品的整个流通过程,这大大提高了冷链物流的复杂性。

4.高成本性

需要冷链物流的产品对于时效和温度都有较高要求,且在运输、仓储、配送的每个环节对温度和湿度都有较高要求,这就提高了冷链物流的成本。加之生鲜易腐商品需要特定的运输设备、温控设备、保鲜设备和储存设备,均需要高额的投资,这些决定了冷链物流的高成本性。

三、冷链物流产业链构成

冷链物流是一个大而复杂的系统,从物流链条看,包括前端产地,到中端流通生产、仓储、分拣、包装、运输、配送,再到终端销售、交付。从产业链来看,冷链物流的上游是整个产业的开端,一般是指产业核心企业的上游企业,包括冷藏车制造、冷库建设、冷机、冷藏集装箱等设备制造和制冷技术研发环节,主要涉及冷藏车、冷库等设施设备的生产制造企业；冷链物流的中游是产业中心，提供冷链物流核心服务，包括产地预冷、运输（包括干线运输和配送）、仓储（包括储存、搬运、装卸等）和其他环节（包装、分拣、贴标等增值服务），且从发展模式和业务类型来看，可以划分为仓储型、运输型、城市配送型、综合型、电商型、交易型等6种模式，主要涉及冷链运输企业、冷库经营企业、信息服务提供商等；冷链物流的下游是整个产业链的末端，则为冷链物流的服务对象或使用者，主要分布于食品（占比90%）、医疗（占比9%）及其他行业（占比1%），包括农产品生产者、商超、连锁便利店、餐饮企业、食品生产企业、药品生产经营企业、医院、终端消费者等。在上游基础设施设备逐渐充足，下游需求不断增加的前提下，我国冷链物流产业链已基本形成，并在不断完善中。冷链物流产业链构成见表1-8。

冷链物流产业链构成　　　　　　　　　　　表1-8

产业链环节	范围	涉及的市场主体
上游	冷藏车制造、冷库建设、制冷机、冷藏集装箱、保温箱等设备制造和制冷技术研发	冷藏车、冷库、温控设备等设施设备的生产制造企业、制冷技术研发企业
中游	产地预冷、运输（包括干线运输和配送）、仓储（包括储存、搬运、装卸等）和其他环节（包装、分拣、贴标等增值服务）等物流服务	冷链运输企业、冷库经营企业、信息服务提供商
下游	冷链物流的服务对象或使用者，主要分布于食品、医疗及其他行业	农产品生产者、商超、连锁便利店、餐饮企业、食品生产企业、药品生产经营企业、医院、终端消费者等

第三节　我国构建现代冷链物流体系的意义

加快推动冷链物流高质量发展是保证食品药品流通安全的重要基础，是促进我国经济高质量发展、建设交通强国的重要任务，是加快构建双循环发展格局的重要支撑。

1.推动冷链物流高质量发展,是贯彻落实国家决策部署,切实保障食品、药品流通安全的迫切要求

冷链物流是保障食品、药品安全流通的关键环节。党中央、国务院高度重视食品、药品安全工作,严把从农田到餐桌、从生产到使用的每一道防线。近年来,国家相继出台了《国务院办公厅关于进一步加强疫苗流通和预防接种管理工作的意见》(国办发〔2017〕5号)、《国务院办公厅关于加快发展冷链物流 保障食品安全 促进消费升级的意见》(国办发〔2017〕29号)、《中共中央国务院关于深化改革 加强食品安全工作的意见》和《"十四五"冷链物流发展规划》(国办发〔2021〕46号)等一系列文件,要求加快促进冷链物流规范健康发展,切实保障食品、疫苗药品流通安全,真正守护人民生命健康。虽然我国冷链物流行业取得快速发展,但由于行业起步晚、基础差,仍处于粗放式发展阶段,冷链流通率和冷链运输率比重较低,脱冷断链问题突出,不仅造成大量食品和药品腐损浪费,更严重威胁食品流通安全,进口冷链食品造成的新型冠状病毒感染传播更加暴露出我国冷链物流行业存在的安全隐患,冷链物流行业发展与经济社会发展和人民群众需求相比,存在较大的差距。当前,冷链物流的安全已不仅仅是对温度和湿度的合理控制,而且包含对各类疾病特别是传染性疾病的安全防控。推动冷链物流高质量发展是贯彻落实党中央、国务院决策部署,切实保障食品、药品流通安全的迫切要求。

2.推动冷链物流高质量发展,是建设人民满意交通,切实提升人民群众生活品质的重要保障

冷链物流与经济社会发展和人民群众生活密切相关,特别是农副产品冷链物流,连接田间地头、百姓餐桌,守护着人民群众"舌尖上的安全",关乎亿万人民群众的民生。近年来,随着城乡居民消费水平的不断提高,居民消费结构、消费模式提档升级,我国冷链物流市场实现了蓬勃发展,需求总量年均保持近20%的增速。但与经济社会发展和人民群众需求相比,我国冷链物流仍存在较大的差距。人均冷库容量约为美国的1/4、日本的1/3,人均冷藏车保

有量仅为日本的1/11,且在区域间、城乡间分布不均衡,难以满足日益增长的消费需求;肉类、果蔬类冷链运输率仅为40%~60%,低于发达国家30~40个百分点,生鲜食品品质难以量化,尤其是肉类二次冷冻、果蔬变质等用肉眼难以分辨,但却威胁着人民群众身体健康。习近平总书记多次强调,人民对美好生活的向往就是我们的奋斗目标。以人民为中心是我国"十四五"时期经济社会发展、建设交通强国的重要内涵。进入新时代,人民群众对食品安全的期待和需求,绝不会仅仅停留在食品质量安全的"底线"上,而是随着社会的进步,在不断地追求更营养、更健康的"高线"。因此,推动冷链物流高质量发展,是坚持以人为本发展理念,建设人民满意交通,切实提升人民群众生活品质的重要保障。必须坚持问题导向、目标导向和需求导向,着力补短板、强弱项、打基础,综合施策,引导冷链物流向满足人民群众更安全、更优质的食品需求的"高线"目标发展,推动冷链物流高质量发展,创造人民群众高品质生活。

3.推动冷链物流高质量发展,是认真贯彻新发展理念,服务构建双循环新发展格局的重要举措

冷链物流贯通生产、仓储、运输、加工、流通等多个环节,对优化产业联动链条具有重要作用。我国是全球农业生产和生鲜食品消费大国,果蔬、肉类、水产品产量连续多年居世界第一,生鲜农产品进口规模不断扩大。发展冷链物流既是激活庞大内需市场,充分释放消费潜力,进一步夯实国内大循环的重要基础,又是有效对接全球市场,充分利用国内国际两个市场两种资源,积极促进食品、医药等重要产品内需外需、进口出口协调发展,保障供应链安全稳定的重要纽带。因此,推动冷链物流高质量发展是深入贯彻新发展理念,服务双循环新发展格局的重要举措,具有重要的战略意义。应着力培育冷链物流发展新动能,畅通国内国际冷链物流供应链体系,加快提升服务质量和水平,提升冷链物流供给体系对国内需求的适配性,实现促消费扩内需,带动上下游产业协同发展,为国内国际双循环提供有力支撑。

第四节　我国冷链物流发展总体情况

一、发展现状

冷链物流在促进国民经济健康发展,保障食品、药品质量安全,满足城乡居民消费需求方面起到了重要作用。近年来,在消费升级、技术进步和政策红利的多轮驱动和叠加效应下,我国冷链物流供需日趋旺盛,冷链物流市场规模迅速扩大,冷链物流行业实现了较快发展。

1.市场需求持续增长

我国冷链物流虽起步较晚,但近年来,随着人民生活水平的不断提高、科学技术水平的不断进步,冷链物流市场需求持续增长,尤其是食品、药品冷链物流市场规模屡创新高。据统计,2013—2022年,我国食品冷链物流需求总量由0.77亿t增至3.2亿t(图1-1),冷链物流总额从2.1万亿元增长到8.04万亿元(图1-2)。冷链物流市场规模从2015年的1800亿元增加到2022年的4916亿元(图1-3)。2020年、2021年尽管受到新型冠状病毒感染影响,但进口冷链食品逆势增长、生鲜电商迅猛发展等多因素叠加,冷链物流市场需求稳定增长。医药冷链物流作为冷链物流行业的细分市场之一,近年来发展迅速,年增速达到8%。据测算,2020年医药物流费用约为754.97亿元,同比增长11.4%(图1-4)。

2.要素供给不断完善

1)基础设施加快建设,冷链库容快速增加

随着国家城乡冷链物流设施补短板和骨干冷链物流基地建设工程深入推进,城乡冷链基础设施不断完善,冷库建设迎来飞速发展,专业且成规模的冷链物流园区不断涌现,冷链物流两端及流通环节的各类基础设施保障能力进一步完善。2016—2022年,全国冷链库容量由4200万t增长至8420万t(图1-5),年均增速在10%以上,库容总量已超过美国。其中,2020年我国冷库新增库容1027万t,同比增速达17.1%,创近年新高。

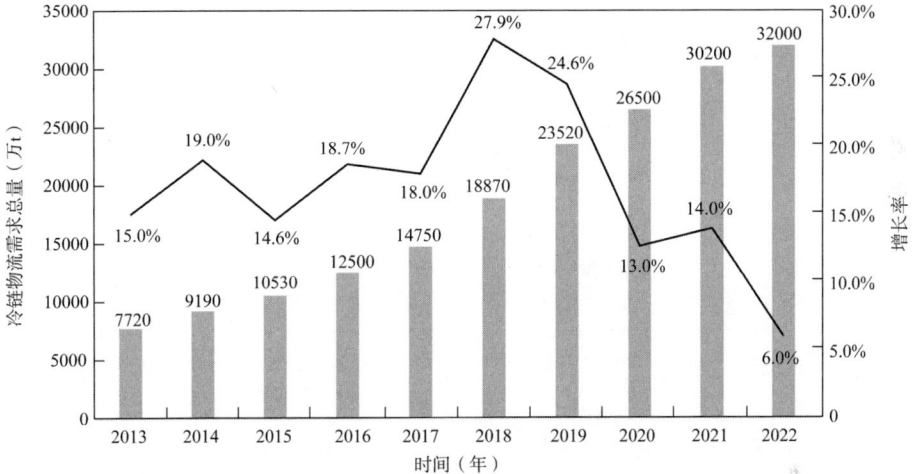

图1-1　2013—2022年我国食品冷链物流需求总量及增速
数据来源:中国物流与采购联合会。

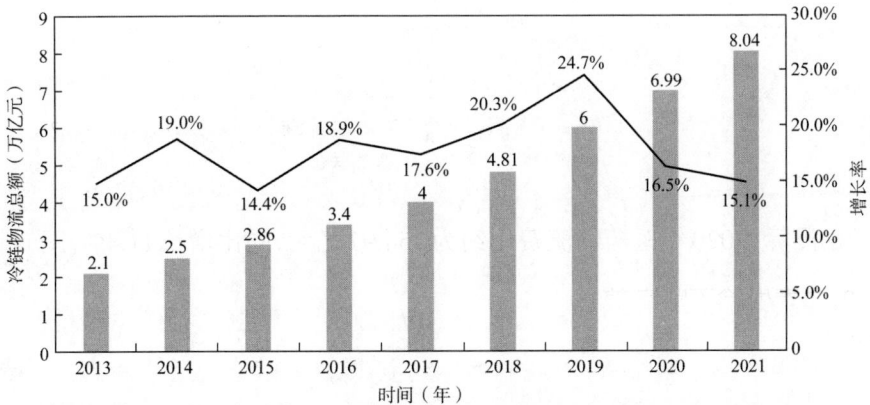

图1-2　2013—2021年我国冷链物流总额及增长率变化图
数据来源:中国物流与采购联合会。

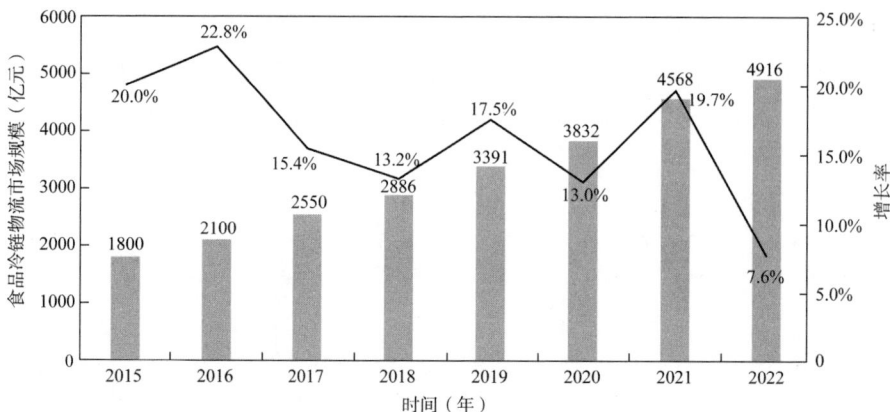

图1-3　2015—2022年我国冷链物流市场规模及增长率变化图
数据来源：中国物流与采购联合会。

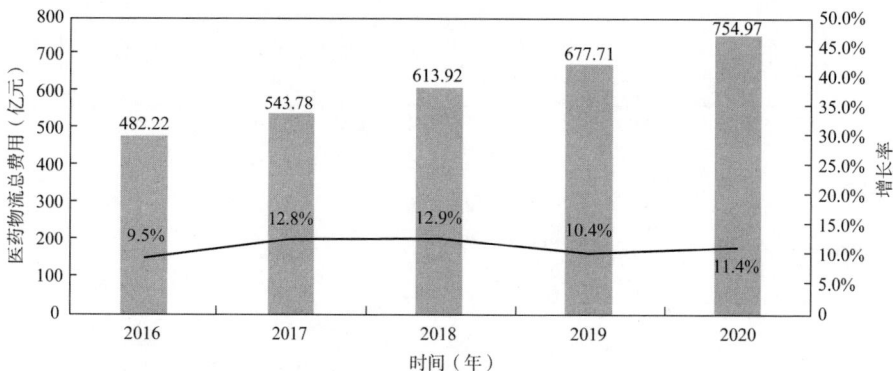

图1-4　2016—2020年我国医药物流总费用及增长率变化图
数据来源：中国物流与采购联合会。

2）运力供给持续增长，运输结构不断优化

在运输结构调整的大背景下，冷链物流运力供给不断增强，2014—2022年，全国冷藏车保有量由7.59万辆增长至38万辆，年均增速达19%以上（图1-6）。2020年我国冷藏车新增7.17万辆，增幅达到33.5%，增速创近年新高。铁路机械保温车、蓄冷保温集装箱、冷藏集装箱、冷藏保温箱、航空主动温控箱等冷藏保温设备不断发展，满足多样化的冷链运输需求。企业运营模式加快创新，公路运输市场秩序逐步规范、多式联运快速发展，形成了以公路为主，铁路、水路、航空等多种方式共同发展的格局,冷链运输服务品质大幅提高,对食品药品流通安全的保障能力显著增强。不同冷链运输方式的占比情况如图 1-7 所示。

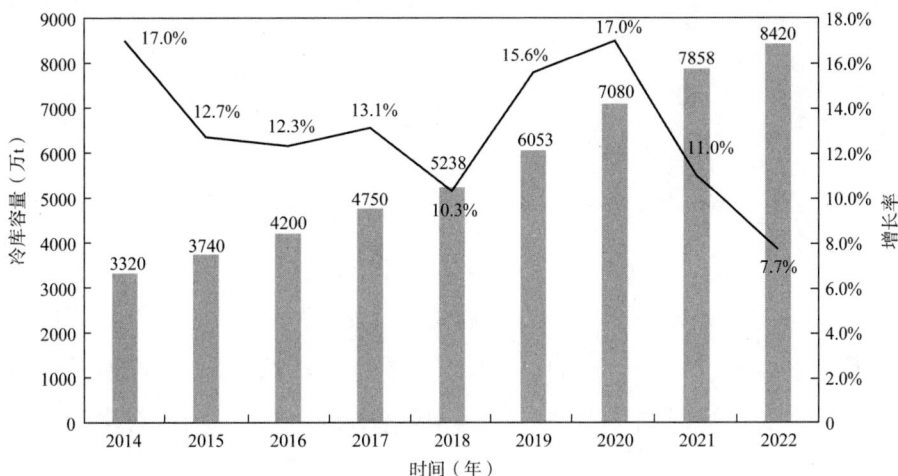

图 1-5　2014—2022 年全国冷库容量及增长率
数据来源:中国物流与采购联合会。

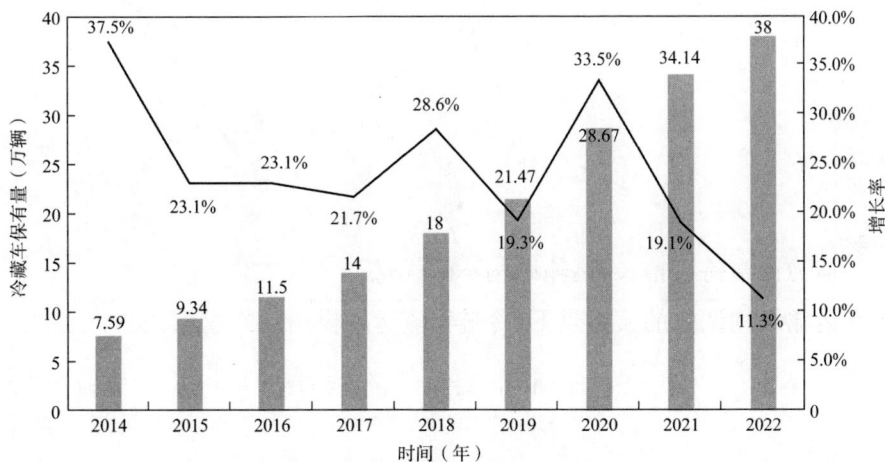

图 1-6　2014—2022 年全国冷藏车保有量及增速
数据来源:中国物流与采购联合会。

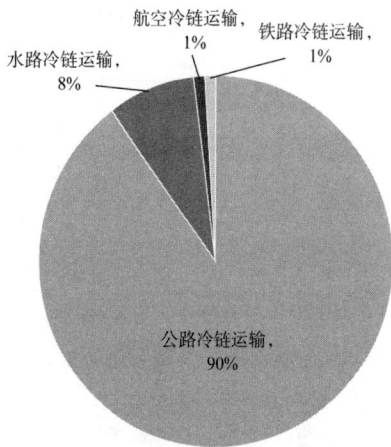

图 1-7 不同冷链运输方式占比情况

3)市场主体发展壮大,服务质量不断提升

随着消费升级与政策红利的释放,冷链物流市场规模持续扩大,市场主体也不断发展壮大。近5年来,我国冷链物流企业市场集中度进一步提高,百强企业营收规模不断扩大。2021年,冷链物流百强企业冷链业务营业收入合计约1093.66亿元,同比增长57.43%,占2021年冷链物流市场规模的23.85%。目前,民营企业已成为我国冷链物流发展的主力军,是推动市场化进程的重要力量。近年来,全国冷链物流百强企业营收变化情况如图1-8所示,冷链物流百强企业市场占有率变化情况如图1-9所示。

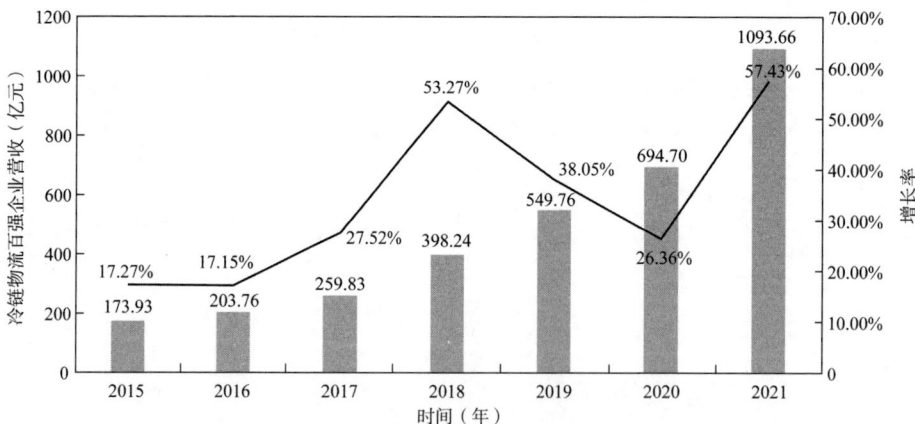

图 1-8   2015—2021年全国冷链物流百强企业营收及增长情况
数据来源:中国物流与采购联合会。

我国冷链物流企业类型涵盖生产加工、仓储地产、连锁零售、运输配送、生鲜电商和互联网平台等多领域,涌现出跨境冷链多式联运、农产品供应链一体化、城市冷链统仓共配、仓干配一体化等多种创新组织模式。海航冷链、九曳供应链基于跨境生鲜贸易创新空地联运、海铁联运等冷链多式联运组织模式。上海郑明、顺丰冷运通过发展供应链一体化业务对接产地,实现源头管理,畅通"山货出山""鲜货保鲜"的"最先一公里"。唯捷、领鲜、小码大众基于互联网平台开展"统仓共配",破解"最后一公里"服务瓶颈。希杰荣庆物流通过发展"仓干配一体化"提升资源整合能力和全程物流效率。成都鲜生活整合中心区域冷链物流网络优势资源,打造高覆盖、高效率、高标准的专业冷链物流城市共同配送。各类企业通过创新物流组织模式有效保障了食品、生鲜、化工、医药、电子等各行业冷链物流服务需求。在冷链需求和市场模式不断变化的大背景下,很多企业积极探索和布局新的市场机遇,彰显企业活力。顺丰冷运、京东冷链、领鲜物流、万纬冷链郑明物流积极进行全国性的网络布局。

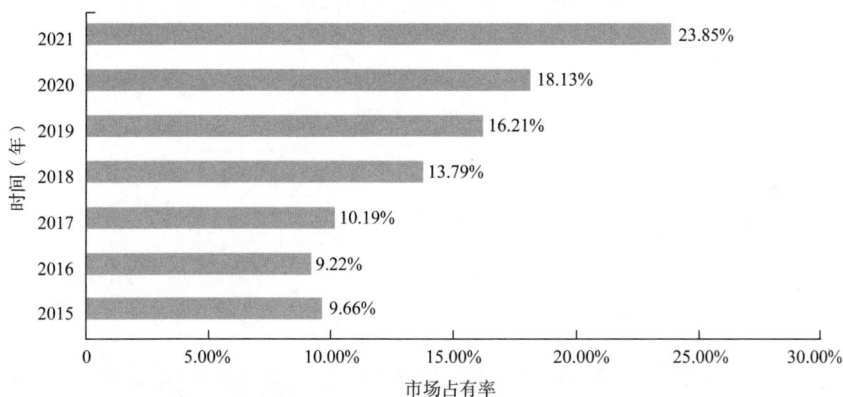

图1-9　2015—2021年冷链物流百强企业市场占有率变化情况

4)信息技术普及应用,支撑全程"不断链"

规模化冷链物流企业不断加大信息化建设,强化自主研发能力,提高冷链运输全过程智能化和信息化水平。冷链物流企业通过自建信息系统或应用第三方信息平台,已经实现订单管理系统、仓储管理系统、运输管理系统、车辆定位系统之间的协调运作,同时与供应链上下游形成系统对接,实现业务流程无缝衔接和数据信息实时传输。随着温度传感器、GPS等技术的广泛应用,企业可实时掌握冷链车辆在途位置、食品或医药温湿度信息、冷链车辆行驶轨迹等数据,实现对冷链运输全程温度可控、可追溯,大幅提升企业管理水平和运输效率,有效支撑冷链物流全程"不断链",保障运输安全(图1-10)。

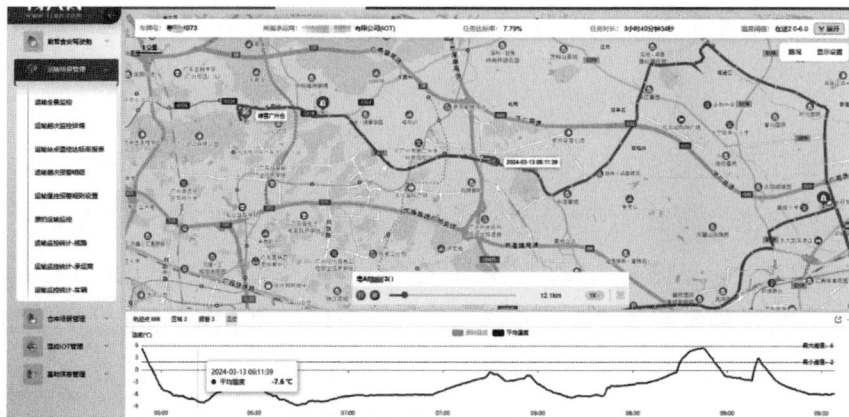

图1-10　冷链运输过程温度实时监控界面图

3.发展环境逐步优化

1)政策支持持续加大,发展环境着力改善

2017年以来,国家层面陆续出台了多项政策文件,从不同层面以最高级别指导冷链物流行业健康发展,广东、黑龙江、贵州、河南、浙江、山东等多个省(市)也相继出台冷链物流政策和发展规划,把发展冷链物流提升到同乡村振兴、精准扶贫、产业升级等息息相关的层面,在冷链用地、建设资金等方面给予扶持和补贴。2018年国家有关部门和各地政府继续出台的冷链相关政策合计超过70项。2019年,中央政治局会议提出实施城乡冷链物流基础设施补短板工程,冷链物流首次被写入最高级别会议。2020年,针对进口冷链食品疫情防控和消毒方面的工作方案、技术指南等文件密集出台,同时在骨干冷链物流基地建设、农产品仓储保鲜冷链设施等因势利导,从政策、资金等方面给予支持和引导。冷链相关法规标准也进一步完善,有助于规范市场秩序,推动行业健康可持续发展。2021年12月,《"十四五"冷链物流发展规划》(国办发〔2021〕46号)重磅出台,紧密围绕冷链物流体系、产地冷链物流、冷链运输、销地冷链物流、冷链物流服务、冷链物流创新、冷链物流支撑及冷链物流监管体系等方面,对冷链物流的全流程、全环节、全场景提出了更高的发展要求。2022年4月,交通运输部、

国家铁路局、中国民用航空局、国家邮政局、中国国家铁路集团有限公司联合印发了《关于加快推进冷链物流运输高质量发展的实施意见》(交运发〔2022〕49号),提出了"畅通高效、智慧便捷、安全规范"的发展目标和"完善设施、升级装备、创新模式、健全监管"等主要任务。国家发改委、农业农村部、商务部等其他部门也出台政策,从完善基础设施、健全行业监管、加大资金保障、强化疫情防控等多维度指导和支持冷链物流行业规范健康发展,政策层级高、密度大、力度强,进一步推动了冷链物流高质量发展。

2)法规标准逐步健全,经营行为不断规范

完善的法律法规是建立食品、药品安全的第一道防线,也是重要的关口。目前我国以食品、药品质量安全为核心颁布了《中华人民共和国食品安全法》《中华人民共和国药品管理法》《中华人民共和国疫苗管理法》《中华人民共和国农产品质量安全法》等法律,成为冷链物流行业必须遵守的上位法。在上位法的基础上,相关管理部门又制定了行政法规和部门规章,包括《中华人民共和国食品安全法实施条例》《中华人民共和国药品管理法实施条例》以及《疫苗储存和运输管理规范》《农产品质量安全追溯管理办法(试行)》等,对食品、疫苗、药品等的储运提出相关要求。运输是冷链物流的基础环节,交通运输部门从道路运输的经营、业务、执法监督等角度制定了《中华人民共和国道路运输条例》《道路货物运输及站场管理规定》,明确了冷藏保鲜是专用运输的性质。可以说我国已经从质量安全和运输安全两条线路,初步构建起"法律—法规—部门规章"的冷链物流相关法律法规体系,为发挥法律监管效力,推动冷链物流行业健康有序发展提供了根本遵循。

冷链物流标准化对于引导冷链行业健康有序发展,推动产业衔接,促进企业降本增效,保障食品安全具有重要意义。近年来,我国冷链物流标准规范逐步健全,基础通用、设施设备、技术作业、服务管理等方面的国家、行业、地方、团体等标准规范大约有440多项,分布在食品、药品等不同领域和卫健、交通运输、商务等不同部门。2020年《食品安全国家标准 食品冷链物流卫生规范》(GB 31605—2020)正式发布,是我国冷链物流领域的重磅强制性标准,规定了在食品冷链物流过程中的基本要求、交接、运输配送、储存、人员和管理制度、追溯及召回、文件管理等方面的要求和管理准则,并首次明确提出冷链运输在途温度监控要求,适用于食品出厂后到销售前需要温度控制的物流过程。国家标准《冷藏保温车选型技术要求》(GB/T 40475—2021)已发布并实施,该标准明确了冷藏保温车的分类、整车要求、车厢要求、专用配置要求、车辆选型与车体标识要求,为进一步规范冷链运输车辆使用提供了基础和准则。冷链相关法规标准的进一步完善,有助于推动行业的标准化建设,发挥法律监管效力,促进行业规范化发展。

3)贯彻落实绿通新政,有效降低农产品运输成本

"鲜活农产品运输绿色通道",是国家给居民生活息息相关的新鲜蔬菜、水果、水产品、禽畜及其肉类产品开通一条绿色通道。高速公路绿通政策的目的是降低鲜活农产品流通物流成本,有利于全国大市场的整个农产品全产业链。自2005年以来,各地有关部门大力推进鲜活农产品运输"绿色通道"建设,全面落实"绿色通道"政策,每年免收鲜活农产品运输车辆通行费300多亿元,在促进鲜活农产品产销对接、保障"菜篮子"市场供应,满足人民群众基本生活需要方面作出了积极贡献。为进一步提升鲜活农产品运输"绿色通道"政策服务水平,规范车辆查验及政策落实相关工作,2022年11月出台了《关于进一步提升鲜活农产品运输"绿色通道"政策服务水平的通知》(交公路发〔2022〕78号)。绿通新规针对鲜活农产品品种目录不完善、品种理解不一致、查验尺度把握不统一等突出问题,补充完善了《鲜活农产品品种目录》,新增了品种名称与别名和商品名的对照表,进一步细化和规范了"新鲜""深加工""整车合法"等认定尺度。

此次绿通政策的调整,一方面,为货车驾驶员们提供了更多的运输选择,另一方面,在一定程度上为货车驾驶员们减少运输成本。据运输企业反馈,整车合法装载查验标准的规范,在一定程度上为绿通货车驾驶员节省了运输过程中的一部分油耗成本。《鲜活农产品品种目录》的调整以及相应别名对照表的发布,相当于扩大了绿通政策涉及的农产品范围。目前上海—广东的高速公路路线,新增的农产品品类能平均帮助货车驾驶员减少3000元左右的成本支出。

绿通新政策的实施将有效降低鲜活农产品的运输成本,提高农民生产的积极性,从而推动整个社会经济健康稳定地发展。

4)行业监管明显加强,追溯体系加快构建

随着食品质量安全意识、关注度和重视度的日益提升,我国对于食品冷链物流的监管逐步规范。2020年3月市场监管总局印发《关于加强冷藏冷冻食品质量安全管理的公告》(2020年第10号),要求加强冷藏冷冻食品在储存运输过程中质量安全管理,严格冷库备案管理,建立并落实冷藏冷冻食品全程温度记录制度。2020年以来,面对新型冠状病毒感染,国务院、海关总署、交通运输部、卫生健康委、市场监管总局等多部门密集印发针对进口冷链食品病毒防控和消毒方面的工作方案、技术指南等文件,建立了进口冷链食品从源头环节到口岸环节,再到流通环节的管控制度。在源头环节,海关实施准入管理制度,对境外国家(地区)食品安全管理体系和食品安全状况开展评估和审查,加大对重点敏感国家(地区)、企业及产品的检查力度。对境外生产企业实施注册管理,对境外出口商或代理商实施备案管理,实施检疫审批管理制度,并及时动态调整《符合评估审查要求及有传统贸易的国家或地区输华食品目录》。在口岸环节,对进口食品实施现场查验,查验内容包括运输工具、存放场所、申报信息及随附单证、内外包装及铺垫材料、标签标识及说明书、环境温度、冷链控温设备设施、温度记录等。在后续流通环节,实施输华食品进口和销售记录制度、落实进口商对境外出口商和境外生产企业审核制度、进出口食品安全信息管理制度和突发事件应急处置预案等,要求进口商对入境后出现或发现问题的进口食品实施停止进口、销售、使用,并落实召回责任。

此外,市场监管、商务等行业管理部门积极利用信息化手段强化对冷链物流的监管。2017年,商务部推动建设了全国农产品冷链流通监控平台,通过采集和记录仓库、车辆、冷柜等温度、湿度信息,对农产品冷链流通过程进行全程监控和管理。2020年,为贯彻落实进口冷链食品疫情防控的相关要求,市场监管部门开展了部省两级的进口冷链食品追溯管理平台的建设,北京、天津、上海、江苏、浙江、福建、山东、广东、重庆等省级系统与市场监管总局的国家平台进行对接,并通过与海关信息系统的信息互联共享,实现从海关入关到生产加工、批发零售、餐饮服务的全链条过程监测和信息追溯。2021年,交通运输部推动建设了道路冷链运输监测平台,实现对冷链运输车辆、货物、人员等信息的动态采集与跟踪监测(图1-11)。

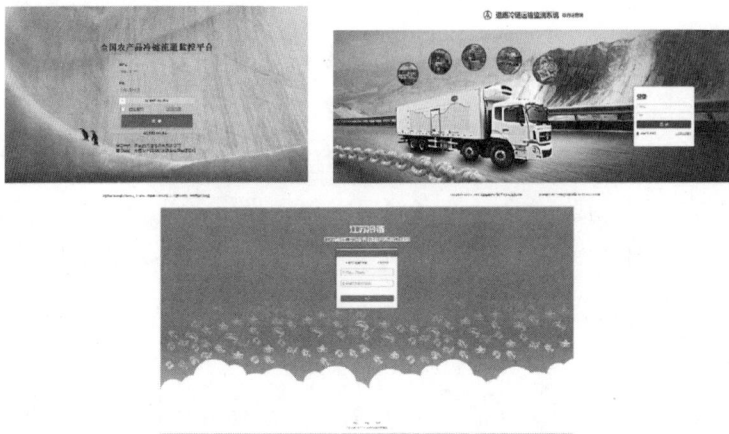

图1-11　行业和地方冷链物流信息追溯系统

二、存在的问题

1.全程冷链物流理念仍需加强

近年来,我国社会食品安全意识虽然不断提升,但无论在政府监管层面和消费者层面仍然存在全程冷链物流理念薄弱、对生鲜食品安全意识不强的问题,我国冷链流通率与冷藏运输率总体偏低,很多肉、蛋、果蔬等生鲜产品仍在常温下流通,造成货物损耗和食品安全隐患,而欧美、日本等发达国家,易腐食品冷藏运输率已经超过90%,冷链流通率更是高达95%~98%(图1-12)。

长期以来,政府部门更为重视食品的生产环节,缺乏对于冷链物流环节的监管和追溯,而消费者、农业生产者、货主企业以及物流企业,均存在对冷链物流重要性认知不足的问题。生产者更关注产销量,不重视产地冷库的预冷和包装环节;很多中小型食品生产经营企业、个体户尤其是大量的农产品批发市场,主要供应服务于城乡基本民生的初级农产品或日用消费品,由于服务产品附加值低,经营利润率普遍偏低,对冷链物流专业化、精细化要求不高(图1-13)。中小型冷链物流企业,往往建设或购买较低标准的设施设备,冷链物流作业不规范。消费者对"断链"造成的食品安全隐患认知还很不足,由于生鲜食品品质难以量化,大部分消费者对温度变化影响食品鲜度和食品安全的程度认识不足,尤其是肉类、水产品二次冷冻、果蔬变质等用肉眼难以分辨。冷链物流链条上各个环节的断链风险依然较大(图1-14)。

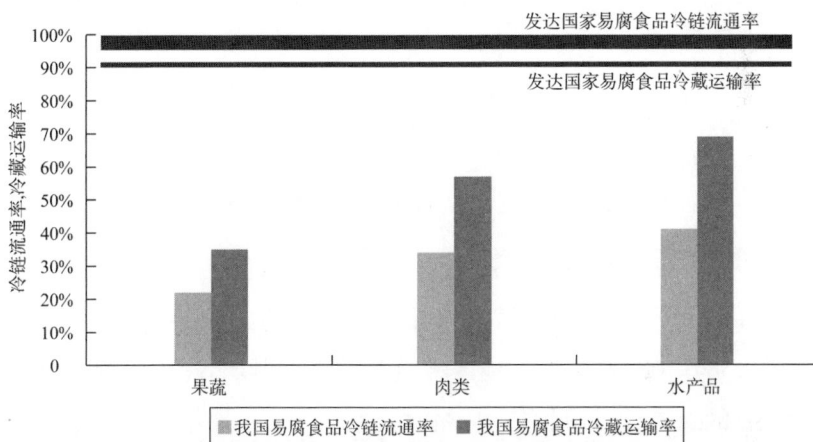

图1-12 我国与发达国家易腐食品冷链流通率和冷藏运输率对比图

图1-13 农产品批发市场流通现状(开放式冷库月台、普货运输车辆)

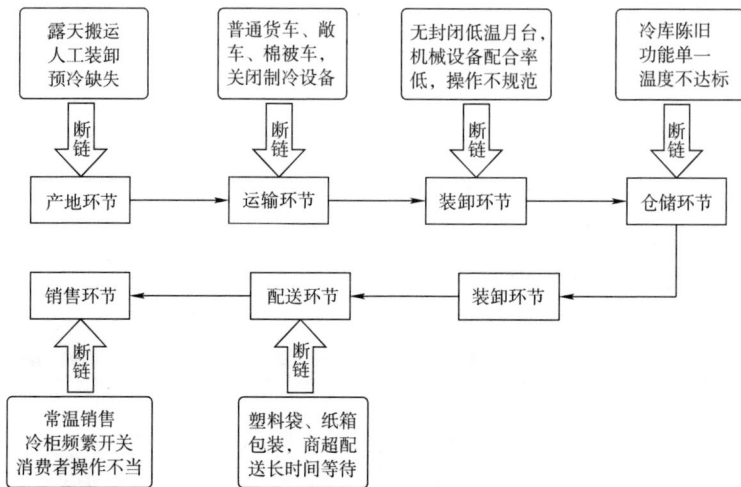

图1-14　生鲜农产品冷链物流断链关键环节点

2.供给结构性失衡问题较突出

一是地区分布失衡加剧。目前,我国很多果蔬生产等内陆省市冷链设施设备供给不足,尤其是一些欠发达地区冷链基础设施薄弱,冷库资源少,冷藏保温车投入不足,缺乏专业从事第三方冷链物流的企业。此外,我国农产品产地预冷设施和冷库配套设施不足、冷链物流中心缺失,估计供给不足总量的10%,露天搬运、人工装卸、制冷缺失较为普遍。由于农产品季节性、周期性特点突出,固定冷库投产后通常仅可使用2~3个月,产地冷库建设运维成本高而使用率不高,限制了田间地头预冷设施的建设和使用。二是功能结构依然失衡。冷库设施主要以冷冻库为主,冷藏库和流通加工型库较少;中小型老旧冷库偏多,大部分冷库为旧库改造形成,建设标准较低,温度控制的精准度较差,很多冷库配套设施不健全,缺少封闭式月台,导致冷藏车与冷库无法做到良好衔接,而高端自动化、多温区冷库偏少;运输方面,由海运集装箱改装的冷藏保温车辆大量存在,技术指标未经检测,车辆的漏气倍数、传热系数、保温效果等技术性能不达标,仍有大部分生鲜货物采用"冰块+棉被""冰块+泡沫箱"的普通车辆进行运输,制冷效果差。此外,随着消费升级、产业快速发展,货主企业对冷链全过程信息化监控的需求日益强烈。但目前行业中缺少统一的温控监测设备的强制性技术标准,造成温控设备技术水平参差不齐。

3.冷链物流服务品质有待提升

当前我国冷链物流市场高度分散,以零散小公司、小车队、个人车辆为主,龙头企业实力和带动能力有待加强。百强企业市场份额仅为18%,而美国前5强企业市场份额达到65%以上。由于缺乏规模化、全国性的冷链物流企业,冷链服务普遍为分包或转包模式、利润多级分配,同利润点内恶性竞争,冷链物流市场鱼龙混杂,服务品质良莠不齐。部分中小企业为降低成本采用不合规车辆进行运输、租用普通仓库进行储存,且仓储作业、物流跟踪、温度监控、装卸交付等环节运作不规范,造成冷链"不冷"和"断链",行业"劣币驱逐良币"问题突出。行业整体服务品质仍待提高,与我国生鲜电商快速发展、居民消费转型升级阶段对全程冷链精细化管理、高品质服务的需求仍有较大差距。

4.冷链物流市场秩序亟待规范

一是标准体系不健全。目前冷链物流从生产到流通、消费各环节缺少统一的标准,针对果蔬、低温乳制品、速冻食品等细分领域的生产、包装、储存、运输、流通加工等标准缺失,导致企业无标可依。现有冷链物流相关标准衔接不紧密、不成体系。现有国家和行业标准中推荐性标准多,强制性标准少,比如在冷藏车、温控设备、道路冷链运输服务等方面都是推荐性标准,对冷链物流企业约束力不强,导致冷链物流运营服务规范化程度低。二是全链条监管不到位。冷链物流涉及环节较多,主体类型复杂,发改、市场监管、交通运输、商务、农业农村、公安、海关等各部门基本上各管一段、各自为政,全链条、协同化的冷链物流监管体系尚未建立,存在管理不到位、信用体系不完善、信息化监管不足等问题,难以形成监管合力,监管效能有待提升。

三、相关建议

1.优化顶层设计,合理配置资源,增强行业有效供给

一是强化需求引导,优化顶层设计。结合地理位置、特色优势农产品生产

基地、产销规模和冷链物流市场需求等,从国家层面进一步优化冷链物流节点设施布局和规划,依托国家骨干冷链物流基地、国家综合交通枢纽系统建设,指导各省冷链物流设施建设数量、分布区域、重大建设项目等,引导资源的合理配置,进一步盘活存量、优化增量,避免盲目建设和分散建设。二是加快补齐短板,保障冷链物流"最先一公里"不断链。依托农产品产地冷藏保鲜设施建设工程,重点围绕果蔬、水产、肉类等主产区,继续加大对家庭农场、农民合作社等农业生产经营主体的支持力度,引导农业生产经营主体与上下游合作,建设规模适度、高效适用的预冷加工、储藏保鲜等设施,提高产地冷链设施的利用率以及农产品商品化处理和错峰销售能力。鼓励在田间地头灵活精准地应用移动式智能冷库,实现集中储藏、移动服务等功能,提升农产品冷链流通能力,减少产后损耗。加强专业人才培养,提升企业管理水平。

2.健全管理制度,升级标准规范,强化市场主体责任

一是健全冷链物流管理制度。在《中华人民共和国食品安全法》《中华人民共和国疫苗管理法》等上位法的基础上,制定和出台冷链物流行业法规,科学设计管理制度,明确托运人、承运人、收货人等各参与方义务及各管理部门监管要求,实现运输质量管理与产品质量管控的制度衔接和有机融合,让行业管理有法可依。二是强化标准规范实施。加强冷库建设运营、冷链运输、包装保鲜等基础性、关键性标准的制修订,升级一批强制性标准,完善冷链物流标准体系。鼓励行业协会、科研机构、企业等开展产品预冷、储运行为、服务规范等团体和企业标准的研制,提升行业标准化、规范化服务水平。加大《食品安全国家标准 食品冷链物流卫生规范》(GB 31605—2020)、《道路冷链运输服务规则》(JT/T 1234—2019)等标准的宣贯培训,开展标准化试点示范活动,强化标准的执行力。促进冷链物流标准与国际标准的衔接,引领冷链物流行业高质量发展。

3.建立评价机制,加大市场培育,促进市场优胜劣汰

建立科学合理的冷链物流企业服务评价机制,实现冷链物流企业分类评

价、分级管理、精准施策,对运营规范、服务优质的企业给予相应激励政策,引导市场优胜劣汰,促进物流资源向优质企业集聚。通过开展冷链物流品牌创建、典型示范等,鼓励冷链物流企业加大投入,使用标准化冷库设施,购置专业化运输车辆,加强全链条信息化运作和追溯管理,推动形成一批经济实力雄厚、管理方式先进、服务质量优良、核心竞争力强的骨干冷链物流企业。

4.强化宣传引导,加大人才培养,增强食品安全意识

一是强化宣传引导,增强食品安全意识。随着我国食品、药品安全事件接连发生,消费者的食品、药品安全意识大大增强,传统的"价格优先"消费观念正在向"价格与质量并重"转变。但由于农产品和速冻食品等生鲜货物品质难以量化,大部分消费者对温度变化影响食品鲜度和食品安全的程度认识不足,对"断链"造成的食品安全隐患认知还很不足。进入后疫情时代,全程冷链温控精细化管理不仅影响生鲜食品品质,更直接影响对各类疾病特别是传染性疾病的预防和控制。建议强化宣传引导,普及冷链物流相关的基础知识,进一步加强广大消费者对全程冷链物流和货物可追溯的重视程度,提升消费者对生鲜货物品质的辨别能力,增强全社会食品安全意识,加快推动冷链物流规范健康发展。二是加强人才培养,深化规范作业,增强安全操作意识。支持高等学校设置冷链物流相关专业和课程,发展职业教育和继续教育,形成多层次的教育、培训体系,提高冷链物流管理和操作人员知识水平及专业技能,增强冷链物流安全操作意识,提升冷链物流全链条从业人员的管理、运作、规范化程度,提升行业整体服务水平。

第二章

我国冷链物流市场需求分析

　　近年来,我国冷链物流市场需求持续增长,食品、疫苗等品类的冷链物流市场规模屡创新高。"双循环"发展格局的构建,加快了消费模式的提档升级,冷链物流进入转型升级的新阶段。本章分析了我国冷链物流的阶段特征,剖析了消费变化对冷链物流市场需求变化的影响,并从规模、分布、结构等方面具体介绍了我国医药、生鲜农产品等不同品类冷链物流市场需求的基本情况。结合国家统计数据,分析了冷链物流市场需求与居民消费的相关性,预测了未来冷链物流市场需求,研判了新形势下冷链物流发展趋势。

第一节　冷链物流市场发展特点

一、阶段特征

1.冷链物流总体处于机遇叠加的快速发展阶段

根据发达国家发展经验,冷链物流市场需求和人均可支配收入增长呈现出很强的正相关性。当人均GDP达到4000美元时,社会对冷链物流的需求量会明显增加;当人均GDP突破8000美元时,冷链物流设施建设和冷链物流的发展进入高速增长期。2010年,我国人均GDP超越4000美元大关,社会对冷链物流的需求量明显增加,奠定了我国冷链物流快速发展的基础。2015年,我国人均GDP突破8000美元,冷链物流市场需求快速升温,冷库容量以及冷藏车保有量呈现快速上升的发展态势,顺丰控股(集团)股份有限公司、京东物流集团、阿里巴巴集团等企业相继布局冷链物流业务。2017年,我国一系列促进消费升级、扩大国内市场的政策实施加快了冷链物流企业间整合、并购、重组的步伐,冷链物流市场需求进一步扩张。2019年,我国人均GDP首次站上1万美元的新台阶,强大国内市场刺激内需扩大、消费升级,也带动内需型、消费型冷链物流需求的快速增长(图2-1)。虽然目前我国高质量、全程化、可追溯的冷链物流体系尚未形成,与人民日益增长的美好生活需要和现代化经济体系建设要求相比仍有差距,但冷链物流市场总体仍处于快速发展的阶段。

2.不同品类冷链物流发展水平差异化特征明显

目前我国食品、药品生产经营呈现差异化发展特征,消费呈现多元化发展特征,冷链物流受到全链条上下游环节多重影响,发展水平的差异化特征十分突出。药品、化妆品、高端食品等附加值较高的产品,其货主企业对冷链物流的

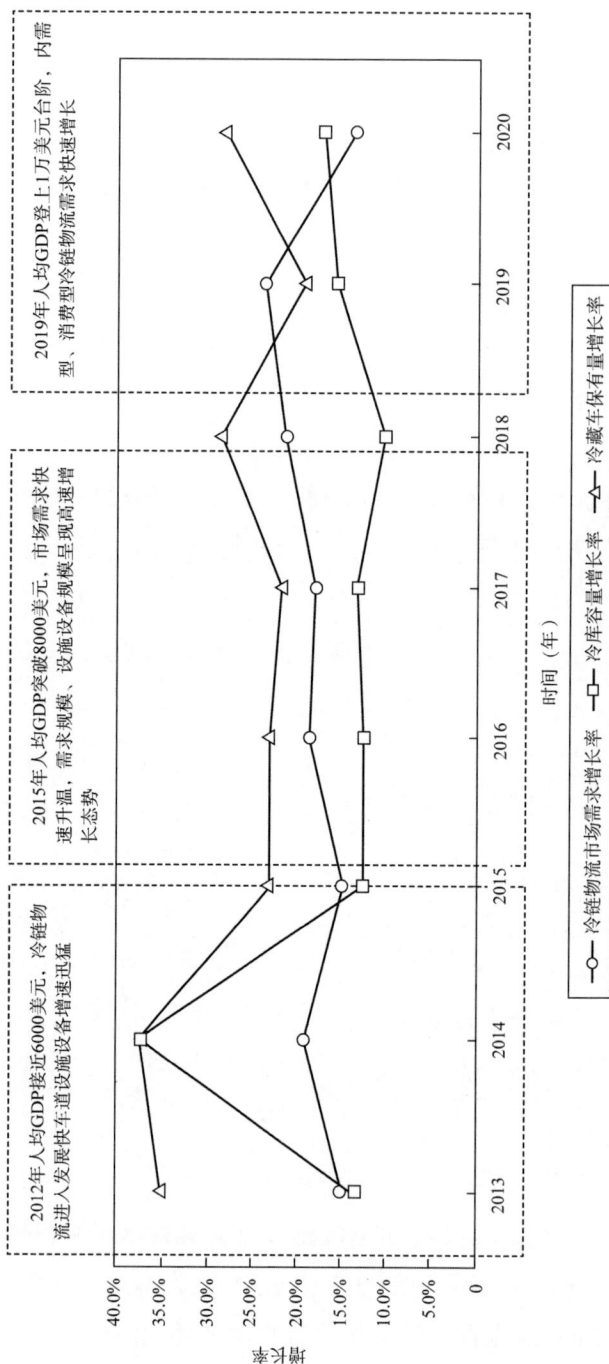

图 2-1 人均 GDP 与市场需求、要素供给之间的关系变化

品质要求较高,对运输价格敏感度相对较低,因此冷链物流过程管控较为规范和严格;而水果、蔬菜等初级农产品附加值较低,加之生产经营主体存在"散、小、弱"的问题,对运输价格敏感度较高,对全程冷链的高价格难以承受,因此冷链物流过程管控较为粗放,整体发展水平较低。通过调研发现,不同品类、不同来源产品的冷链流通率和规范化程度并不相同。进口冷链食品运作规范化程度好于国内生产的食品,药品、化妆品行业冷链物流运作规范化程度好于食品行业,精深加工食品的冷链物流规范化程度好于大量农副产品和初加工产品,整体来看,服务于城市的"最后一公里"冷链物流服务优于"最先一公里"。

3.产地放射、中心城市汇集的流通格局逐步形成

我国生鲜农产品品类较多,分布广泛,不同品类的优势产区有所不同。目前,我国冷链物流网络已经基本覆盖全国主要城市,冷链物流网络呈现以大中型城市为中心,周边向中心城市汇集的形态,同时在生鲜电商助推下,农产品跨区域、长距离运输表现出以产地为中心、向全国主要消费地流通的形态。

我国冷链物流发展与人口数量、城市经济、居民消费水平息息相关,中东部经济发达地区冷链物流需求最为旺盛。从冷链资源的区域分布来看,冷库、冷藏车等设施设备资源主要集中在京津冀、长三角、粤港澳大湾区等主要经济发达地区,冷链物流设施设备供给充足,冷链物流业务发展的景气度较高(图2-2)。中原城市群、长江中游城市群、川渝城市群等内陆地区区域冷链物流迅猛发展,并逐渐形成了一定规模基础。

从冷链运输业务的通道网络分布来看(图2-3),京津冀、长三角、粤港澳大湾区三大城市群之间的冷链物流业务最为繁忙,中原城市群、长江中游城市群、川渝城市群等内陆地区逐步构建起跨区域活跃的物流网络,此外,云南、广西等西部果蔬主产地的冷链物流网络明显增强。可以看出,我国冷链跨区域物流业务主要分布在国家立体交通网络的主轴上。其中,京津冀—长三角、京津冀—粤港澳、长三角—粤港澳主轴的景气程度较高。京津冀—成渝、长三角—成渝、粤港澳—成渝主轴的景气程度近年来实现快速提升。

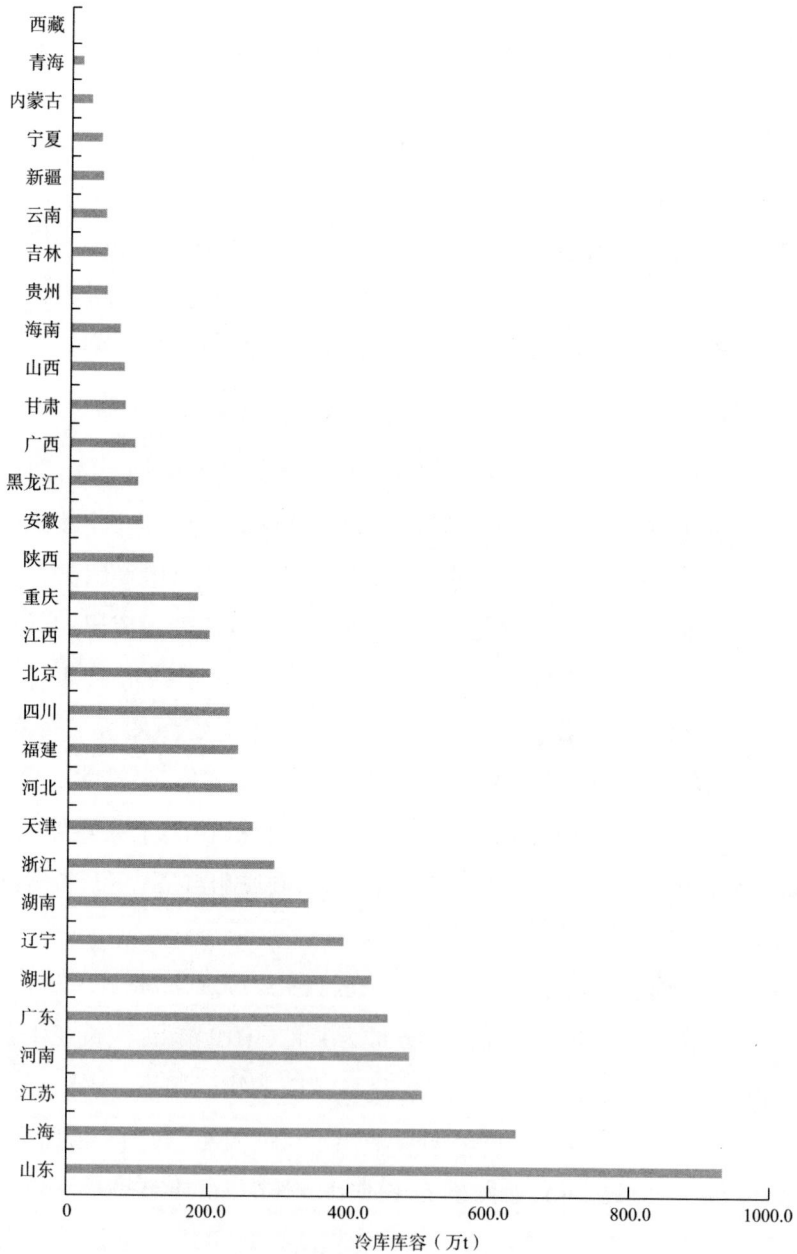

图2-2 我国各省(区、市)冷库资源分布情况

a) 2015年

b) 2019年

图 2-3

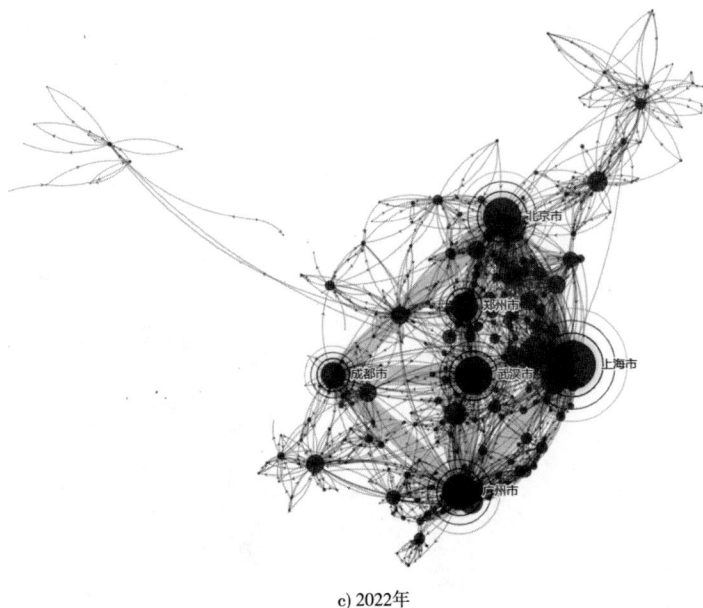

c) 2022年

图2-3　2015年、2019年和2022年我国道路冷链运输网络对比图

数据来源：易流科技云平台。

二、消费变化对冷链物流市场需求的影响

1.居民收入和消费水平提升增加冷链物流需求

消费需求与人口规模、城镇化进程、消费能力等因素息息相关。从人口规模来看，2022年，我国人口总量（不包括港澳台地区人口，下同）约为14.12亿。尽管近年来我国出生人口呈波动下降趋势，但由于人口惯性的作用，人口总量在2035年以前基本会维持在14亿左右的水平，预计2050年也在13亿规模以上。我国大规模人口总量仍会持续非常长的时间，对消费需求的影响是长期的、基础的、稳定的。从城镇化进程来看，近年来我国城镇化的程度、深度和广度不断提升，2020年末常住人口城镇化率超过60%。尽管当前出现了一部分"逆城市化"的迹象，比如一部分农业人口进城意愿不高，一部分城市居民希望到农村去生活，但我国非农产业与农业之间生产效率差距仍然较大，劳动力从农业向非农产业、农村人口向城市转移的动力依然强劲。城镇化快速发展的趋

势不会改变,将创造出巨大的消费需求。从消费能力看,随着我国经济社会快速发展,城乡居民消费水平不断提升。当前,我国已经进入高收入国家的行列,到2030年,我国居民收入还会出现持续增长的阶段,预计人均GDP可以达到11万元人民币。人均GDP的增长意味着消费水平会发生根本的提升(图2-4)。目前我国水果人均年消费量为56.4kg,相比健康标准70kg、发达国家人均水果消费量105kg的标准还有很大的差距;我国人均乳制品消费量大概在35.8kg,与发达国家100kg仍有较大差距,冷链食品的消费水平仍存在较大的提升空间。

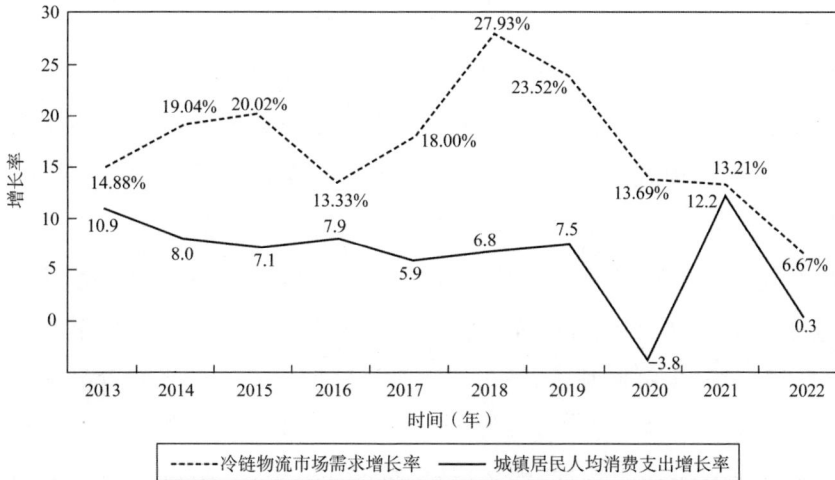

图2-4　居民收入变化对冷链物流市场需求的影响

2.消费结构变化及食品安全拉动冷链物流需求

随着我国消费水平的不断提高,人们的食品消费不仅注重量的满足,而且追求质的提高,无论是消费质量和消费结构都发生了明显变化,特别是居民食品消费结构中冷冻食品(如冷冻水产品、速冻食品、冷冻饮品等)、低温乳制品的占比显著增加,必然带动食品冷链物流市场需求的增长。而且居民越来越关注和重视食品安全问题,据调查,70%的居民有特定的饮食需求,82%的居民愿意为不含不良成分的食品支付更高价格。而冷链物流对食品安全更有保障,生态、绿色、安全消费理念的深入也将推动冷链物流不断变化。

3.消费的层次化带动冷链物流市场需求多元化

当前,我国消费需求的变化不仅是"量"的增长、"质"的提升,而且展现出层次化、群体化的特征,即不同社会阶层、不同的消费群体,其消费需求和消费习惯存在差异,低档消费和高档消费、批量式消费和碎片化消费等多层次需求共存。比如中高收入群体更加追求品牌和质量,愿意以更高的价格购买全程冷链、品质更优的食品;但低收入群体则更关注食品的基本功能,加之对全程冷链物流食品的认知不足,因此更倾向于性价比高的食品。

4.生鲜电商崛起刺激冷链物流需求爆发式增长

互联网时代下居民的消费行为与生活方式都发生了巨大改变,线上消费需求不断增加。随着电商新零售模式快速发展,线上线下加快融合,衍生出多元化、多样化的履约模式、流通模式和消费场景,生鲜电商、零售O2O、餐饮外卖、社团生鲜等新型流通业态不断涌现,迎合了居民消费方式、消费习惯和消费结构。近年来我国生鲜电商交易额持续攀升。2020年新型冠状病毒感染发生后,加速了线上购物、网上订餐等"宅经济"的活跃发展,生鲜电商的需求随即井喷。社区菜市场、生鲜便利店、超市等末端生活服务节点的生鲜食品配送需求上升,"生鲜电商+冷链宅配"获得爆发式增长。生鲜订单呈现小批量、多频次、个性化和全渠道流动的特征,对冷链物流的时效性、一体化提出了新的更高要求。

第二节　主要品类冷链物流市场需求分析

一、医药冷链物流需求

1.医药冷链物流需求迅速增长

随着经济发展及科技进步,我国冷藏药品需求迅速增长,以疫苗类制品、注射剂等为代表的医药冷链物流迎来了广阔的发展空间。2022年,我国医药冷链销售额达到5458.62亿元(图2-5)。医药冷链物流市场主要以诊断试剂、疫苗类制品、医疗器械、注射剂、酊剂、口服药品、外用药品、血液制品等医药冷藏品为主要品类。在医药冷链的细分产品结构中,体外诊断试剂(IVD)产品的市场份额最大,占比达25%;疫苗市场份额占比有所提升,达到14%。医疗器械(IVD除外)和血液制品市场份额均有所下降,占比均为10%(图2-6)。

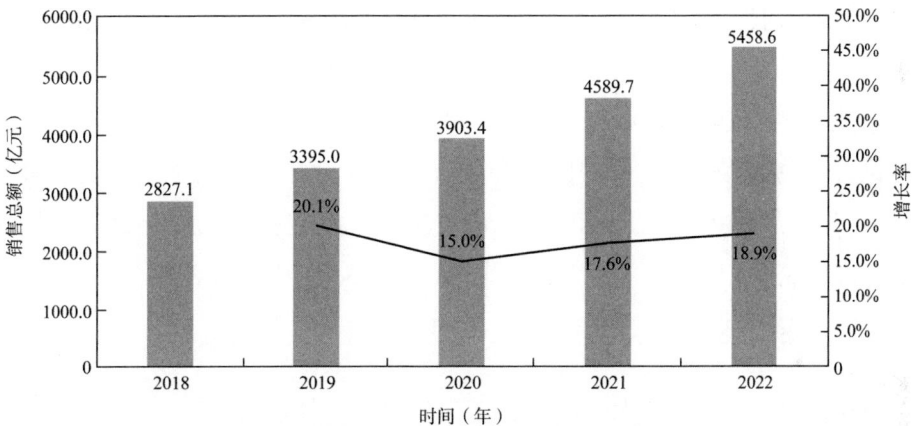

图2-5 2018—2022年全国医药冷链市场规模变化情况
数据来源:中国物流与采购联合会。

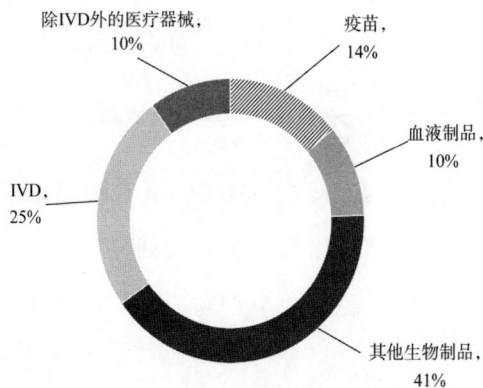

图2-6 我国医药冷链物流市场主要品类
数据来源:中国物流与采购联合会。

2.新冠疫苗冷链物流需求急剧攀升

为应对新型冠状病毒感染,我国各地已开始了新冠疫苗大规模接种工作,新冠疫苗出口需求不断增加,疫苗冷链物流需求急剧扩张。2021年,国药中生、科兴生物、康希诺、智飞生物及康泰生物等5家国内疫苗生产企业生产的新冠疫苗获得了世界卫生组织的紧急使用授权,旗下涵盖了病毒灭活疫苗、腺病毒载体疫苗、重组亚单位疫苗等3种类型的新冠疫苗开始出口海外市场。2021年,我国累计向世界供应超过20亿剂新冠疫苗和原液,居全球首位。新冠疫苗大量出口带动我国人用疫苗出口规模陡增,海关数据显示,2021年我国人用疫苗累计出口规模达到5000t,出口货值1010亿元,出口规模同比增长近30倍。随着国外新冠疫苗接种率提升,在全球新型冠状病毒感染逐步放开的大背景下,治疗性药物以及新冠疫苗的需求同步呈现下滑趋势。2022年我国人用疫苗出口规模830t,出口货值64.5亿元,同比下滑83.4%和93.6%(图2-7)。

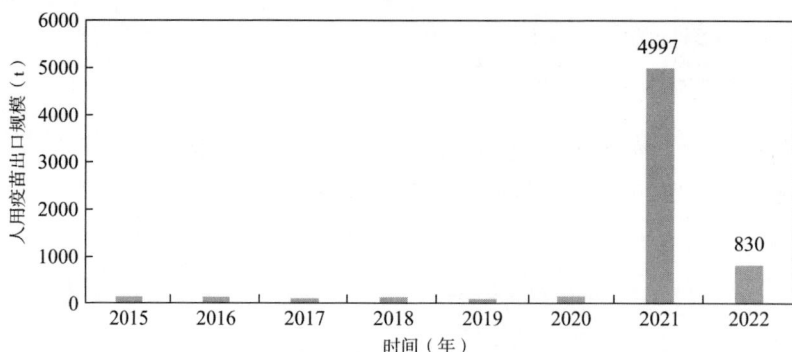

图2-7　2015—2022年我国人用疫苗出口规模变化情况

数据来源:海关总署统计数据。

具体来看,我国新冠疫苗出口规模经历了"升高回落"的过程。2021年6月22日,随着商务等4部门正式发布公告,公布可供对外出口的新冠疫苗产品清单,支持列入清单的中国疫苗生产企业以自营方式组织出口。在政策支持下,2021年7月开始,我国人用疫苗出口规模急剧升高,环比增长150%,并保持高位运行。随着国外新冠疫苗接种率提升,接种需求逐步降低,至2021年11月,出口规模从高位回落,环比下降33%(图2-8)。

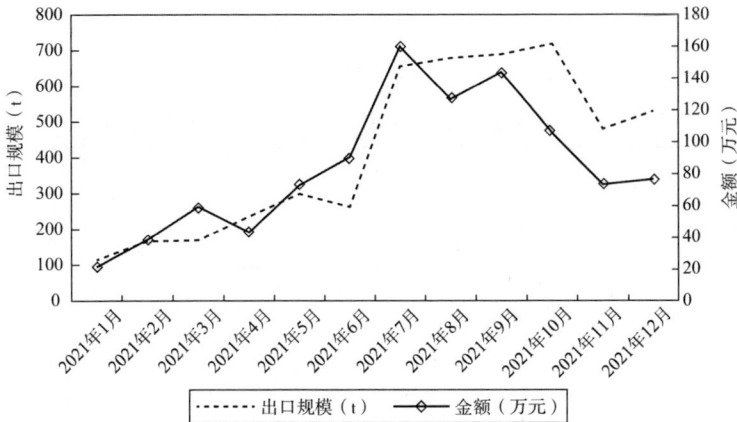

图2-8 2021年每月我国人用疫苗出口规模总体情况
数据来源：海关总署统计数据。

二、食品冷链物流需求

1.总体运行情况

1）食品冷链物流需求分布

我国是全球农业生产和生鲜食品消费大国,果蔬、肉类、水产品产量连续多年居世界第一。食品冷链物流的需求主要分布在水果、蔬菜、乳制品、肉产品、水产品和速冻食品等领域(图2-9)。

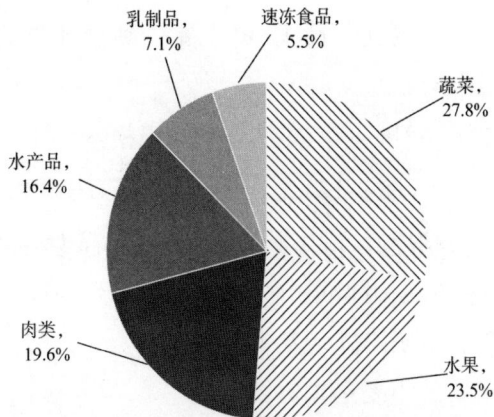

图2-9 不同类型食品冷链物流需求量占比情况
数据来源：中国物流与采购联合会。

根据我国主要农产品产量和冷链物流市场需求,可以看出不同品类的冷链流通率各有不同,肉类、水产品的冷链流通率高于水果和蔬菜(表2-1)。

2020年各类农产品冷链流通率、冷链物流市场需求情况表 表2-1

主要品类	产量(万t)	冷链物流市场需求(万t)	冷链流通率(冷链实现率)
水果	28629	6696	23%
蔬菜	74922	7781	10%
肉类	7748	4649	60%
水产品	6549	4055	62%
合计	117848	23181	20%

2)生鲜食品进出口需求

我国主要进出口生鲜食品包括果蔬、肉类、水产品、乳制品等。进口方面,2019年以来,面对新型冠状病毒感染的不利影响,我国进口冷链食品市场需求仍然实现稳定增长。2021年,进口冷链食品总量约为2427万t,较2020年增长2.8%,增速较2020年14%进一步放缓;2022年,进口冷链食品总量约为2274万t,较2021年下降6.3%,增速出现近年来首次负增长(图2-10)。2022年全年我国进口肉类740万t,比2021年下降21%。进口水果规模达到753万t,实现3%的小幅增长。经历了新型冠状病毒感染持续几年冲击后,2022年我国水产品进口大幅回暖,全年进口量454万t,规模创近年来新高,同比增速达到25%。乳制品进口规模327万t,同比下降17%,主要受到全球牛奶产量下降、供应链波动等多因素影响(图2-11)。

出口方面,2022年,我国生鲜农产品出口规模约为1364万t,较2021年基本持平,仍处于近年低位(图2-12)。其中,水产品、蔬菜和水果合计占比超过95%。其中,蔬菜出口620万t,占比超过45%,同比增长5.1%。受疫情影响水果出口规模继续回落,全年出口量分别为334万t,较2021年下降7.5%。全年水产品出口规模370万t,与2021年基本持平。

3)生鲜食品进出口的主要运输方式

生鲜食品进出口的主要运输方式海运为主,空运和铁路运输为辅。以生鲜食品进口为例,从中国的各大港口卸箱后,通常再以公路运输的方式运往全国各地。从分布来看,目前我国进口冷链食品入境主要集中在上海港、天津港、青岛港、大连港、宁波舟山港、深圳盐田港、深圳西部港区、厦门港和广州港9个枢纽港。2020年上海港进口冷藏集装箱量位居第一,达到74.7万TEU(国际标准箱),占比达到40.4%,天津港、青岛港紧随其后,进口冷藏集装箱量分别达到28.4万TEU和20.4万TEU(图2-13)。

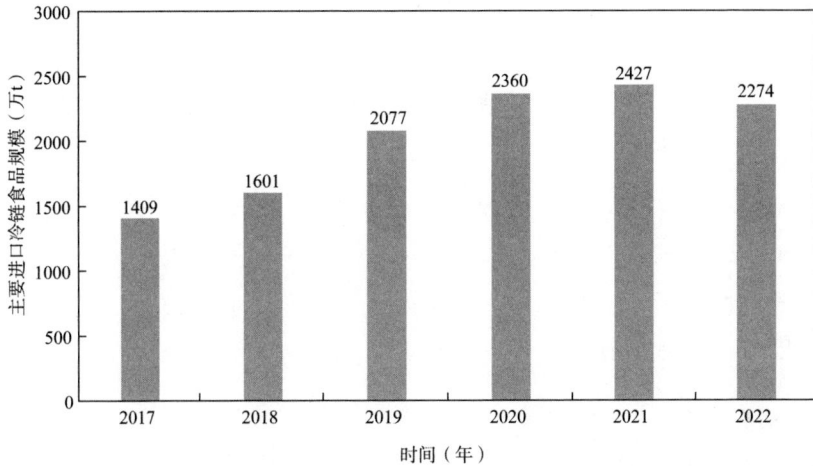

图2-10　2017—2022年主要进口冷链食品规模变化情况

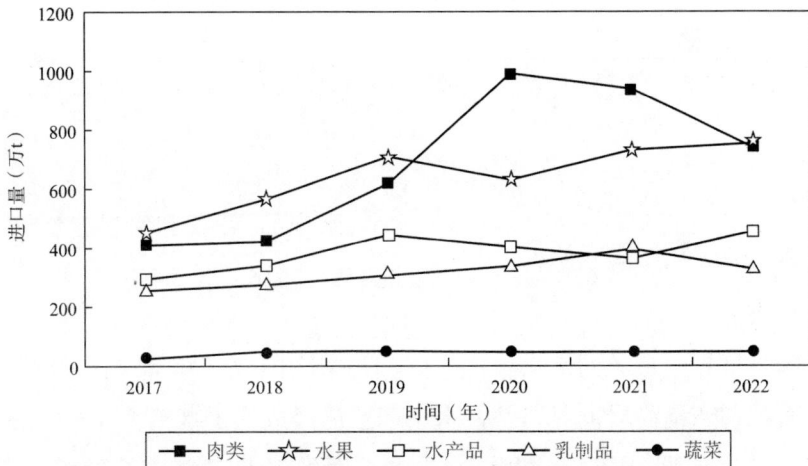

图2-11　2017—2022年各品类生鲜食品进口量对比情况

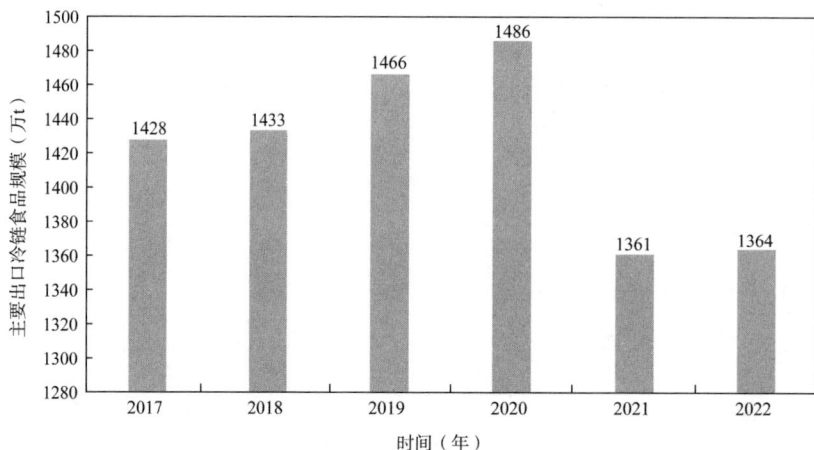

图2-12　2017—2022年我国出口冷链食品规模变化情况

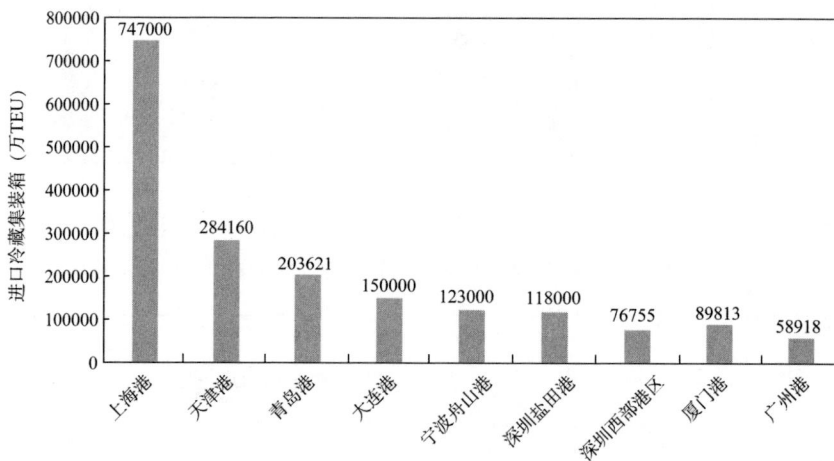

图2-13　我国主要港口进口冷藏集装箱情况

2.水果冷链物流需求情况

1）水果生产情况

　　我国是世界上最大的水果生产大国和消费大国,水果产量约占全球1/3,水果种植面积和产量稳居世界第一。水果产业已经成为了继粮食、蔬菜之后的第三大农业种植产业。近年来,我国水果种植面积逐步扩大,水果总产量持续增加。据统计数据,2022年全国水果总产量为3.13亿t,同比增长4.4%(图2-14)。

从结构来看,目前我国苹果、柑橘、梨、香蕉、葡萄等大宗品类供给较多,大樱桃、百香果、火龙果等特色品类供给较少。

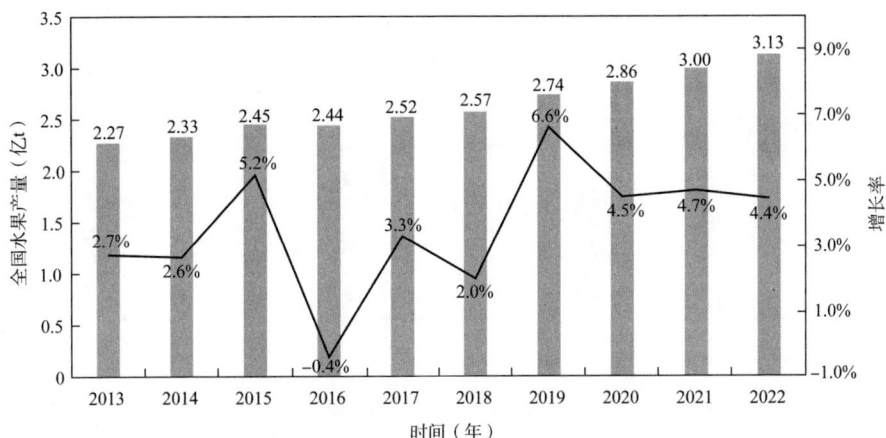

图2-14　2013—2022年全国水果产量及增长率变化情况
数据来源：国家统计局统计数据。

2)产业分布情况

自20世纪90年代以来我国采取扶优扶强的非均衡发展战略,重点发展优势产区、培育优势产品。如明确长江中上游、赣南、湘南、桂北和浙南、闽西、粤东为柑橘三大优势产区;渤海湾、西北黄土高原、黄河故道和西南冷凉高地为苹果四大优势产区。目前,我国水果生产呈现规模化、区域化发展特征。山东省水果产量位列全国首位,占比将近11%。河南、广西、山西三省(区)紧随其后,产量均超过2000万t,广东、新疆、河北、四川以及湖南等省份水果产量超过1000万t。水果产量排名前十的省份合计产量占比达到70%。分品类来看,苹果产量主要集中在甘肃、山东等省,柑橘生产区域为广西、湖南、湖北、广东、四川、江西、福建、浙江等省(区),梨主要集中在河北省,葡萄生产主要集中在河北、山东、云南等省份;香蕉生产地区有广东、广西、云南、海南、福建、四川、贵州、重庆等省(区、市)。

3)水果进出口情况

我国水果进出口呈现贸易逆差,且呈现不断扩大的趋势。受新型冠状病毒感染及国际物流冲击影响,我国水果出口规模稍有缩减,进口规模呈现下降后回升的变化态势。海关总署数据显示,2022年我国水果进口量753万t,同比增长3%。水果出口总量334万t,同比下降7.5%(图2-15)。

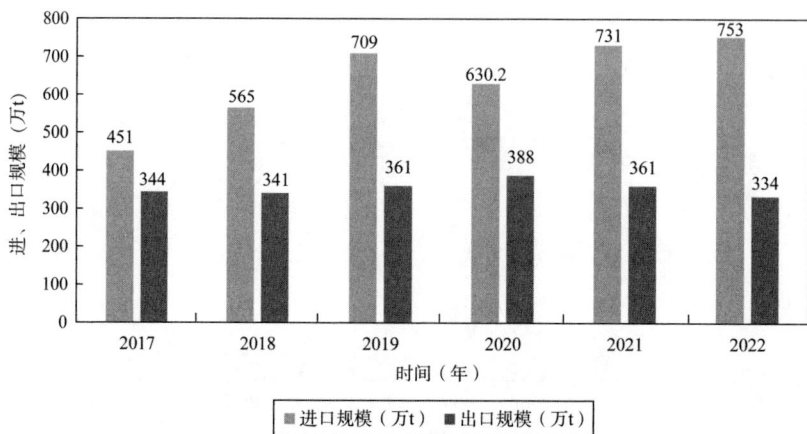

图2-15 2017—2022年水果进出口规模变化情况
数据来源:海关总署统计数据。

目前我国进口额最多的水果品类分别是鲜榴莲、鲜樱桃、香蕉、鲜或干的山竹、鲜龙眼、鲜猕猴桃、鲜葡萄及鲜火龙果。以上8种水果的进口额占比达到76%,进口规模占到我国水果总进口规模的60%(表2-2)。其中,鲜榴莲的进口额位居榜首。2021我国水果进口前十位的供应国依次为泰国、智利、越南、菲律宾、新西兰、秘鲁、澳大利亚及南非。

2021年我国水果进口TOP8品类(按进口额排序)　　　　　　表2-2

序号	水果品类	进口额(亿美元)	进口量(万t)
1	鲜榴莲	42.1	82.2
2	鲜樱桃	19.8	31.4
3	香蕉	10.4	186.4
4	山竹	7.7	24.9
5	鲜龙眼	7.1	46.9
6	鲜猕猴桃	5.5	12.8
7	鲜葡萄	5.4	9.5
8	鲜火龙果	5.3	58.8

数据来源:中国食品土畜进出口商会数据。

2021年水果出口品类主要包括鲜苹果、其他柑橘(包括小蜜橘及萨摩蜜柑橘)、鲜葡萄、鲜梨、鲜或干的橙,前九大品类出口额占我国水果总出口额的82%(表2-3)。出口市场依次为越南、泰国、印度尼西亚、菲律宾、中国香港、孟加拉国、马来西亚、美国、缅甸、尼泊尔和日本。对以上国家和地区的水果出口额均突破1亿美元。

2021年水果出口TOP5品类(出口额排序) 表2-3

序号	水果品类	出口额(亿美元)	出口量(万t)
1	鲜苹果	14.3	107.8
2	其他柑橘	10.1	67.3
3	鲜葡萄	7.6	35.1
4	鲜梨	6.1	51.0
5	鲜或干的橙	1.6	9.3

数据来源:中国食品土畜进出口商会数据。

3.蔬菜冷链物流需求情况

1)蔬菜生产情况

我国是世界蔬菜生产和消费的第一大国,蔬菜播种面积和产量连续多年居世界首位。目前蔬菜生产已经成为我国种植业中仅次于粮食的第二大农作物。近年来,随着乡村振兴战略深入推进,在保障市场供给,增加农民收入、扩大贸易优势政策背景下,我国蔬菜产业发展迅速。2022年,蔬菜产量为79100万t,较2021年增长2%(图2-16)。

2)产业分布情况

目前,我国已基本形成了华南冬春蔬菜、长江上中游冬春蔬菜、黄土高原夏秋蔬菜、云贵高原夏秋蔬菜、黄淮海与环渤海设施蔬菜、东南沿海出口蔬菜、西北内陆出口蔬菜以及东北沿边出口蔬菜八大蔬菜重点生产区域。全国蔬菜大生产、大市场、大流通的格局逐渐形成,并基本实现了蔬菜周年均衡供应。从地区供给看,山东省蔬菜产量超过8100万t,位列全国榜首,占比将近12%。河南、江苏、河北三省紧随其后,产量均超过5000万t。蔬菜产量排名前十的省份合计产量占比达到70%。

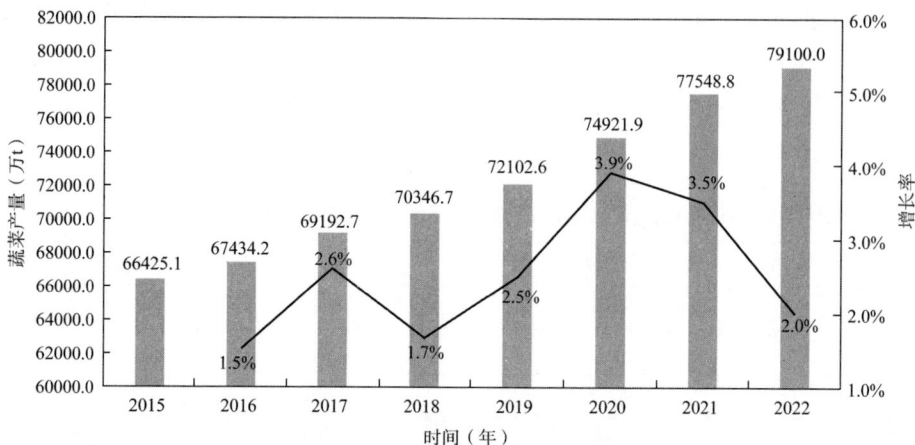

图2-16　2015—2022年蔬菜产量及增长率变化情况
数据来源：国家统计局统计数据。

3）蔬菜进出口情况

我国是全球蔬菜的重要供应基地，大规模蔬菜产量供应全球各国，出口量明显大于进口，蔬菜进出口呈现明显的贸易顺差。2022年，受到全球新冠病毒疫情的持续影响，我国蔬菜出口规模呈现下降趋势。海关总署数据显示，2022年我国蔬菜进口量基本维持不变，冷鲜蔬菜出口量回升至620万t，同比下降5.1%（图2-17）。

目前，我国蔬菜的出口消费地主要为日本、中国香港、越南、韩国、马来西亚、美国、泰国、印度尼西亚、俄罗斯和荷兰等。进口来源地主要包括印度、美国、越南、日本、泰国、智利、新西兰、土耳其、丹麦和印度尼西亚等。

4.肉类冷链物流需求情况

1）肉类生产情况

我国是全球第一大生猪生产国及猪肉消费国，生猪出栏量及猪肉消费量占全球的比例均在50%以上，而我国猪肉产量占肉类产量比例接近55%。2018年以来，受非洲猪瘟影响，生猪产能严重下滑，导致肉类产量明显下跌，冷鲜肉供给缺口加大。2020年我国肉类产量7639万t。其中，猪肉产量4113万t，下降

3.3%,降幅有所收窄。2021年,我国猪肉产能全面恢复,全年肉类产量达到8990万t,增幅达到16.7%(图2-18),其中猪肉产量达到5296万t,基本达到历史正常年份水平,扭转了连续多年的持续下降趋势(图2-19)。2020年,全国鲜、冷藏肉产量为2554.1万t,同比下降10.0%。2021年全国鲜冷藏肉产量回升至3298.2万t,同比增长29%(图2-20)。2021年末我国生猪存栏量为44922万头,生猪产能将保持高位运行。

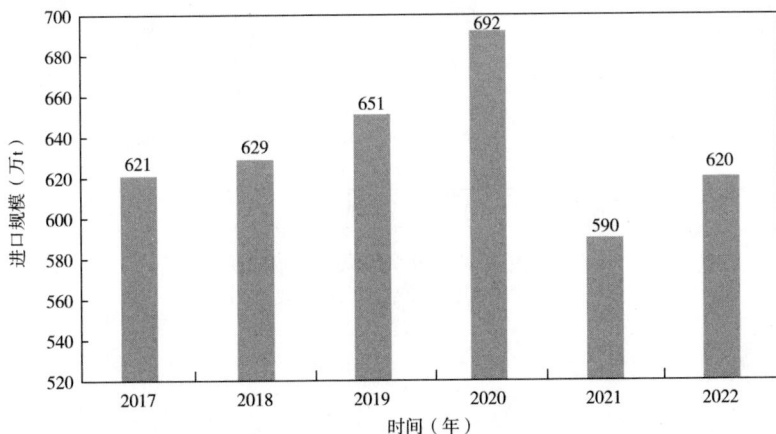

图2-17　2017—2022年冷鲜蔬菜出口规模变化情况
数据来源:海关总署统计数据。

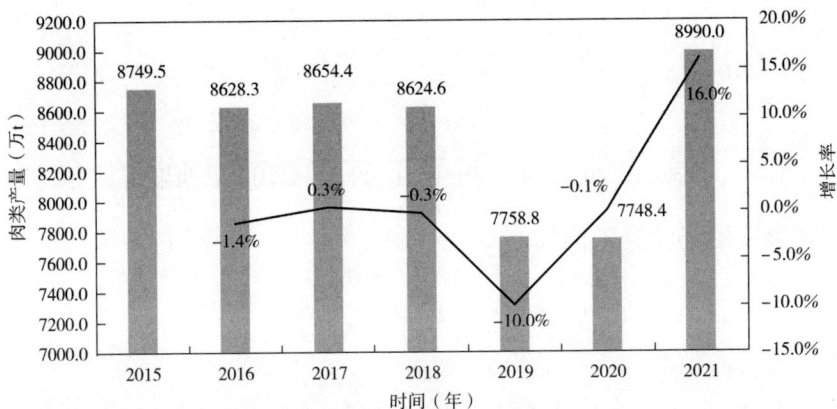

图2-18　2015—2021年全国肉类产量及增长率变化情况
数据来源:国家统计局统计数据。

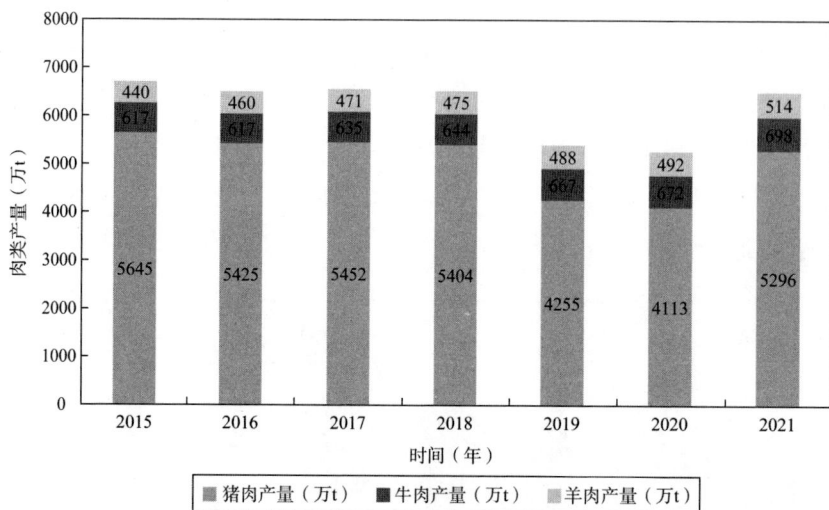

图2-19　2015—2021年全国猪肉、羊肉、牛肉产量
数据来源：国家统计局统计数据。

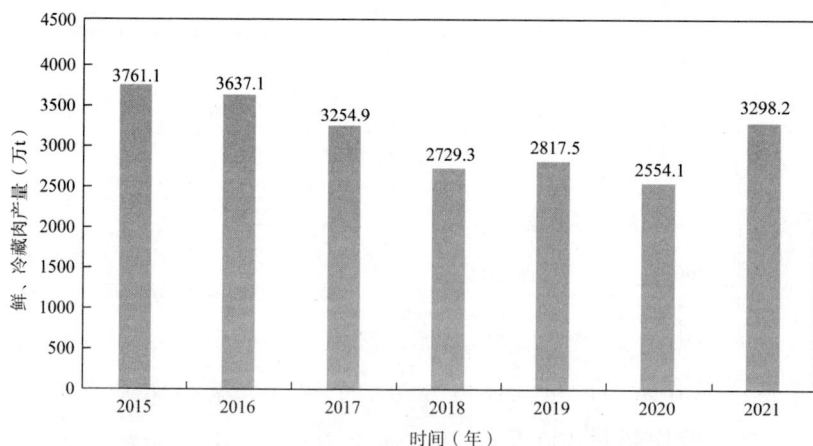

图2-20　2015—2021年全国鲜、冷藏肉产量
数据来源：国家统计局统计数据。

2)产业分布情况

从分布来看,目前我国山东肉类产量位居全国首位,2021年山东生肉类年产量819万t,占比达到9.1%。四川、河南紧随其后,年产量均超过640万t,占

比超过7%。湖南、河北、广东、云南、安徽肉类年产量均超过450万t。广西、辽宁、湖北肉类年产量均超过400万t,各省份肉类年产量均实现了较大幅度的增长。肉类产量前十省份合计占比达到60%。北京、上海肉类产量位居全国倒数两名,是全国肉类消费需求高、肉类流入较多的区域(图2-21)。

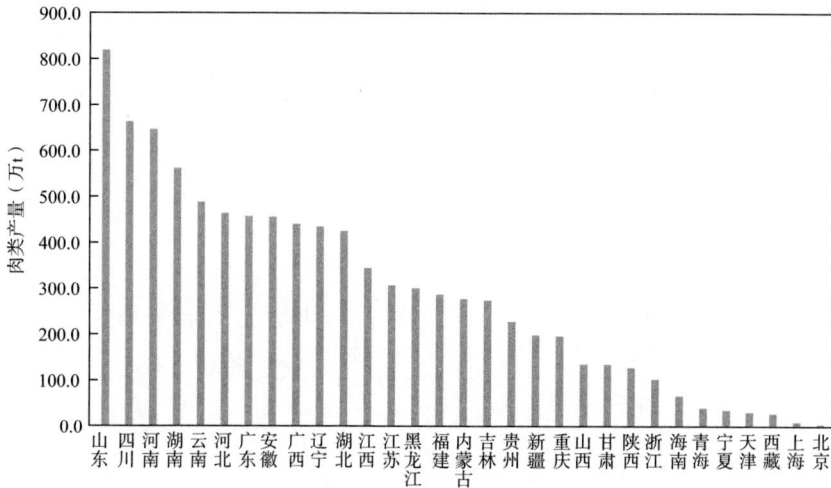

图2-21　2021年我国各省(区、市)肉类产量情况
数据来源:国家统计局统计数据。

　　猪肉方面,我国各省均开展生猪养殖,但由于各地地理条件、资源基础、环保要求和要素成本不同,各省猪肉产量差异较大,如浙江、贵州等山地较多,缺乏适宜养殖的土地,山东、河南等北方地区更靠近饲料原料地,广西、云南等人力成本更低,一些南方水网地区环保压力较大。总体来看,我国31个省份生猪产能和猪肉产量大体可分为六个梯队。第一梯队是四川、湖南和河南,猪肉产量均超过400万t。第二梯队是云南、山东和湖北,猪肉产量均超过300万t。第三梯队是河北、广东、广西、辽宁、安徽和江西,猪肉产量均超过200万t。第四梯队是黑龙江、江苏、贵州、吉林、重庆和福建,猪肉产量均超过100万t。第五梯队是陕西、山西、内蒙古、浙江和甘肃,猪肉产量超过了50万t。第六梯队是海南、天津、宁夏、上海、青海、北京、西藏,猪肉产量总体偏低(图2-22)。

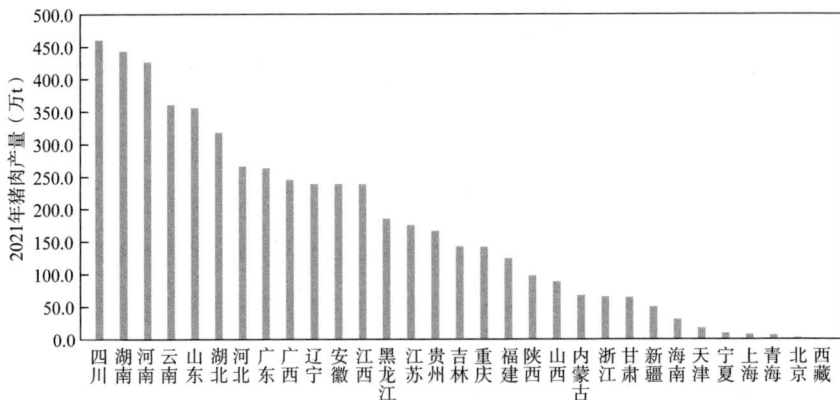

图 2-22　我国生猪出栏量地域分布情况
数据来源：国家统计局统计数据。

牛肉方面,我国重点建设中原、东北两个牛肉优势产区,牛肉生产主要分布在河南、山东、河北、安徽、辽宁、吉林、黑龙江、内蒙古等省(区)。羊肉方面,我国重点建设中原、内蒙古中东部及河北北部、西北和西南四个羊肉优势产区。中原羊肉生产主要布局在河南、山东、河北、江苏、安徽等省市。内蒙古中东部及河北北部肉羊优势区主要布局在内蒙古和河北两个省(区)。西北肉羊优势产区主要布局在宁夏、甘肃、青海、新疆等省(区)。西南肉羊优势产区主要布局在四川、重庆、云南、贵州、广西等省(区、市)。

3)肉类进出口情况

我国是猪肉消费大国,国内猪肉供应不足以满足消费需求,肉类进口需求十分旺盛,出口规模很小,近年来保持在 30 万 t。自非洲猪瘟发生以来,我国需要进口大量国外猪肉来弥补内需空缺。2020 年虽然国外疫情严峻,国外屠宰企业出现停产、港口限行、国内相继在进口冷冻肉制品和水产品包装上发现新冠病毒等不确定性风险因素存在,我国加强了进口农产品检疫,但肉类进口额依旧保持上涨趋势。2021 年,随着国内猪肉产能全面恢复,肉类进口规模呈现小幅下降。根据海关总署数据,2020 年我国肉类(含杂碎)累计进口 991 万 t,较 2019 年增长 373 万 t,同比增加 60.4%,累计进口额 307.3 亿美元,同比增加 59.6%。2021 年,我国肉类进口规模下滑至 938 万 t,同比下降

5.3%（图2-23）。其中，猪肉、牛肉和鸡肉占比较大。2021年，我国猪肉进口500万t，占比超过50%，禽肉进口148万t，牛肉进口236万t，羊肉进口41万t（图2-24）。

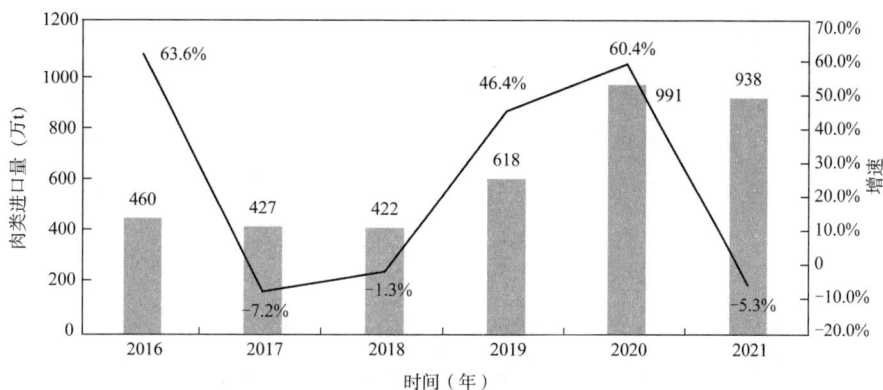

图2-23　2016—2021年肉类进口量及增速变化图
数据来源：海关总署统计数据。

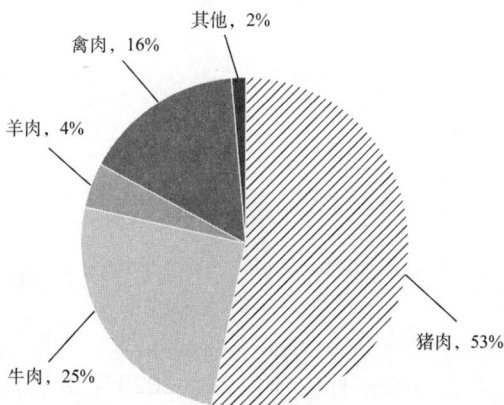

图2-24　2021年我国肉类进口结构

　　从进口国别或地区来看，我国肉类供应国主要以欧盟、巴西、美国等地区为主。进口猪肉来源于西班牙、美国、德国、巴西、加拿大、丹麦等国家。进口牛肉来源于巴西、阿根廷、澳大利亚、乌拉圭、新西兰等国家，其中巴西是第一大进口来源国，进口量占比达到40%。进口羊肉来自新西兰、澳大利亚、乌拉圭等国家,其中从新西兰进口占比超过50%。进口禽肉来源于巴西、美国、俄罗斯、泰国等国家,其中巴西是第一大进口来源国,进口量占比超过40%。

5.水产品冷链物流需求情况

1)水产品生产情况

我国已经成为水产品市场最大的消费国家。冷藏、冷冻是水产品的主要流通形式。国家统计数据显示,2021年全国水产品总产量达到6693万t(图2-25)。根据2020年水产品62%冷链流通率测算,2021年我国水产品冷链物流需求量为4150万t。

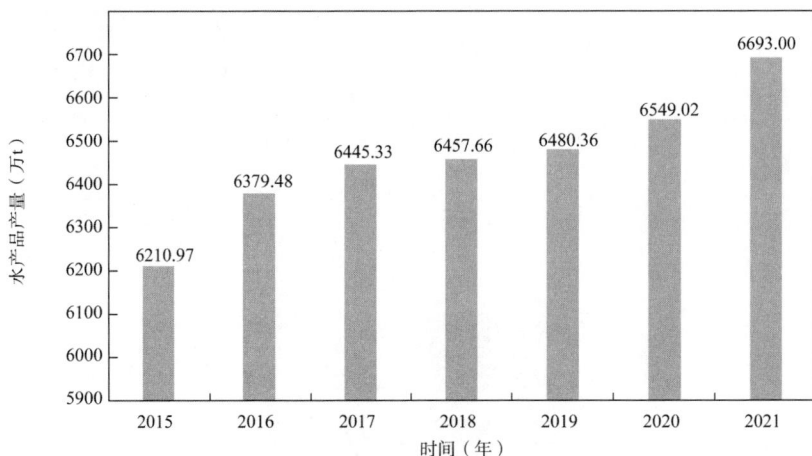

图2-25 2015—2021年水产品产量变化情况
数据来源：国家统计局统计数据。

根据农业农村部数据,目前我国海水产品和淡水产品产量基本相近,占比都接近50%。我国是世界上水产养殖历史最悠久的国家之一,也是世界上唯一的养殖水产品总量超过捕捞总量的主要渔业国家。我国水产品养殖产量占比达到78%。从品类结构来看,目前我国水产品养殖主要品类为鱼类、贝类和甲壳类(图2-26),水产品捕捞主要品类为鱼类、甲壳类等(图2-27)。其中,鱼类在我国水产品产量中占比最大,在养殖产品和捕捞产品中占比分别达到53%和70%。

藻类，
5%

其他类，
2%

贝类，
29%

鱼类，
53%

甲壳类，
11%

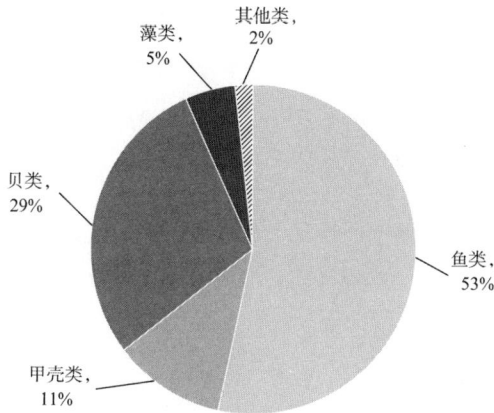

图2-26　我国水产品养殖品类占比情况
数据来源：农业农村部。

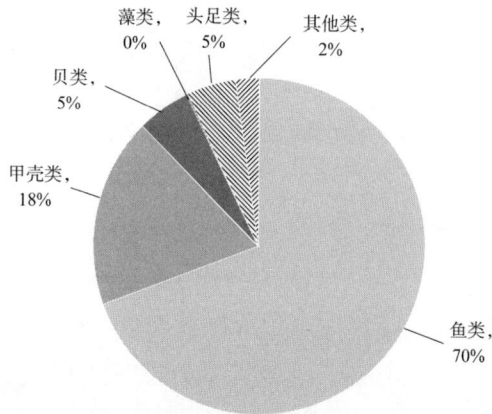

藻类，
0%

头足类，
5%

其他类，
2%

贝类，
5%

甲壳类，
18%

鱼类，
70%

图2-27　我国捕捞产品品类占比情况
数据来源：农业农村部。

2）产业分布情况

近年来，我国优先发展东南沿海、黄渤海出口水产品优势养殖带和长江中下游出口河蟹优势养殖区。东南沿海养殖带主要布局在浙江、福建、广东、广西、海南等省区，重点发展鳗鱼、对虾、罗非鱼、大黄鱼。黄渤海养殖带主要布局在山东、河北、辽宁等省市，重点发展对虾、贝类。长江中下游养殖区主要布局在江苏、安徽、江西等省市，重点发展河蟹。

从产量分布情况来看,广东、山东、福建三省水产品产量位居前三,年产量均超过800万t,合计占比接近40%。浙江、江苏、湖北、辽宁水产品年产量均超过400万t,广西、江西、湖南、安徽四省(区)水产品年产量均超过200万t。排名前十省份的水产品产量合计占比超过80%(图2-28)。

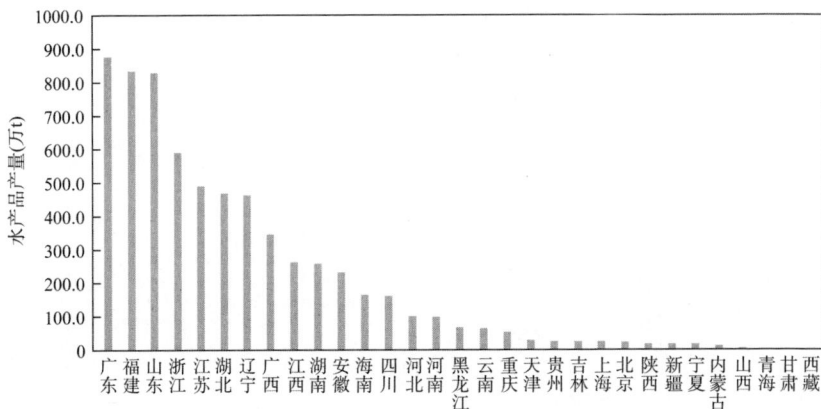

图2-28　2020年我国水产品产量分布情况图
数据来源：国家统计局统计数据。

3)水产品进出口情况

长期以来,我国水产品进出口呈现小幅的贸易顺差。新型冠状病毒感染全球持续蔓延,对进口水海产品供应链造成巨大冲击。各地陆续出现进口海鲜包装新冠病毒检测阳性事件,让进口水海产品行业雪上加霜,导致进口量大幅下滑,贸易顺差进一步扩大。海关总署数据显示,2021年我国水产品进口量363万t,同比降低9.6%;出口量375万t,较2020年基本一致(图2-29)。目前,我国主要进口对虾、鳕鱼、龙虾、头足类、蟹类、三文鱼等,主要来源地包括俄罗斯、秘鲁、越南、美国、印度尼西亚、厄瓜多尔和印度等。水产品出口在我国农产品出口中居首位,形成了以欧美和东亚地区为主的、比较稳定的国际市场。

6.乳制品冷链物流需求情况

1)乳制品生产情况

我国乳制品消费主要以液态奶和奶粉为主。近年来,随着我国居民生活水平提高、健康意识不断增强,乳制品消费需求持续提升。我国牛奶产量基本保持平稳,但2016年,受进口乳制品增长的冲击,乳制品产量有所下滑。但在国内刚需拉动下,我国乳制品产量随后稳步增长,2021年,我国乳制品产量3683万t,同比增长7.1%(图2-30)。

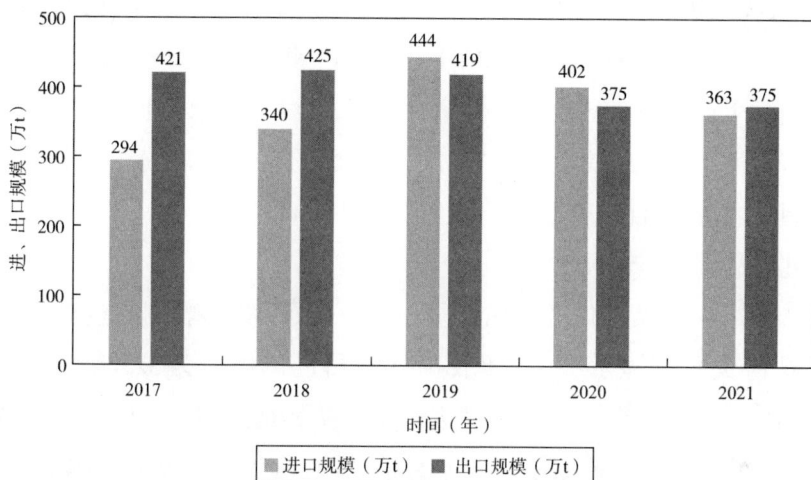

图2-29 2017—2021年中国水产品进出口额变化情况

数据来源:海关总署统计数据。

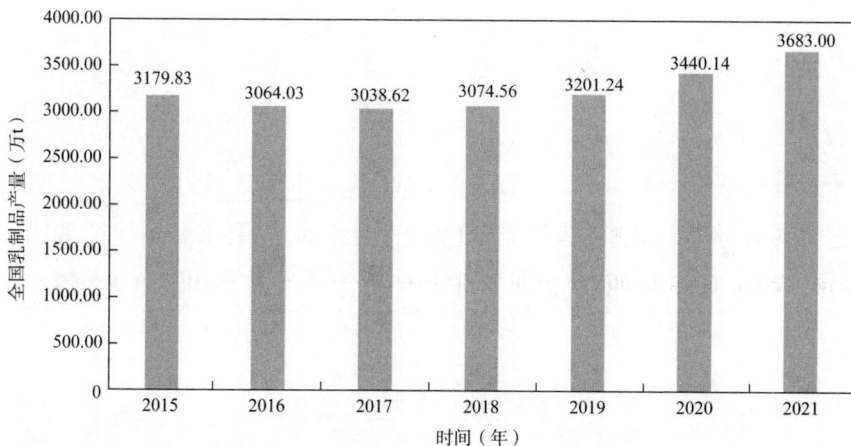

图2-30 2015—2021年全国乳制品产量变化情况

数据来源:国家统计数据、中国物流与采购联合会。

2)产业分布情况

近年来,我国重点发展东北、华北及京津沪三个牛奶优势产区。东北产区主要布局在黑龙江、内蒙古等两个省(区)。华北优势产区主要布局在河北、山西等省。京津沪产区主要布局在周边郊区县和农场等。

目前,我国奶畜饲养主要在北方,而消费区则是在东部和南部,"北奶南运""西奶东运"的现象越来越多。2020年,河北、内蒙古、山东、黑龙江、陕西、河南六大乳制品生产重点省区合计产量占比将近50%。在液体乳产量中,河北、内蒙古、山东、河南、宁夏、黑龙江六省(区)占全国的50.7%;乳粉产量中,黑龙江、陕西、河北、内蒙古、江苏五省(区)占全国的78.4%。

3)乳制品进出口情况

虽然国内牛奶及其他乳制品产量出现下滑,但我国乳制品进口量持续增长。根据海关数据显示,2022年我国乳制品进口规模为327万t,同比下降17.2%(图2-31)。目前,我国乳制品进口主要品类是液体乳、乳粉和乳清粉,以上三者合计占比超过75%(图2-32)。目前,在我国进口乳品的来源地中,按进口额排名前三的分别为新西兰、荷兰和爱尔兰。乳品进口额排名前三位的省(市)分别为上海、广东和天津。

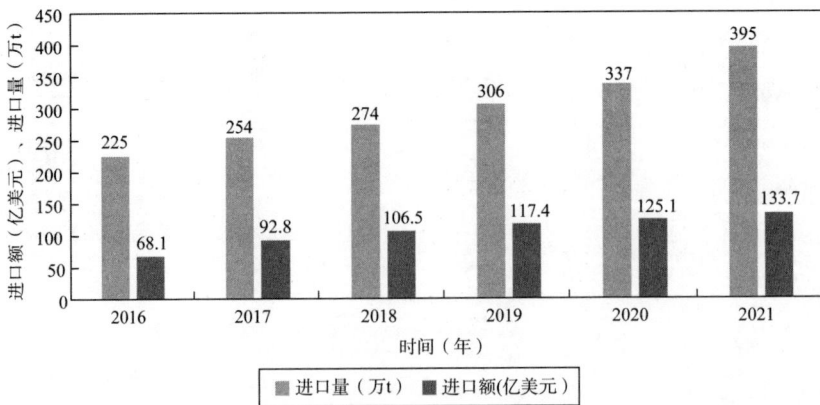

图2-31 2016—2021年中国乳品进口量和进口额变化图
数据来源:海关总署统计数据。

7.速冻食品冷链物流需求情况

随着我国居民消费水平的提高,以及生活节奏加快,我国速冻食品消费需求不断提升,市场规模持续扩大,品类日益丰富。2016—2020年,我国速冻食品行业市场规模持续扩大,2020年市场规模达到近1500亿元,相较于2019年增长18.4%(图2-33)。

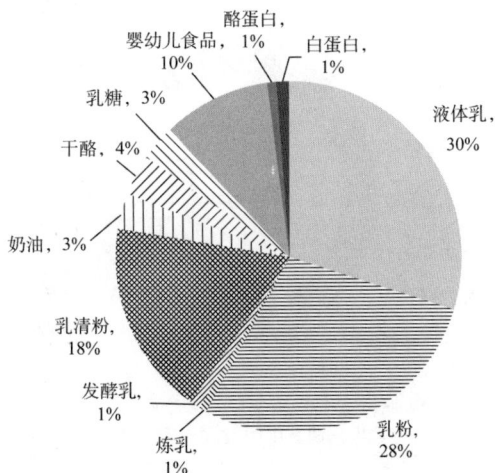

图2-32　我国乳品进口主要品类占比情况

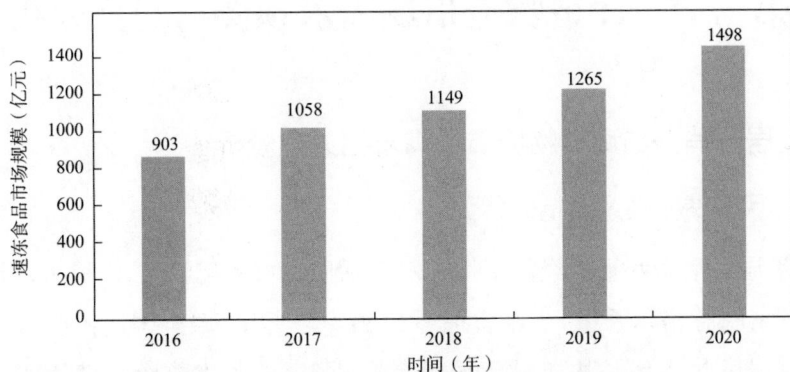

图2-33　2016—2020年全国速冻食品行业市场规模变化情况

数据来源:国家统计数据、中国物流与采购联合会。

当前,我国速冻食品主要分为速冻米面食品、速冻火锅料和速冻其他食品。从品类上看,速冻米面和速冻火锅料占据主要市场份额,其中,速冻米面制品占比高达52.4%。近年来速冻火锅料在市场中占比较大,达到33.3%,主要得益于火锅文化的兴起,且除火锅业外,速冻火锅料广泛应用于麻辣烫、关东煮、烧烤等多个餐饮市场,市场消费需求巨大(图2-34)。

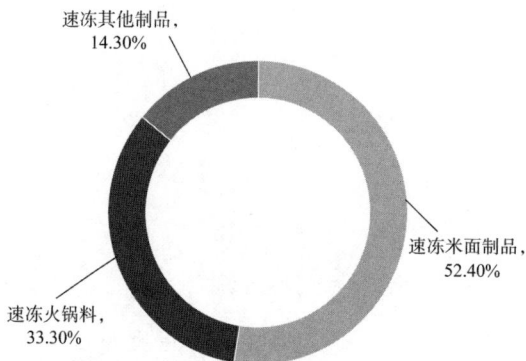

图2-34　我国速冻食品细分品类占比情况
数据来源:中国物流与采购联合会。

第三节　冷链物流市场需求预测与趋势分析

一、居民消费与冷链物流市场需求相关性分析

1.居民消费主要经济指标分析

衡量居民消费水平的经济指标一般包括居民可支配收入、居民人均消费支出、居民家庭恩格尔系数、生鲜食品零售额等。近年来,全国居民收入稳步增长,农村居民收入增长快于城镇居民,城乡居民的收入差距继续缩小。2020年,我国居民可支配收入32189元,较2012年年均增长8.7%。其中,城镇居民人均可支配收入43834元,较2013年年均增长7.5%;农村居民人均可支配收入

17131元,较2012年年均增长10.1%(图2-35)。

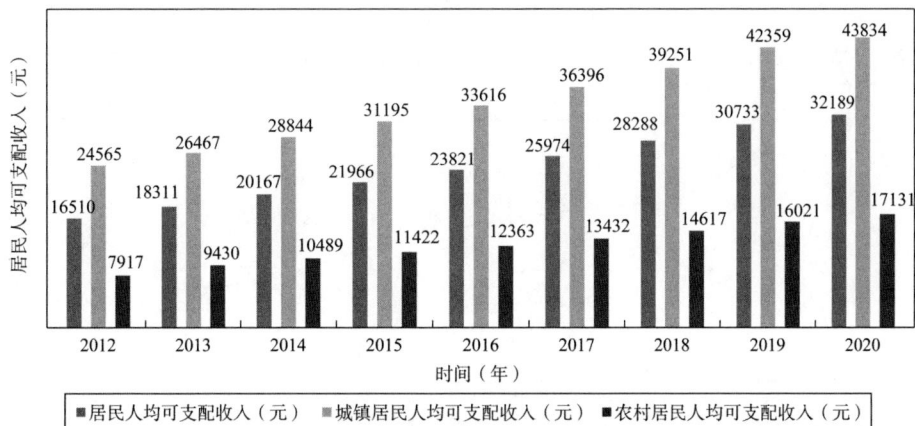

图2-35 我国居民、城镇居民和农村居民人均可支配收入变化情况
数据来源:国家统计局统计数据。

随着收入稳步增长,城乡居民消费水平不断提升,人均消费支出平稳增长,城镇居民直接消费量仍高于农村地区。2020年,城镇居民人均消费支出27007元,较2012年年均增长6.2%;农村居民人均消费支出13713元,较2012年年均增长11.1%(图2-36)。

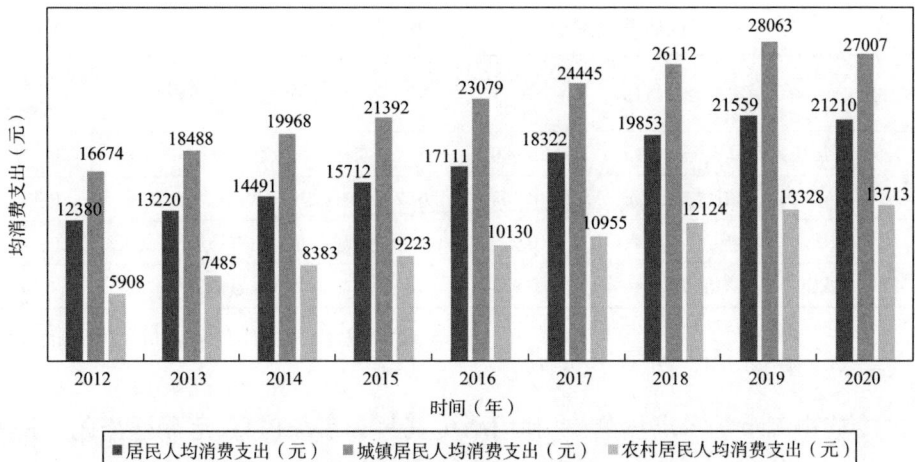

图2-36 我国居民、城镇居民和农村居民人均消费支出变化情况
数据来源:国家统计数据。

近年来,我国居民结构进一步优化,居民家庭恩格尔系数(食品消费支出比例)总体持续下降,仅2020年消费受疫情影响恩格尔系数有所反弹。2020年居民家庭恩格尔系数为30.2%,较2012年的33%下降了2.8个百分点(图2-37)。

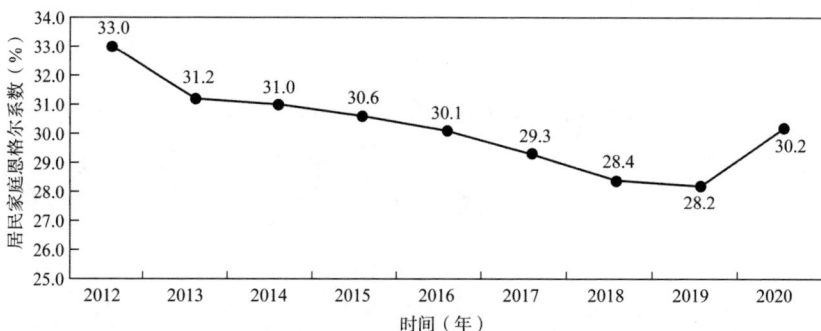

图2-37　我国居民家庭恩格尔系数变化情况

2.居民消费与冷链需求相关性分析

通过相关性分析,可以看出居民消费的各项经济指标与冷链物流市场需求总量的相关系数均大于0.9(表2-4),说明居民消费与冷链物流市场需求总量具有强相关性,居民消费水平决定了消费者购买力的强弱,是影响冷链物流发展的重要因素,是推动冷链物流需求增长的内生动力。

居民消费经济指标与冷链物流市场需求相关系数　　表2-4

序号	居民消费的经济指标	平均相关系数	序号	居民消费的经济指标	平均相关系数
1	居民人均可支配收入(元)	0.980	5	农村居民人均可支配收入(元)	0.977
2	居民人均消费支出(元)	0.963	6	农村居民人均消费支出(元)	0.964
3	城镇居民人均可支配收入(元)	0.979	7	生鲜电商行业市场规模(亿元)	0.992
4	城镇居民人均消费支出(元)	0.939	8	居民家庭恩格尔系数	−0.714

二、冷链物流市场需求预测

冷链物流市场需求预测,是利用历史资料和市场信息,运用适当的方法和技巧,对未来的冷链物流需求状况进行科学地分析、估算和推断。用于物流需求预测的方法有很多,有线性回归法、指数平滑法、弹性系数法和灰色预测法等。冷链物流市场需求受到国民经济发展速度、居民消费水平等因素的影响，目前我国冷链物流市场需求估算受到多种主客观因素影响，包括各类型生鲜货物产量、冷链流通率等，因此，报告采取多种预测方式并求取推荐值进行冷链物流市场需求预测，以求定量预测结论的科学性、合理性、准确性。

近年来，我国食品冷链物流市场需求和增长情况见表2-5。

食品冷链物流市场需求变化情况   表2-5

年份	食品冷链物流市场需求(万 t)	增长率	年份	食品冷链物流市场需求(万 t)	增长率
2012年	6727	—	2017年	14750	18.0%
2013年	7720	14.8%	2018年	18870	27.9%
2014年	9190	19.0%	2019年	23309	23.5%
2015年	10530	14.6%	2020年	26500	13.7%
2016年	12500	13.3%			

1.时间序列法

根据冷链物流市场需求的历史数据构建时间序列曲线如图2-38所示，并进行趋势预测。

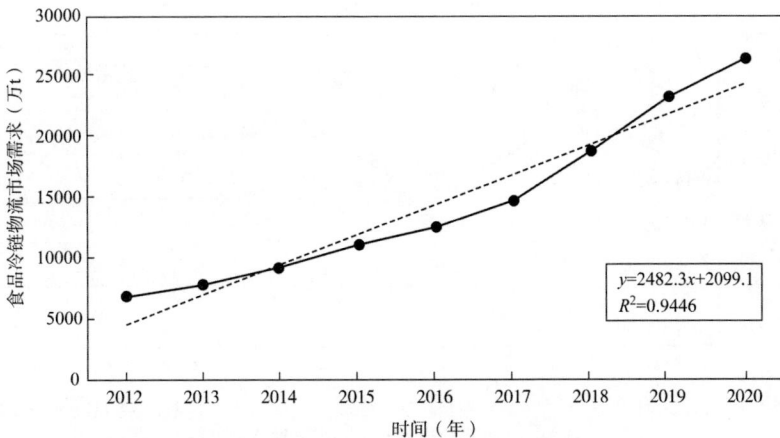

$y=2482.3x+2099.1$
$R^2=0.9446$

图2-38 2012—2020年食品冷链物流市场需求趋势分析图

根据时间序列趋势预测2025年、2030年食品冷链物流市场需求见表2-6。

时间序列趋势预测冷链物流市场需求 表2-6

年份	2025年	2030年
冷链物流市场需求(万t)	36851	49263

2.回归分析法

冷链物流市场需求与居民人均可支配收入具有较强的相关性,因此建立一元线性回归模型如下:

$$y = 1.2474X - 15699$$

R^2=0.98,通过检验。

据此公式预测2025年、2030年食品冷链物流市场需求见表2-7。

一元回归预测冷链物流市场需求 表2-7

年份	2025年	2030年
冷链物流市场需求(万t)	37007	49505

3.增长率法

冷链物流市场需求的增速情况如图2-39所示。

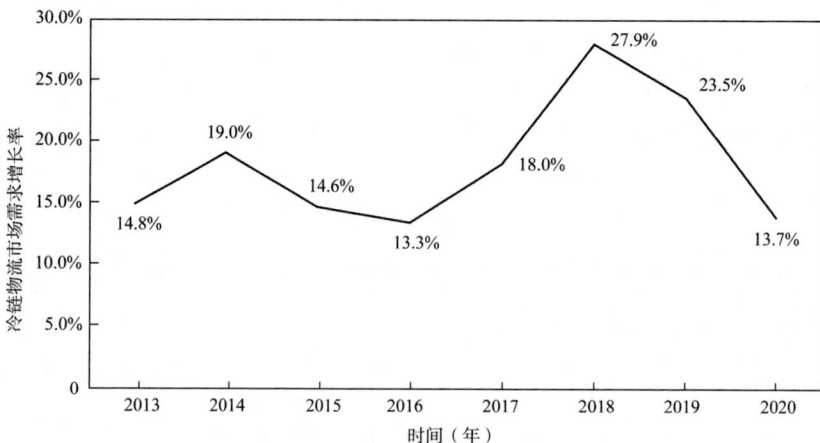

图2-39 食品冷链物流市场需求增速情况

可以看出,"十三五"以来,我国食品冷链物流市场需求经历高速增长后增速小幅回落,尤其是2020年受新型冠状病毒感染影响,增速下降幅度较为明显。"十四五"期,随着我国加快冷链物流基础设施建设,我国冷链流通率将不断提升,食品冷链物流市场需求增速将逐步回升,继续保持高速发展,具体见表2-8。

增长率法预测食品冷链物流市场需求 表2-8

年份	2025年	2030年
增长率	15%~17%	10%
冷链物流市场需求(万t)	54216	87315

4.需求预测推荐值

综合上述不同方法的预测结果,得出食品冷链物流市场需求的推荐值见表2-9。预测结果表明,我国食品冷链物流市场需求总量仍将实现稳步增长,并在未来一段时间保持中高速的增长率。

食品冷链物流市场需求推荐值 表2-9

年份	2025年	2030年
冷链物流市场需求(万t)	42500	62000
年均增长率	12%	9%

三、冷链物流市场需求趋势分析

1.利好政策推进行业健康规范发展

当前,我国正在构建以国内大循环为主体、国内国际双循环相互促进的新发展格局。发展冷链物流既是激活庞大内需市场,充分释放消费潜力,进一步夯实国内大循环的重要基础,又是有效对接全球市场,充分利用国内国际两个市场两种资源,积极促进农副产品、食品药品等重要产品内需外需、进口出口协调发展,保障产业链供应链安全稳定的重要纽带。随着国家加大对冷链物流重视程度,利好政策积极推进,各部门强化冷链物流行业政策支持和行业管理,将加速推动冷链物流行业的健康规范发展。

2.冷链物流市场需求仍将持续增长

随着消费需求进一步升级,食品质量和安全问题愈发得到重视,农村市场需求逐步释放,生鲜电商"国际化"快速发展以及新零售不断变革,冷链物流将释放出巨大的发展潜力。随着我国经济水平和城镇化率的不断提升,以及国内经济大循环的战略要求和一系列促进消费升级、扩大国内市场的政策实施,未来几年我国冷链物流市场需求还将进一步扩大。预计到2025年,我国冷链物流市场需求有望突破4亿t,2030年可能突破6亿t。

3.新技术赋能行业加快创新升级

低碳化、信息化、智能化是全球物流发展的总体方向。5G网络具有广覆盖、低时延、高安全性的特性,在物流业应用中具有显著优势。当前,5G时代已经到来,物流"新基建"加速布局,冷链物流将迎来全链条数字化新生,加快形成基于物联网+人工智能的智慧物流新模式,实现人、车、货的万物互联,通过强大的数据处理能力,提升供应链数字化、可视化程度,降低供应链运行风险。同时,生鲜电商趋势下,冷链物流行业通过大数据智能预测、无人分拣配送、多样化预约服务等手段,实现成本合理化、供应链优化、全程服务标准化,新技术赋能,将加快冷链物流行业数字化和智能化转型。

第三章

我国冷链物流基础设施
建设与发展

　　在资料收集和广泛调研的基础上,本章梳理总结了我国冷链物流基础设施的类型、特征、规模、分布、结构,以及运营情况等,提出了我国冷链物流基础设施目前仍存在局部短板、同质建设、设施孤岛、管理缺位等问题;从消费需求升级、技术创新、产业转型等方面,分析了未来冷链物流基础设施发展面临的形势要求,并在此基础上对冷链物流基础设施需求规模进行了预测;最后,围绕存在的主要问题,结合未来发展需求,提出了交通运输行业推进冷链物流基础设施发展的几点对策建议。

第一节　冷链物流基础设施发展现状
及存在的问题

一、冷链物流基础设施类型及特征

从国内国际"双循环"来看,我国冷链物流主要有三条流通路径:一是国内优势产区输送农林牧渔产品到以城市为主体的消费地;二是国外优势产品进口销售到以城市为主体的消费地;三是国内优势产品经港站枢纽出口至国外消费市场。按照"最先一公里""中间一公里""最后一公里"可以将冷链物流基础设施分为四类,即田间地头冷链设施、港站枢纽冷链设施、集散地冷链设施,以及消费地冷链设施,基本对应"产地仓—区域中心仓—销地仓"的冷链物流全链条(图3-1)。

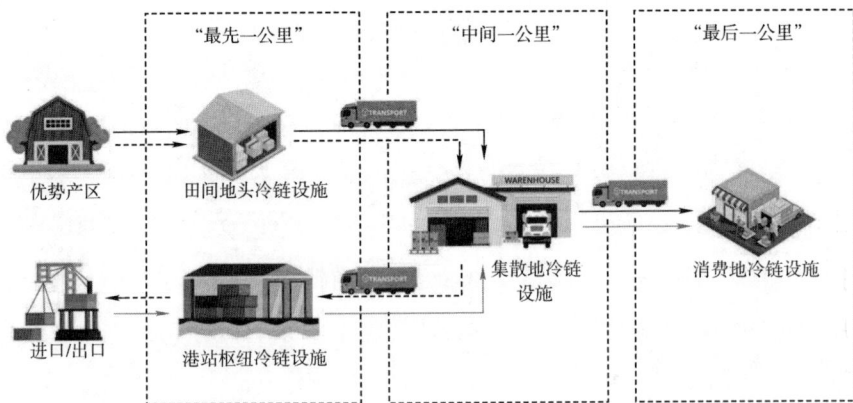

图3-1　冷链物流设施分类

1.田间地头冷链物流基础设施单体规模小、功能相对单一

田间地头冷链设施位于农村地区,主要面向田间地头或农村合作社,货类以农产品仓储保鲜为主,普遍规模偏小(图3-2)。根据农业农村部门统计,田间

地头冷链设施平均库容约500t,功能以预冷和商业化处理为主,能够最大限度地保留农产品的有效成分和口感,并在此基础上进行适度加工,进而提高农产品的商品化率。

图3-2　田间地头的冷链设施实景图

2.港站枢纽冷链设施规模不等,在跨境物流、干支衔接中发挥组织中枢作用

港站枢纽冷链设施位于港口、铁路物流基地、机场货运区周边(内部),货类以进口冻肉、水产品、食品、水果等为主,既有冷链设施一般规模偏小,新建在建冷链设施规模较大,功能以查验消杀、中转分拨和保税加工为主,能够在疫情防控中担当"第一道防线",在跨境冷链物流中具有高效联运、干支衔接的组织枢纽作用,保障冷链运输"货优其流"。例如,位于广东省广州市的南沙国际物流中心地处南沙三期港区内陆侧,总占地面积32万 m²。其中,北区16.8万 m²(包含铁路用地9.6万 m²),具备海铁联运功能;南区15.4万 m²,一期建设3座8层冷库(地上8层、地下1层)。投入使用后将提供集查验监管、保税仓储、冷藏堆场、冷库储存、加工配送、出口集拼、国际中转集拼、清关订舱、海铁联运等功能于一体的跨国际、跨海铁冷链物流服务。

海运冷藏集装箱主要采取外接电源制冷,因此,港口往往建设有配备冷藏集装箱插座的专业堆场(图3-3)。近年来港口的冷藏集装箱堆场设施更加完善。2020年,八大枢纽港冷藏集装箱插座合计超过6.4万个,进出口冷藏集装箱185万余TEU(标箱),比2019年增长近20%(表3-1)。

图3-3　港口冷藏集装箱堆场的实景图

2020年我国主要港口进出口冷藏箱及堆场设施情况　　　　表3-1

港口	2019年进口箱量 (TEU)	2020年进口箱量 (TEU)	2020年同比增长 (%)	集装箱插座数 (个)	堆存能力 (TEU)
上海港	634000	747000	17.8	20672	33875
天津港	265780	284160	6.9	10500	18560
青岛港	161636	203621	26.0	12268	20668
大连港	152000	150000	−1.3	2600	4500
宁波舟山港	94000	123000	30.9	2748	5033
深圳盐田港	67000	118000	76.1	3735	7230
深圳西部港区	57893	76755	32.6	2188	3325
厦门港	73361	89813	22.4	4290	8436
广州港	39825	58918	47.9	5216	8548
合计	1545495	1851267	19.8	64217	110175

2017年,铁路部门印发《铁路冷链物流网络布局"十三五"发展规划》,规划主、次两级铁路冷链运输通道,规划建设物流基地262个。截至2021年,冷链物

流基地已建成132个,在建27个,成为铁路冷链物流发展的基础保障。

3.集散地冷链设施普遍规模较大,成为当地"菜篮子"和区域流通枢纽

集散地冷链设施位于优势产区、流通节点的城郊地区,毗邻专业市场、渔业基地或食品产业集聚区等,普遍规模较大,功能以存储、交易和加工为主,能够实现农商互联,往往是当地的"菜篮子"工程和区域的流通中枢。例如,位于河南省郑州市的万邦物流城是郑州国家骨干冷链物流基地的主体,拥有规模庞大、类型丰富的冷链仓储设施,包括70万t低温冷库、10万t冷藏保鲜及恒温库,以及数百座商户自建微型冷库等,总建筑面积约40万 m^2,库容约200万 m^3,占郑州全市600万 m^3 库容的1/3。据企业统计,万邦物流城货物的20%供应郑州市,30%供应河南省内其他16个地市,30%供应陕西、山西、河北、山东、安徽等周边省市,其他20%供应北京、天津、东北、甘肃、内蒙古等全国其他省(区、市),覆盖了全国近30个省份4亿多人口,年农副产品交易量超过2000万t,交易额超过1000亿元(图3-4)。

图3-4　集散地的冷链物流园区实景图

4.消费地冷链设施规模相对较小,具有储量适中、快周转的特点

消费地冷链设施位于城市市区,主要面向消费者,货类以生鲜食品、医药等为主,普遍规模相对较小,具有储量适中、周转快的特征。消费地冷链设施功能以统一采购和即时配送为主,大规模的冷链设施往往兼顾集中监管专仓的功能,能够实现农商互联,保障冷链配送时效和货物品质。例如,广交长运冷链物

流中心位于广州市天河区,占地面积7万㎡,建有2栋双层外保温钢结构冷库、2万㎡的停车场,冷库内设有20个独立库房,温区为-25~15℃,库容达4万t,低温穿堂理货空间宽15m,有专用环形引桥连接两层作业面,共有54个装卸口,可同时容纳上百辆货车停车作业。广交长运冷链物流中心内接城市主干道,对外联通华南快速干线、广河高速、机场高速、广深高速等,能够快速通达市区,并辐射珠三角地区(图3-5)。

图3-5　消费地的冷库设施实景图

二、冷链物流基础设施规模、分布及结构

1.设施规模总量高、人均低

冷链物流基础设施总体规模快速增长。由于冷链物流统计体系不完善、主体管理部门不明确,各个部门的冷库统计数据存在差距。据中国物流与采购联合会冷链物流专业委员会不完全统计,2020年,全国运营、在建和规划的冷库总量达到7080万t,折合约1.77亿㎥,新增库容1027.5万t。与2015年相比,总库容几乎翻了一番,近6年来库容总量年均增速均超过了10%(图3-6)。以广东省和广西壮族自治区为例,截至2020年底,广东省冷库库容约560万t,大约是2016年的1.9倍;广西壮族自治区冷库库容近160万t,大约是2016年的1.8倍。

我国人均冷库拥有量与发达国家相比仍然偏低。以广东省和广西壮族自治区为例,广东省作为我国经济最发达的省份,全省人均冷库库容约0.125t,广西壮族自治区作为农业大省,全区人均冷库库容约0.075㎥,都低于发达国家

0.3～0.4m³的人均水平。根据国际冷藏仓库协会统计,2020年,我国冷库总库容达到全球第三,但人均仅有0.09m³,不足美国的1/4、日本的1/3,甚至仅约为印度的4/5。

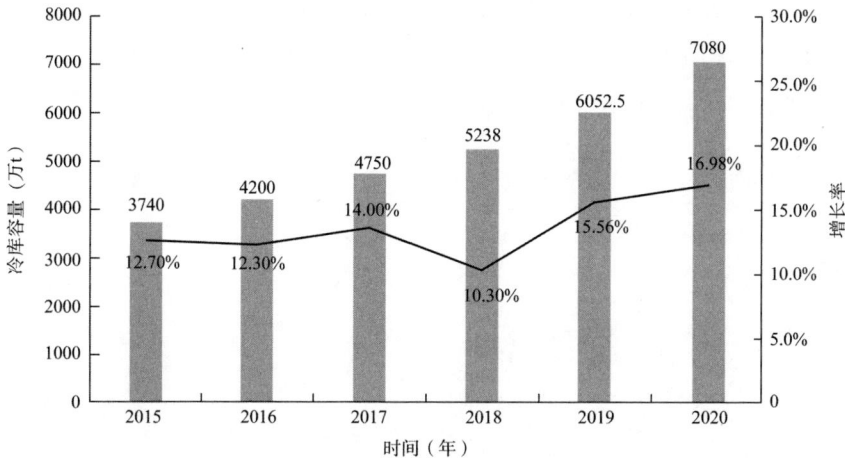

图3-6 近6年全国冷库容量变化情况

2.设施分布东多西少,农村和产区少

区域之间分布不均衡,设施相对集中在水产品和肉类量大的东部沿海省区市。冷库库容自东向西呈现明显的梯度差距。根据中冷联盟全国调查数据,山东、广东、上海、江苏、河南、辽宁连续两年位居前六。2022年,山东冷库库容644.8万t,位居全国首位;广东和上海冷库紧随其后,库容分别为470万t和440万t(图3-7)。

城乡之间分布不均衡。农产品季节性波动大、利润低,企业建设冷库积极性不高,田间地头冷链设施建设相对滞后。以河南省洛阳市为例,80%的冷链基础设施主要集中在城市区及周边地区,栾川、嵩县等山区县以及农村的冷链资源匮乏,发展相对滞后。

3.建筑形态以多层为主,制冷方式多采用氟制冷

由于土地获取不易,企业为了集约利用土地资源,新建冷库基本为多层仓库。如深圳市规模以上冷库,大部分为多层结构,基本在6层以下,且以可调温冷库为

主。此外,建设有低温穿堂和封闭式装卸月台的冷链设施日益增多(图3-8)。低温穿堂能够减少库内失温,并可作为各冷藏间货物进出冷库的通道,起到沟通冷库各冷藏间、便于冷藏货物装卸及周转的作用。封闭式装卸月台车位门封大多采用充气式门封装置,配置调节板、滑升门,能够实现仓车无缝对接,保障冷链货物在装卸环境不脱冷。此外,由于非冷藏车辆存在加冰保温的需求,部分冷库在封闭式月台内附加输冰、碎冰、提冰、加冰等设施。

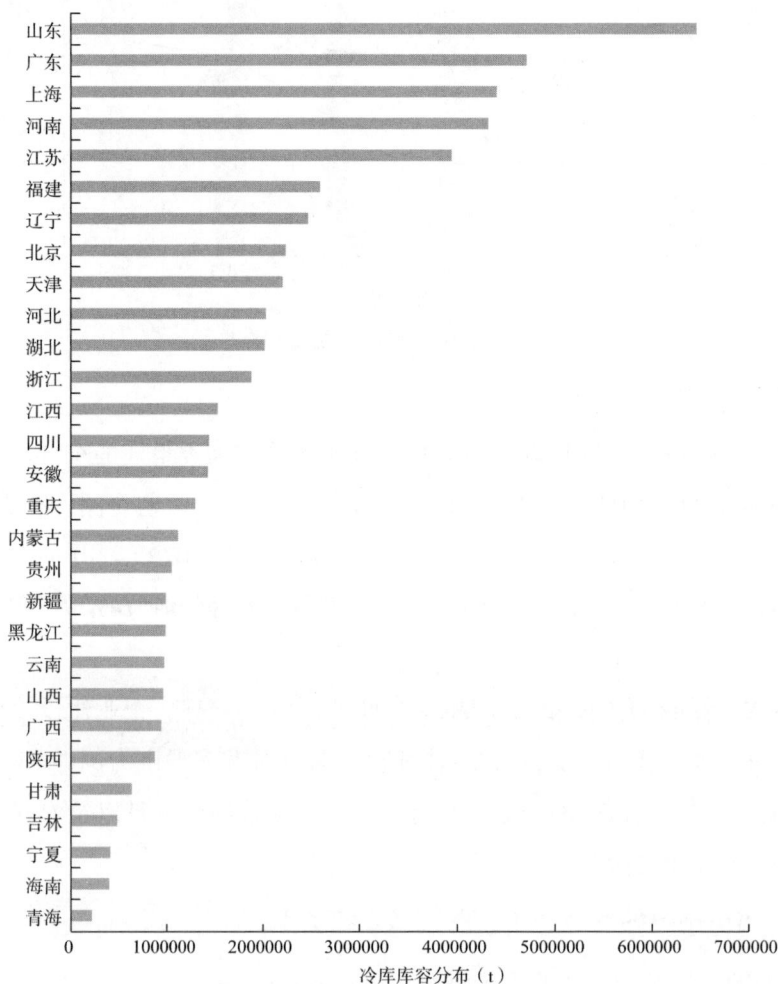

图 3-7　2022年全国冷库分布情况

图3-8　低温穿堂和封闭式装卸月台实景图

氨制冷是最经济环保的方式,也是国外冷库制冷方式的主流。液氨的价格低,是氟制冷剂价格的1/4,但能效高于氟制冷。同时,采用氟制冷的项目,还需要定期添加氟制冷剂。但由于我国对于液氨储存量超过10t的就认定构成重大危险源,因此,地方政府对于氨制冷冷库的建设审批更加严格谨慎。目前冷库大多采用氟制冷、少数采用二氧化碳制冷。

4.功能形态存储库多于流通库,低温冷库多于高温冷库

一般情况下,快周转的流通型冷库倾向于采用钢结构装配式,而具有一定仓储周期的存储型冷库往往采用土建式。目前,市场上存储型冷库多、流通型冷库少。根据中关村绿色冷链物流产业联盟统计,土建式冷库占比70.3%,钢结构型冷库21.6%,混合型冷库占比8.1%(图3-9)。存储型冷库相对过剩造成明显的价格竞争,另一方面,流通型冷库的不足又导致一些有生鲜食品快周转需求的企业,找不到合适的冷库。

目前市场中的冷库按照温度主要分为以下5种:低温冷库,温度控制在 $-20 \sim -10℃$,主要适用于冻结后的水产

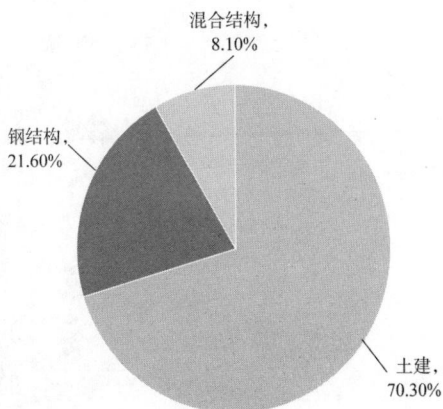

图3-9　冷库建筑结构比例示意图

混合结构,
8.10%

钢结构,
21.60%

土建,
70.30%

品、肉类食品冷藏;高温冷库,温度控制在-5~5℃,主要适于水果蔬菜类保鲜;中温冷库,温度控制在-10~-5℃,主要适用于冻结后的食品冷藏;速冻库,温度控制在-25℃以下,主要用于鲜品冷藏前的快速冻结;气调库,0~12℃恒温、恒湿阴凉库。根据中关村绿色冷链物流产业联盟统计,2020年我国冷链物流百强企业低温库库容占比达90%以上,中温库库容占比3.29%、高温库库容占比3.94%、气调库库容占比1.94%、速冻库库容占比0.4%(图3-10)。

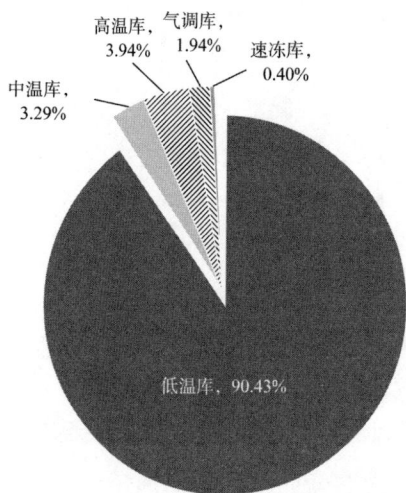

图3-10　2020年我国冷库温区占比情况

三、冷链物流基础设施建设运营

1.投资和运营主体主要是民营企业

2020年冷链物流百强企业的库容占比达43%。从我国冷链物流百强企业可以看出,民营企业有71家,国营企业有13家,外资企业有1家,合资企业有9家,港澳台资企业有2家,其他企业有4家(图3-11)。民营企业仍是冷链物流百强企业的主要组成部分。

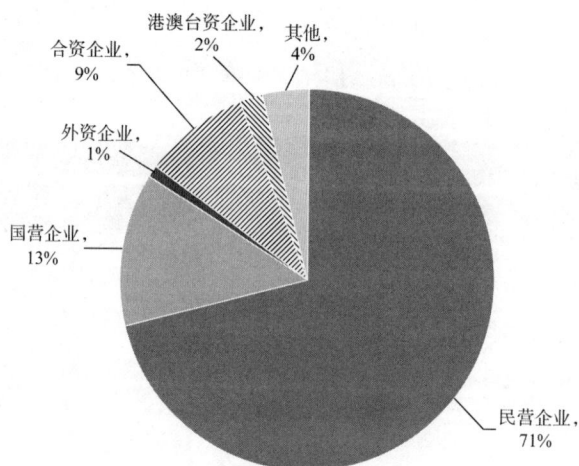

图3-11　冷链物流百强企业性质分布

2.基础设施服务功能日益综合多元

新建冷库根据市场需求,正在日益集仓储、装卸、包装、分拣、配送、查验、信息等综合服务功能于一体。

1)存储服务

冷库仓储费大概是普通仓库的3倍,通常按面积或按吨收费。按面积收费主要面向长期稳定的大客户,按吨收费主要面向临时需求、季节性需求,价格约为每天2.5~3.5元/t。不同类型货物对温度、湿度、气体含量等要求都不相同,市场上多温区、多库区的冷库运营情况更好。

2)打冷服务

冷库制冷设备运行降温过程称作打冷,打冷费约为80~150元/t,时间通常在1天左右。由于田间地头冷链设施不足,大量农产品在采摘后需要运输至冷库,打冷后再进行长距离运输(图3-12);由于大量运输由非冷藏车承担,保温加冰需求旺盛,因此,部分冷库的主要收益来自于制冰线,甚至存在冷库关停、制冰线却满负荷生产的极端现象。

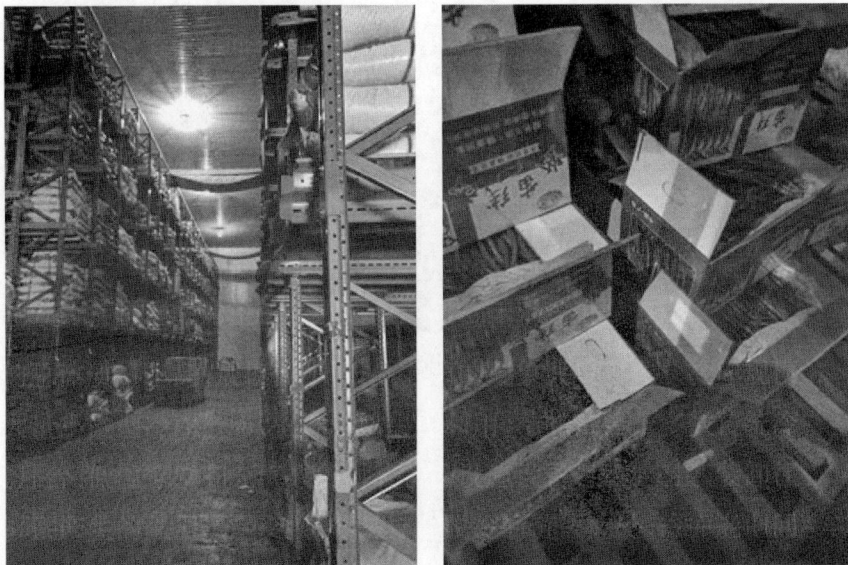

图3-12　辣椒打冷实景图

3）装卸服务

冷库通常配备叉车等装卸搬运设备以及装卸工人，货物进出库、装卸车时收取一定费用。装卸的品种及数量不同，价格也会相差很大。在装卸货物时，冷库运营企业往往会按照货主的要求查验货物温度，如果温度不符合要求，将拒绝接收货物入库。

4）仓配服务

部分企业采购以4.2m为主的冷藏车辆，面向周边客户开展仓配服务。在干线方面，由于大多数冷链物流基础设施开发主体是单点运营，不开展仓配业务。目前，开展干线仓配一体业务的企业主要有大舜医药物流等专业冷链物流企业以及顺丰冷运、京东物流等网络化物流企业。

5）查验服务

由于海关查验、集中消杀等需求，部分冷库提供了集中监管、查验服务（图3-13）。

图3-13 集中监管仓实景图

6）信息服务

冷库基本都装备了温控设施，对库内进行全方位监控；货主通过手机App等方式可实现温度、湿度的查询（图3-14）。

7）其他服务

冷库大多提供了冻品切割、换包装、贴标签以及分拣、分拨配送等增值服务

（图3-15）。部分临近港口的冷库运营企业,还开展冻品报关报检等清关业务,与船公司建立业务合作关联,开展冻品进出口订舱业务。

图3-14　冷库可视化系统实景图

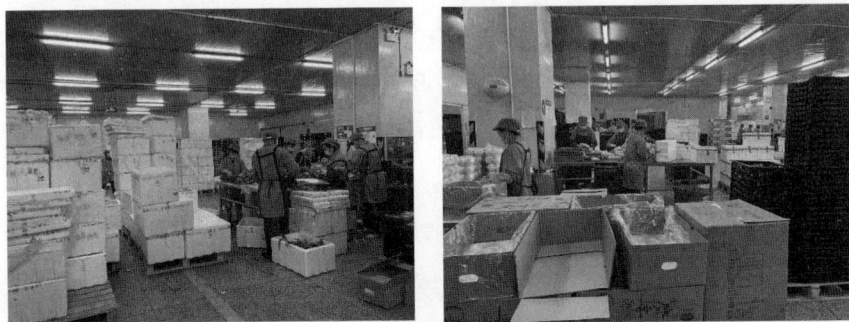

图3-15　冷库内分拣包装作业

3.投资建设和运营成本高于普通库

据相关调研测算,目前新建冷库平均造价约4000～6000元/m²(不含土地、设备),大约是普通仓库平均造价的3倍;普通仓库改造为冷库的平均费用约2000元/m²。建成投产后的运营费用高。

(1)在用能方面,冷链设施大多为工业用电,在峰谷平时间段价格有所浮动。据相关调研测算,平均耗电量约为1～1.4W/d·t,很多冷库年用电成本均超过1000万元。

(2)在用地方面,物流用地空间不断被其他建设用地占用和挤压。

(3)在用工方面,冷库内工作环境相对较差,用工成本较抬高。

(4)在安全方面,由于超过10t液氨储存量构成重大危险源,新建冷链项目大多采用成本更高的氟制冷方式,而采用氨制冷的老项目,尽管制冷经济性好,但受到有关部门安全检查频繁,一定程度影响正常运营。

四、冷链物流基础设施发展存在的主要问题

1.存在局部短板,两端干支和中转联运换装衔接容易"脱冷断链"

(1)农村前端预冷设施不足,农产品损耗大。根据中国物流与采购联合会冷链物流专业委员会统计,田间地头冷链物流基础设施供给不足总量的10%。露天搬运、人工装卸、制冷缺失会造成"最初一公里"生鲜农产品的大量损耗。

(2)城市末端布局不合理、停靠设施不足,衔接缺乏冷链环境保障。冷链在城市配送中也面临障碍,如既有冷藏车通行难的问题,也存在城市冷链物流基础设施布局不合理,冷藏车停靠难、装卸难的问题。

(3)港站枢纽冷链物流基础设施资源不足,二次短驳增加"断链"风险。港口、铁路、机场内部的冷库很少,中转换装主要依靠装备之间的对接,而联运换装缺乏冷链环境保障,在转运倒装过程中存在一定的脱冷断链风险。

2.存在同质建设,低温库为主的结构难以满足多样化冷链需求

(1)冷库的总体质量不高,规模偏小、设施老旧的现象大量存在。冷库规模化水平不高,大量小微型冷库散布,资源难以集约利用。同时,由于多数传统冷库没有封闭式月台、低温穿堂和充气式门封装置等设施设备,货物交接、装卸往往在常温下进行,产生的强烈热湿交换,容易导致脱冷断链。此外,冷库老旧问题突出,自动化程度不高,温度控制的精准度较差。

(2)冷库库温结构不符合消费升级导向。各地普遍存在低温冷库库容占比高，而其他温区冷库不足的问题，果蔬冷链流通率明显低于肉类畜禽水产。2020年我国低温冷库库容占比达90%以上，而欧美等发达国家低温冷库和高温冷库的比例约为5:5至6:4，日本约为7:3。

3.存在设施孤岛，网络效应不足和集疏运梗阻抬高了冷链成本

(1)冷链物流基础设施资源的配置不合理，缺乏宏观引导。随着冷链物流受到社会各方的重视，各地政府均将冷链物流作为推进重点。不仅大城市，甚至部分县城也提出10万t级以上体量的冷链项目设想，造成部分项目建设是基于"占资源"的考虑，而非源于需求拉动的增长。企业投资"背靠背"，存在建设时稀缺、建成时过剩的尴尬情况。

(2)冷链物流基础设施大多由企业自发建设，对能源供给、交通配套的考虑不足。在能源供给方面，部分冷库受区域电网容量限制，难以进一步扩大建设规模，限制了企业发展。此外，港口堆场充电设施不足，也导致冷藏集装箱不能持续供电而存在脱冷断链的风险。

4.存在管理缺位，设施规划建设的系统性和相关标准规范缺乏

(1)冷链物流基础设施的规划缺乏宏观统筹。目前，国家及地方政府针对冷链物流出台的一系列的规划政策文件，对冷链物流的发展起到了积极推动作用。但总体上，规划政策文件以宏观性、指导性为主，用地、用能等方面的具体保障措施不足，对资源投放的引导力度有限。企业建设中仍然存在"哪能建、哪好建，就建在哪"的现象，冷链物流基础设施资源仍然存在规模偏小、无序布局的问题。

(2)冷链物流基础设施的建设缺乏统一标准。目前冷链物流基础设施的标准由各部门根据自身管理需要，从不同角度针对不同范围而制定，部门间缺乏足够的协调，同一标准体系及不同标准体系中标准存在重复，同时存在个别标准的指标要求不一致等问题，推荐性标准多、强制性标准少，难以落地。

第二节 冷链物流基础设施发展形势与需求预测

一、发展形势

1. 消费升级驱动需求增长

近年来随着城镇化建设加快、中产阶级人群扩增,以及消费者的食品安全意识增强,我国冷链物流市场需求始终保持两位数快速增长。2021年我国冷链物流市场需求总量3.02亿t,同比增长13.96%,冷链物流市场规模约为4586亿元,同比增长19.65%。从发达国家发展经验来看,随着人们生活水平提高、消费需求升级,冷链物流市场需求将呈现持续稳定增长态势。目前我国人均速冻食品年消费量不足10kg,是日本的一半,远低于欧洲和美国的35kg和60kg,冷链市场尚有较大潜力可挖。

另一方面,受需求端消费升级和便利生活趋势的影响,零售端开始革新自身物流体系,涉足新零售如生鲜电商、餐饮零售一体、连锁餐饮中央厨房等领域的零售企业开始重视冷链物流体系的建设,冷链物流对零售行业的重要性不断提升。其中,生鲜电商对冷链体系建设的促进作用最为明显。生鲜电商近年来保持50%以上的年增长率,市场交易规模由2013年的127亿元增长到2020年的3641亿元,翻了28倍(图3-16)。盒马鲜生、超级物种、7Fresh、苏鲜生等"零售+餐饮+配送""线上+线下"的新兴商业模式不断涌现,高坪效、高周转效率、高生鲜率加速冷链产业升级。

2. 技术创新加速转型升级

随着大数据、物联网、人工智能以及5G技术的应用,我国冷链物流技术装备智能化、数字化发展已经在局部领域取得了一定的成果,无线射频(RFID)、智能标签、电子温度传感器、车辆定位跟踪、自动导引车(AGV)、智能物流机器人（AMR）、无人码垛机等技术设备在冷链物流的应用正在落地。技术创新解决了冷链物流不同环节、主体的信息共享、"储配"共享和方案共享，催生无人售货超市、无人售货便利店等新商业模式，智能化移动式冷库、中央厨房、城市冰箱等将助推冷链物流系统的"最先一公里"到"最后一公里"的全流程整合与品质提升。随着这些先进技术的进一步推广应用，冷链物流基础设施智慧升级迎来好的机遇。

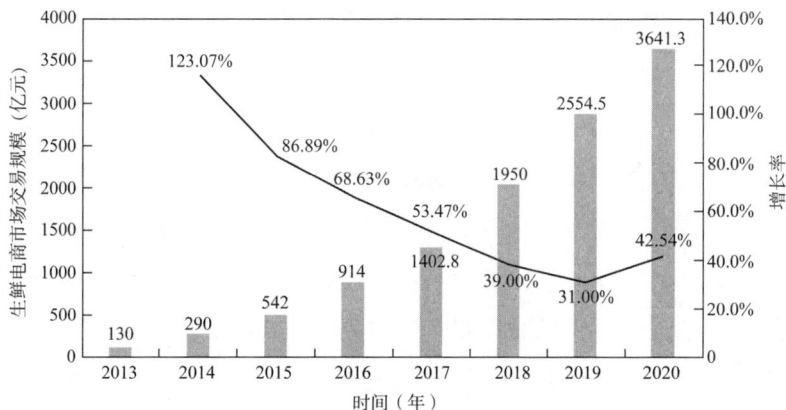

图3-16　生鲜电商交易规模及增长变化情况

3.产业转型夯实发展基础

近年来各地强力实施乡村振兴战略，强化现代农业产业体系建设，突出集群发展，培育多元业态，积极构建"跨县集群、一县一园、一镇一业、一村一品"现代农业产业体系。目前冷链基础设施主要集中在沿海地带和一线发达城市，中西部地区冷链资源匮乏，也缺乏从产出到消费的高效产业链条，暴露出冷链覆盖面不足、效能低下的问题，影响了农产品上行与乡村振兴的实现。现代农业产业体系的建设，要求加快建设能够有力支撑产销密切衔接、成本低、效率高的农产品出村进城设施网络，打通产销堵点，推进农业、食品加工业和商贸服务业融合发展，促进冷链惠农、品牌兴农、特色富农。同时，要建立从源头到终端的食品安全保证体系和全程可追溯监控体系，确保农产品更高品质地出现在消费者的餐桌上。

4.政策叠加提供发展机遇

近一段时间以来,冷链物流行业重磅政策持续落地,2021年12月,国务院办公厅印发《"十四五"冷链物流发展规划》;2022年1月,国家发改委印发《国家骨干冷链物流基地建设实施方案》,对"十四五"时期国家骨干冷链物流基地布局建设做出系统安排;2022年2月,全国供销合作总社《"十四五"公共型农产品冷链物流发展专项规划》发布,对农产品领域的冷链物流进行布局。此外,浙江、山东多地也相继出台政策大力发展冷链物流,并提出积极培育行业龙头企业。交通运输部联合国家铁路局、中国民用航空局、国家邮政局、中国国家铁路集团有限公司发布《关于加快推进冷链物流运输高质量发展的实施意见》,从完善产销冷链运输设施网络,培育冷链运输骨干企业,健全冷链运输监管体系等方面提出明确要求。此外,自2022年6月1日开始,《冷链物流分类与基本要求》(GB/T 28577—2021)、《食品冷链物流交接规范》(GB/T 40956—2021)与《药品冷链物流运作规范》(GB/T 28842—2021)三项国家标准启用实施。在政策催化、技术标准提升等多重刺激下,行业景气度不断提升,冷链物流行业开始步入黄金发展期。

二、需求规模预测

在产需平衡的状态下,需求规模和需求结构变化基本遵循市场经济运行规律,冷库设施需求规模主要受人口、食品消费能力以及冷库的流通率等因素影响。根据国家层面相关发展规划,结合人口、消费历年变化情况,采用定性与定量相结合的方法,对未来冷库设施需求规模进行预测。

1.人口规模变化

2022年中国总人口14.12亿,开始负增长,说明我国人口增长进入减量发展新阶段,人口总量已经或接近达峰,占全球人口的比重转入下行通道。根据联合国人口司相关预测,中情景下,2035年我国人口总量为14.01亿;2050年人口总量将降至13.17亿。

2.冷链食品消费量变化

2021年我国居民人均食品消费量为559.1kg,2015—2021年年均增长2.5%。其中冷链食品消费为259.6kg,占比约46%,主要包括薯类、蔬菜及食用菌、肉类、禽类、水产品、蛋类、奶类以及鲜瓜果类。根据历年来食品消费增长变化情况,结合农业农村部对人均消费水平相关预测情况,预测到2030年食品人均消费量为698kg,2035年食品人均消费量为770kg。参考发达国家冷链消费发展趋势,预测我国到2030年、2035年冷链食品人均消费量分别为418kg、578kg,占比分别为60%、75%。根据人口变化趋势,按照2030年、2035年人口分别达到13.7亿人、13.4亿人,冷链食品消费量为5.73亿t、7.75亿t。

3.冷库周转率

根据调研,目前我国年平均冷库周转率约为8次/年,冷库利用率为60%左右。随着冷藏技术的持续改进、相关行业政策标准的落地以及运输组织效率的提升,预计2030年、2035年年平均冷库周转率分别为9次/年、10次/年,冷库利用率分别为70%、80%。

4.设施规模预测

冷库设施需求规模的测算公式为:冷库设施需求规模=冷链食品消费量/(年平均冷库周转率×冷库利用率),则2030年、2035年冷库设施需求规模分别为0.9亿t、0.96亿t。

第三节　冷链物流基础设施建设的推进举措

一、优化设施布局

依托综合立体交通网,面向全国冷链产品主要产地、集散地和消费地,进一步调整优化冷链运输通道和枢纽节点的宏观布局,引导冷链物流资源合理配置、均衡布局。

1.形成多层次的冷链物流枢纽城市格局

统筹考虑经济体量、人口规模、交通区位、产业基础、发展战略等因素,按照国际性、全国性、区域性层级,引导各地错位发展、分工协同,重点推动上海、大连、青岛、广州、郑州等综合交通枢纽城市集约规划建设冷链物流基础设施,打造通达全球、服务全国、联动产业的冷链物流组织中枢(图3-17)。

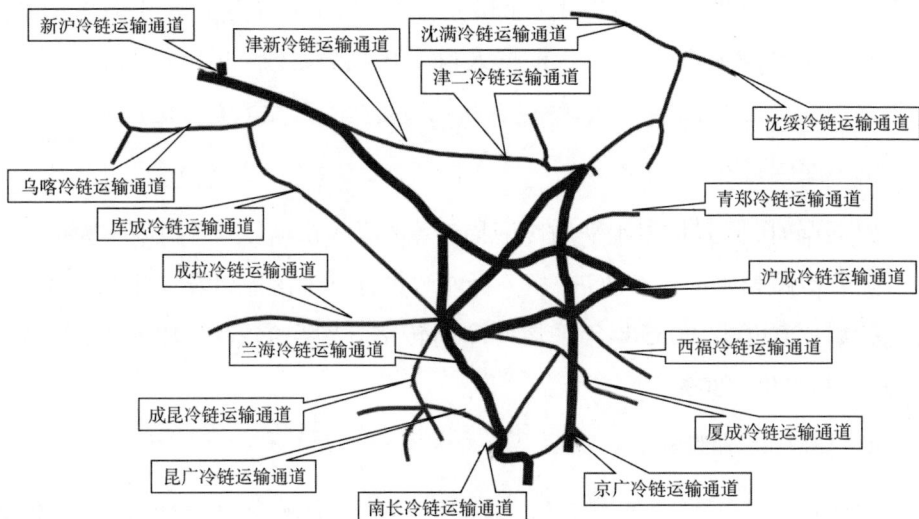

图3-17 冷链运输通道结构布局图

专栏1　冷链物流枢纽城市

冷链产地集运枢纽载体城市:

青岛、烟台、临沂、济南、石家庄、乌鲁木齐、哈密、呼和浩特、乌兰察布、锡林浩特、巴彦淖尔、郑州、洛阳、信阳、福州、广州、汕头、珠海、大连、成都、哈尔滨、西安、武汉、兰州、南宁、北海、昆明、百色、曲靖、西宁、库尔勒、赣州、蚌埠、银川、南京、苏州、宁波、钦州、海口。

冷链销地分拨枢纽载体城市:

上海、北京、广州、重庆、成都、深圳、苏州、武汉、杭州、南京、天津、西安、郑州、宁波、长沙、青岛。

冷链中转联运枢纽载体城市：

上海、深圳、广州、福州、宁波、青岛、大连、厦门、南京、长沙、苏州、杭州、西安、合肥、成都、重庆、天津、郑州、济南、钦州、喀什、武汉、石家庄、乌鲁木齐、呼和浩特、兰州、哈尔滨、太原、长春、沈阳、贵阳、海口、南昌、银川、西宁、南宁、昆明、拉萨、锡林浩特、绥芬河、哈密、日喀则。

2.提升冷链运输通道的综合效能

围绕南菜北运、西果东送、跨境冷链等长距离运输需求，加快铁路货运、内河水运基础设施建设提质，加大高速公路、普通国道瓶颈路段改造，完善沿线充电、换电设施配套，推动市场惯例形成的默认路径，成为集约、高效的冷链运输通道(图3-17)。

冷链运输主通道：针对冷链设施分布密集的区域，结合批量大、批次稳定的运输需求，主要形成5条主通道结构。

冷链运输次通道：针对冷链设施分布集中的区域，结合批量小、时效高的运输需求，主要形成14条次通道结构。

专栏2　冷链运输通道布局

主通道：

1.新沪冷链运输通道

起点为上海，途经苏州、南京、郑州、西安、兰州、酒泉、哈密等城市，终点为乌鲁木齐，向西连接霍尔果斯口岸和阿拉山口口岸，主要承担我国东西部冷链货物的双向运输，及中亚地区进口冷链食品向我国中部内陆城市的运输。

2.兰海冷链运输通道

起点为兰州，途经成都、贵阳、南宁、防城港、钦州、湛江等城市，终点为海口，是我国南菜北运的主要运输通道。

3.沪成冷链运输通道

起点为上海,途经南京、合肥、武汉、重庆等城市,终点为成都,主要承担远洋冷链食品向内陆城市的运输。

4.京成冷链运输通道

起点为北京,途经太原、西安等城市,终点为成都,是北京和成都间冷链产品的主要运输通道。

5.京广冷链运输通道

起点为北京,途经天津、石家庄、郑州、武汉、长沙、广州等城市,终点为香港、澳门、茂名,是北京和广州间冷链产品的主要运输通道。

次通道:

1.京大冷链运输通道

起点为北京,途经沈阳等城市,终点为大连。承担北京、沈阳、大连间优质水产品的运输。

2.沈满冷链运输通道

起点为沈阳,途经长春、哈尔滨等城市,终点为满洲里,承担俄罗斯优质冷链货物的进口及辽东半岛优质冷链货物的出口。

3.沈绥冷链运输通道

起点为沈阳,途经长春、哈尔滨等城市,终点为绥芬河,承担俄罗斯优质冷链货物的进口及辽东半岛优质冷链货物的出口。

4.津二冷链运输通道

起点为天津、途径北京、大同、呼和浩特等城市,终点为二连浩特,承担内蒙古到北京的优质肉类、乳制品运输。

5.津新冷链运输通道

起点为天津,途经大同、呼和浩特、包头、哈密等城市,终点为乌鲁木齐,主要承担新疆地区的水果及内蒙古地区肉类和乳制品的到京津冀地区的运输。

6.乌喀冷链运输通道

起点为乌鲁木齐,途经吐鲁番、库尔勒等城市,终点为喀什,向西连接吉尔吉斯斯坦,是我国西部城市与中亚地区冷链联系的主要运输通道。

7.库成冷链运输通道

起点为库尔勒,途经格尔木等城市,终点为成都,是西部地区优质水果向川渝地区运输的主要通道。

8.成拉冷链运输通道

起点为成都,途经林芝等城市,终点为拉萨,向西连接樟木口岸,主要承担西藏地区和川渝地区冷链货物的运输。

9.成昆冷链运输通道

起点为成都,途经西昌、攀枝花等城市,终点为昆明,向南连接瑞丽口岸、磨憨口岸、河口口岸,承担东南亚进口水果向国内运输。

10.西福冷链运输通道

起点为西安,途经襄阳、武汉、南昌等城市,终点为福州,承担沿海水产品向内陆地区运输。

11.厦成冷链运输通道

起点为厦门,途经赣州、长沙、重庆等城市,终点为成都,承担沿海水产品向内陆地区运输。

12.南长冷链运输通道

起点为南宁,途经桂林等城市,终点为长沙,向南连接凭祥口岸,主要承担南部地区优质水果向内陆地区运输。

13.昆广冷链运输通道

起点为昆明,途经百色、南宁、钦州、湛江等城市,终点为广州,承担昆明到广州间冷链产品的运输。

14.青郑冷链运输通道

起点为青岛,途经济南等城市,终点为郑州,承担沿海水产品向内陆地区运输。

二、补足供给短板

依托车辆购置税投资补助渠道,推进不同环节上冷链物流功能突出的综合货运枢纽建设。

1.推动港站枢纽强化冷链组织功能

推动港口后方、机场周边、铁路站场补充完善冷藏集装箱堆场及电动制冷插座等冷链配套设施,引导港口、机场、铁路站场从冷链物流的通过型门户转型成为组织型枢纽,集聚冷链物流产业资源要素。

2.支持具有冷链功能的综合货运枢纽建设

重点面向农产品、速冻食品的优势产区和集散地,支持冷链专业水平高、公共服务属性强、辐射带动区域广的综合货运枢纽建设,引导企业建设多层、多温区自动化复合型冷库,加快建设和改造一批设施先进、节能环保、运作高效的全封闭作业冷库。

3.补齐农村地区的冷链物流基础设施

结合县乡村三级农村物流体系建设,升级改造一批具有冷链服务功能的乡镇运输服务站,利用农村客货邮设施的电网、土地资源,为季节性的可移动式预冷装置提供运营场所。

4.完善城市配送的冷链终端设施

支持一批集仓储、冷藏运输、低温加工、检测、城市配送等功能于一体的共同配送中心建设,完善城市冷链物流的停靠、装卸设施,积极发展终端配送网点或智能冷链终端。

5.挖掘交通沿线的路衍物流潜力

利用高速公路、普通国省道沿线的可开发地块,建设以干支线路衔接为主、"近城而不进城"冷链物流中心,实现"大车换小车""大车不进城"。

三、提升建设质量

统筹协调各相关部门政策,统一规划基础设施建设,促进冷链物流链条的安全、顺畅、高效。同时,联合相关部门,制定和完善冷链物流基础设施及运营服务相关标准规范,推进冷链物流各环节标准化建设。

1.统筹规划基础设施建设

进一步明确冷链物流各环节相关管理部门职责定位,厘清工作边界,明确各环节设施的主要支持部门,避免遗漏和重复。统筹规划建设全国及区域港站枢纽冷链骨干物流基地、重点进口食品集中监管仓、农产品(水产品)主产区冷库、城市流通型冷库等重要节点设施,实现统一规划、联动管理。

2.制定标准规范

联合国家发改委、公安部、商务部、农业农村部、市场监管总局、供销合作总社等部门研究制定冷链货物运输服务规范,研究建立冷链货物目录指导清单、电子运单、全程温控等制度,建立行业监管的有效协同和联动机制,切实加强冷链运输、仓储、配送等全链条安全管控、质量监督和联合执法。

3.编制建设指南

编制具有冷链服务功能的综合货运枢纽的建设运营指南,按照不同货类、联运方式,明确基础功能、基础设施和配比,以及细分领域温控要求、储运操作等运营指南,推动冷链物流设施建设更加契合市场需求。

四、完善发展环境

聚焦冷链发展面临的用地、用能、人才约束和通行、通关困难,联合各部门,按照各自职能加强"放管服"改革和政策支持。

1.完善冷链物流用地政策

对列入规划的冷链物流项目在新增建设用地上给予倾斜,或执行工业用地政策,同时适当延长冷链物流建设土地出让年限。

2.加大冷链物流用电优惠

优先保障从事鲜活农产品、药品储藏、加工的物流企业用电,在大工业电价基础上适当给予电费调整优惠,鼓励企业实行节能改造。

3.打造高素质冷链人才队伍

优化大专院校的专业设置,构建具有行业特色的课程体系,通过产学研结合的方式,培育打造涵盖技术研发、创新创业、工程实践的多层次人才队伍体系。

4.优化城市冷链运输的通行管控

规范城市配送的冷藏保鲜车管理,在做好需求量调查的基础上,联合公安交管部门优化冷链配送的货车通行政策。

5.提升冷链物流的通关效率

支持有条件的冷链物流设施引入海关、市场监督等查验资源,优化查验、消杀流程,并进一步推行异地互认。

第四章

我国冷链物流技术装备
应用与发展

　　冷链物流装备在整个冷链运输环节是必不可少的,货物的运输过程需要冷链物流装备的全力保障,运输过程中的失温将导致货物的变质腐败。本章从冷链运输中使用的公路运输冷藏车、铁路运输冷藏车、冷藏集装箱运输船以及相应的标准化运载单元应用层面出发,系统介绍了相关装备的应用现状,同时介绍了最新技术在冷链物流装备中的应用情况。

第一节　冷链物流运输装备应用

冷链货物的运输需要在封闭环境制冷或保温,相关运输装备需具备封闭特征,除站场内货运托盘、搬运设备外,主要运输装备均需包含厢体结构。公路上使用的冷链运输装备主要包括冷藏车、冷藏集装箱;海运冷链装备主要包括符合国际标准的冷藏集装箱;铁路运输冷链装备主要包括铁路冷藏车、铁路冷藏集装箱和保温箱;航空冷链装备主要包括航空冷藏箱和保温箱等。

一、公路运输冷藏车辆

1.公路冷藏车辆现状

截至2021年,我国冷藏车市场保有量已突破34万辆,与美国和日本相比,人均冷藏车拥有量仍差10倍以上。2015—2018年我国冷藏车年增长率均超过20%,2019年增长率较2018年有所下滑,约为19.3%,但受新型冠状病毒感染影响,冷链运输关注度变高,2020年较2019年21.47万辆的保有量同比增长33.5%,2021年较2020年的保有量增长18.6%,如图4-1所示。

据统计,2020年我国共有冷藏车生产企业116家,2021年增长至120家,但年产销量100辆以上的不到50家。据行业内企业反馈情况,我国底盘厂的冷藏车主要通过委托各大专业改装厂改装(委改)后销售,鲜有直接参与到冷藏车专用功能的开发、设计,这也导致冷藏车生产企业车辆生产情况与车辆实际销售存在一定偏差,根据车辆合格证的不完全统计相关信息,2021年业内产销量前10名的企业主要为底盘厂,如图4-2所示。

公路冷藏车按制冷装置的制冷方式,可以分为机械冷藏车、冷冻板冷藏车、液氮冷藏车、干冰冷藏车、冰冷冷藏车等,其中机械冷藏车的使用最为广泛。

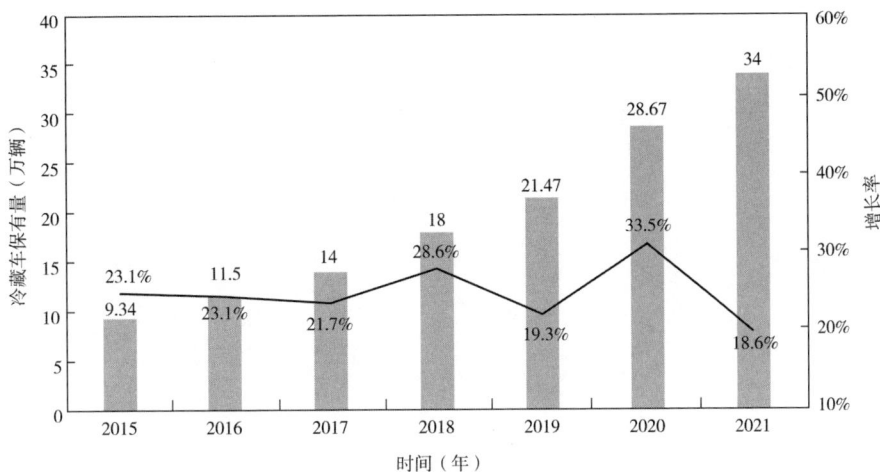

图 4-1 2015—2021 年我国冷藏车保有量(辆)及增长率

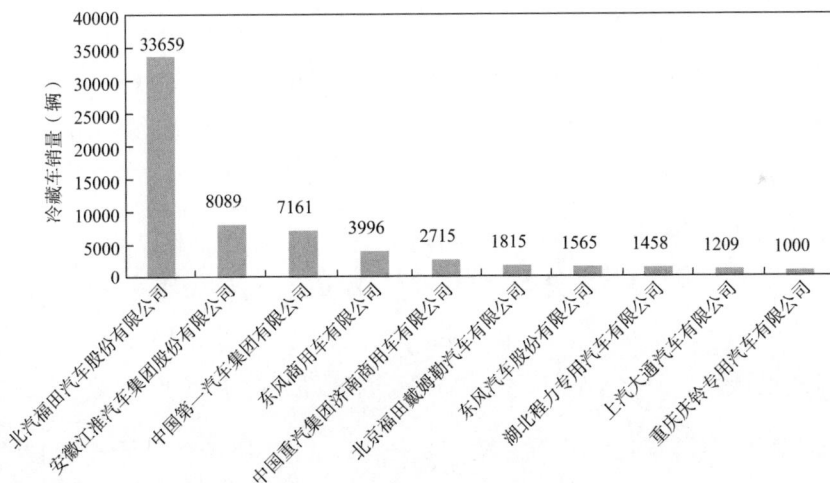

图 4-2 2021 年冷藏车销量前 10 名企业

2.公路冷链车辆结构形式

冷藏车辆按行走机构,可以分为冷藏挂车、冷藏汽车和冷藏式交换厢体。此外,根据车辆所能维持不同内部温度的独立区域的数量,冷藏车可以分为单温冷藏车和多温冷藏车。

1)冷藏挂车

在设计、制造和技术特性上需由半挂牵引车进行牵引才能正常使用的一种无动力的道路冷藏车辆,包括冷藏半挂车(图4-3)和冷藏中置轴挂车。冷藏半挂车载货量较普通冷藏车大很多,多用于长距离运输,目前国内生产流通的冷藏半挂车绝大部分为最大设计总质量40t的三轴半挂车。

图4-3　冷藏半挂车

2)冷藏汽车

与冷藏挂车不同,冷藏汽车是具备动力驱动系统的道路冷藏车辆。从销量数据看,4.5t以下的轻型冷藏汽车销量占到冷藏汽车销量的70%。轻型冷藏汽车则主要用于城市短途配送,为兼顾灵活性和载货量,轻型冷藏车的总质量多集中在4495kg。

冷藏汽车(图4-4)根据其货厢与驾驶室的布局不同可以分为两种,一种类似于厢式货车,驾驶室与载货保温厢体相互独立,一般称作厢式冷藏车,主要用于食品运输和干线运输。另一种则类似于全封闭货车,驾驶室与载货保温厢体为一体式设计,一般称作封闭式冷藏车,其温度可调范围较小,主要用于城市配送和生物制品运输。

图4-4　冷藏汽车

3）冷藏交换厢体

冷藏交换厢体（图4-5）特指一种配备了可折叠支腿可实现与专用运输车辆脱离，以支腿为支撑独立放置于地面的标准化冷藏货厢。冷藏式交换厢体与冷藏汽车的主要区别在于其厢体可以与运输车辆脱离，与冷藏汽车和冷藏集装箱相比主要有以下优势：互换性好，装卸方便，厢体可自装自卸；可作为仓库直接使用，有效提高运行效率。

图4-5　冷藏交换厢体

目前该类型厢体在欧洲等物流成本较高的发达国家已被广泛使用，可以有效降低运输设备投入，提高运输效率，从而降低运营成本。我国物流行业发展较为落后，目前刚开始普通交换厢体的推广应用，青岛中集特种冷藏设备有限公司开发了冷藏交换厢体，但主要用于出口，尚未在国内推广使用。

4）多温区冷藏车

多温区冷藏车是指装备多温制冷装置（具备多个冷气释放口，并可以分别控制每个冷气释放口冷量的制冷装置），具有两个或两个以上独立空间区域，并能分别维持不同内部温度的冷藏车。将多温区冷藏车单独划分，主要是考虑其在制冷方面的灵活性，多温区冷藏车可以是冷藏车和冷藏挂车的一类，如图4-6所示。

图4-6 多温区冷藏车

实际运输环节,不同货物对运输温度的要求通常不一样,比如水果、巧克力、鲜奶要求2℃至8℃,鲜肉、鲜鱼、新鲜熟食等要求采用零度保鲜的运输方法,温度在0.8℃左右,冻鱼、冻肉、速冻食品要求是−27℃至−10℃,当前物流公司开展冷链物流业务时难以短时间内配齐相同温度的货物,而多温冷藏车可以实现不同空间区域维持不同内部温度能力,能够同时配送多类货物,可以实现不同货物的拼装,可大大提高车厢空间利用率。

5)新能源冷藏车

随着新能源车辆近年来在国内的兴起,不少企业开始研发新能源冷藏汽车。2021年国内共销售新能源冷藏车1736辆,同比2020年增长256%。其中,纯电动冷藏车1187辆,占比高达68.4%,混合动力车型522辆,占比达30%,燃料电池车型27辆,占比1.6%。电量为54.72kWh的新能源冷藏车销量最多。

2021年共有33家新能源物流车企业售出新能源冷藏车。排名前三的企业合计销量为1090辆,占比62.8%,市场集中度明显。销量不足100辆的有30家,合计销量仅有646辆,占比仅有37.2%,企业之间分化明显。

2021年销售新能源冷藏车最多的企业是吉利商用车,共销售621辆,市场占比35.8%;第二名是瑞驰新能源,销量为294辆,市场占比16.9%;第三名是广西汽车,共卖出175辆,占比10.1%,前5名销售占比见表4-1。

新能源冷藏车销售企业情况 表4-1

排名	1	2	3	4	5
企业名称	吉利商用车	瑞驰新能源	广西汽车	东风汽车	玉柴新能源
销量（辆）	621	294	175	88	71
市场占比	35.77%	16.94%	10.08%	5.07%	4.09%

新能源冷藏车由于整体耗电量较大、充电不方便、续驶里程短、购车成本高等问题，整体销售数量很少，在整个冷链物流环节占比可忽略不计。

为更加准确地反映我国冷藏车生产企业情况，通过对行业内主流冷藏车企业进行调研，冷藏车的尺寸规格不一，据统计，冷藏货车以整车6m长为主，货厢内部长度在4m左右，货厢宽度在2.1m左右；冷藏半挂车长度以13.4m为主，货厢内部长度在13.2m，宽度在2.42m。

3.公路冷藏车市场分布

据不完全统计，2021年国内冷藏车销量为79895辆，较2020年的67205辆同比增长18.9%，增长率上升近2成（图4-7）。2015—2021年我国冷藏车市场销量呈波浪形增长趋势，波峰波谷与市场关注度挂钩。

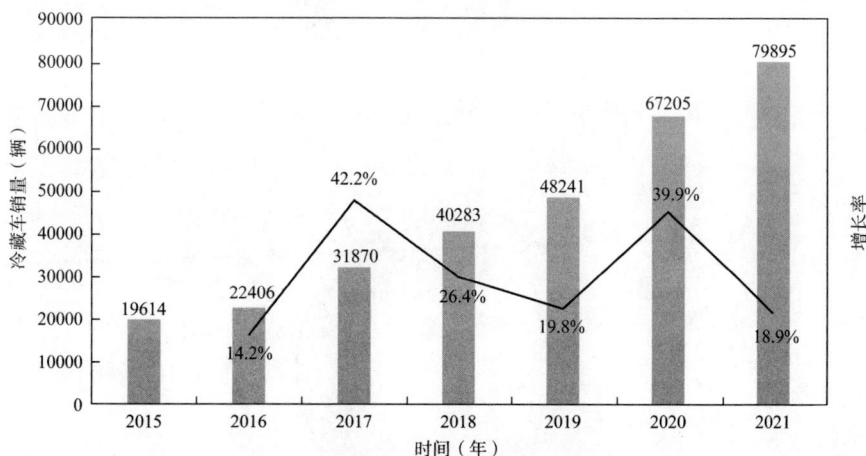

图4-7 2015—2020年全国冷藏车销量及增速

目前，冷链运输车辆产能较高，但车辆实际销量仅为产能的60%，主要原因是市场需求较低，且受二手冷藏集装箱的冲击。此外，部分冷藏货车生产企业采取委托改装的方式,部分改装企业能力有限,导致冷链物流企业在车辆选择上有所担心。

从车型分析来看,以重型冷藏车(冷藏挂车)和轻型冷藏车为主,以2019年冷藏车的实际销量为例,2019年重型、中型、轻型、微型冷藏车的增长量分别为9612辆、3401辆、19467辆、2220辆(图4-8),分别占总增量之比为27.7%、9.8%、56.1%、6.4%(图4-9)。作为城市冷链配送的主力,轻型冷藏车销量仍居于首位,与订单碎片化、配送及时性等客户需求方式改变有很大关系。据统计,2019年冷藏车畅销车型尺寸排在前3位的分别为4.2m、9.6m、6.8m,13.75m冷藏车增量比较明显。

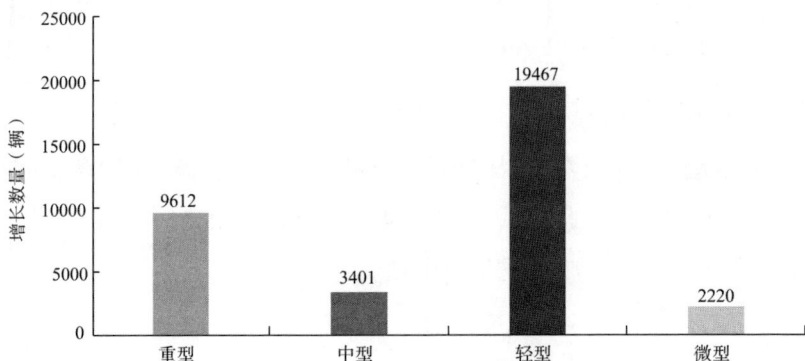

图4-8 2019年全国冷藏车车型增长数量

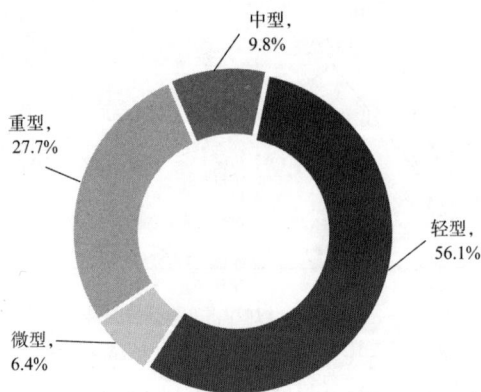

图4-9 2019年全国冷藏车车型增长占比

从动力方面分析,2019年柴油、汽油、天然气、电动冷藏车增长量分别约为31195辆、2221辆、729辆、555辆,占总增长量的比例分别为89.9%、6.4%、2.1%、1.6%(图4-10)。柴油是当前冷藏车主要供能来源,占比高达90%。

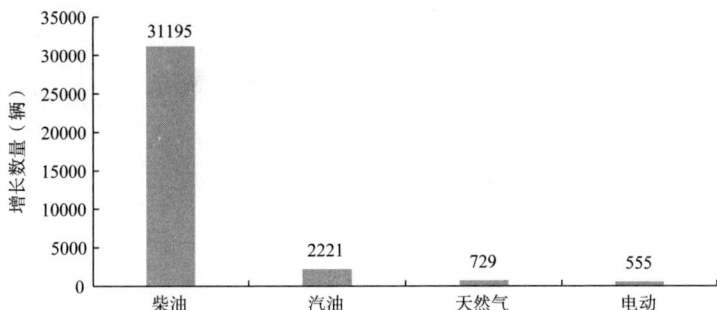

图4-10　2019年全国冷藏车按动力区分增长数量

二、铁路运输冷藏车辆

1.铁路冷藏车辆现状

1953年,中国铁路正式开办了冷藏运输业务,当时主要使用加冰保温车承载计划经济时代下大宗物资运输,在20世纪90年代中期发运量达到1700万t。进入21世纪,铁路冷藏运量由盛转衰,市场份额不断下滑,低谷时只有40余万t,而其他运输方式的冷藏运输开始迅猛发展。

近年来,铁路冷链运输受益于铁路顶层设计、国内的消费升级和冷链物流的结构性发生变化,随着装备不断升级,冷链运输成本过高和冷链运输利润不足的问题逐步得到解决。在此情况下,铁路冷链发运量逐年快速增长,2015年铁路冷链货运量仅为42.9万t,2019年达到206万t(图4-11)。

目前,铁路冷链货物运输主要有零散运输、混合班列和特需班列3种模式。

(1)零散运输。即以整车/箱或车组编入普通货车的运输方式,满足冷链零散货物的物流需求,日旅行速度约为400～600km/d。代表线路有农夫山泉果汁从霍尔果斯运至杭州北,大部分为零散运输,运行时间为10～11d,日旅行速度为450km/d。

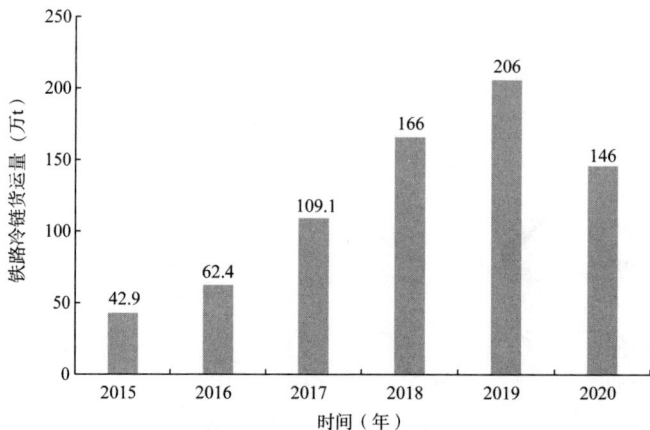

图4-11　全国铁路冷链货运量

（2）混合班列。即冷链货物与特快、快速、中欧、多式联运、普快及汽车班列等组成混合班列，日旅行速度约为800~2200km/d。代表线路有进口冻肉从上海杨浦运至成都大弯镇，挂靠既有多式联运班列X8710/09，运行时间33h，日旅行速度为1600km/d。

（3）特需班列。针对大宗冷链货物，铁路物流开发出的特需产品运输服务，日旅行速度约为800km/d。具体代表线路有图们至金港班列运输，运行时间23d，日旅行速度为1100km/d，以及百色至大红门果蔬特需班列，线路运行时间为3d，日旅行速度约为800km/d。

2020年，我国铁路冷链发运量排名前十的铁路局为呼和浩特局、上海局、乌鲁木齐局、昆明局、济南局、成都局、兰州局、广铁集团、沈阳局及武汉局等（图4-12）。

截至2020年，铁路共开行冷链运输线路70余条，其中以冷藏箱为运载工具有40余条，以机械保温车（机保车）为运载工具有20余条（图4-13）。

铁路冷链线路主要有绥化、宝泉岭、佳木斯至漯河的双汇冻肉运输线路，齐齐哈尔、尚志至南昌北、舵落口的蒙牛牛奶运输线路，以及肇东、林甸至大弯镇、棠溪的伊利牛奶运输线路，图们至大连金港的冻鱼运输线路，通辽至三坪、银川南的金锣运输线路，百子湾、廊坊北至新兴镇的和路雪冰淇淋运输线路，合肥北至北郊、萧山的牛奶运输线路等(表4-2)。

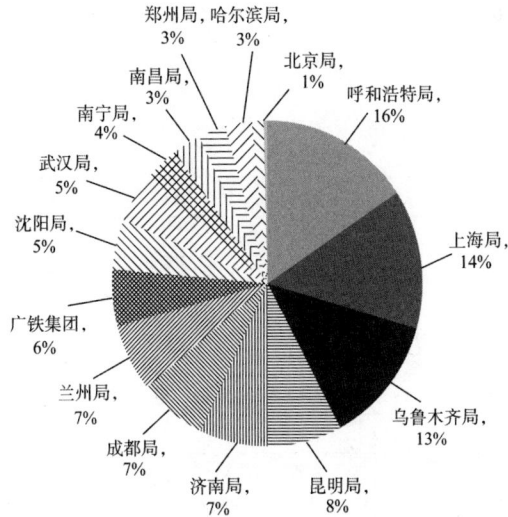

图4-12　2020年各铁路局冷链发运量占比示意图

图4-13　全国铁路冷链线路开行情况示意图

我国主要铁路冷链运输线路与货品 表4-2

开通线路名称	主要承运货种	主要运输设备
百色、防城港至大红门、沈阳东	圣女果及进口火龙果、冻虾等	45ft(英尺)柴电一体冷藏箱、BX1K
乌鲁木齐—杭州北、潍坊、连云港	农夫山泉饮料、初加工果品、冻禽肉	BX1K
库尔勒至苏州浒墅关、烟台	化工产品(需保温运输)	BX1K
图们至大连金港	加工海产品	BX1K
潍坊至昆明王家营西	冻禽肉	BX1K
黄岛至漯河	进口牛肉	BX1K
呼和浩特至广州、成都、上海	奶制品(需保温运输)	B22
上海杨浦至广州棠溪	和路雪、哈根达斯等	45ft柴电一体冷藏箱
淄博至齐齐哈尔、莫斯科	果蔬	柴电一体冷藏箱
中欧班列	去程:农产品、医药品；回程:果蔬饮料、休闲食品、酒类、乳制品等	柴电一体冷藏箱

2.铁路冷链车辆主要类型

我国目前使用的铁路冷藏车主要有保温车和机保车,保温车包括冰保车和材料隔热保温车,前者已基本不再使用。机保车分为单节机械冷藏车和冷藏货物车。机保车车型丰富,但除新研制的B23型机械冷藏车外,其他车型较为老旧,已不适应现代铁路长距离冷藏运输和保鲜的要求。我国铁路冷链运量占冷链总运量仅约1%,近年来冷藏集装箱运输迅速发展,致使铁路冷藏车研发与更新换代的驱动力薄弱及新车型较少。随着全社会对冷链产品的需求不断增长,铁路冷藏运输将因其运量大、碳排放低等优点而逐渐提升运量。届时,冷链运输对铁路冷藏车的更新换代将提出更迫切的要求。

1)材料隔热保温车

材料隔热保温车包括BH1型(参数见表4-3),是中铁特货运输公司新研发的冷链运输装备。特点是不采用制冷技术,而是通过利用车体隔热性能来减少车内外热交换,从而实现减缓运输过程中因货物蓄冷(热)损失导致的货物温度变化。同时,该种车型优化了对装卸工具的兼容度,可使用叉车等机械化装卸工具进行作业,提升了操作效率。现该车型主要用于铁路大宗隔热保温货物运输,包括牛奶、啤酒和矿泉水等隔热保温类货物。

2)单节机械冷藏车

单节机械冷藏车型主要有B10、B14、B16、B17和BH10五种(参数见表4-3)。其中,B10是武昌车辆厂于1995年试制而成,车辆自重38.2t,载质量43.5t,容积106.5m³,适合小批量的货源市场,全国仅存20辆,现已基本淘汰。新型BH10已试制成功,可在环境温度为-40～+40℃的条件下,车内温度保持在+14℃到-24℃之间,既可单节运输,又可成组运输,机动灵活,且适应性强。新型BH10采用GPS定位和远程监控系统实现无人值守,降低运输成本,适用于铁路大宗鲜活易腐货物的运输。

3)冷藏货物车

冷藏货物车较机械冷藏车和保温车使用更普遍,包括B18、B19、B21、B22和B23型五种车型,其中B19、B21、B22和B23型均为五节式机械保温车组,使用较多的是B22和B23型(参数见表4-3)。这两种车型均由一辆机冷发电车和四辆机冷货物车组成。其中B22型车组全长108m,货物车单节自重36.8t,载重46t,成组载质量184t。现以不制冷保温模式承揽奶制品运输。设备老化、自重大、需配备大量乘务员,运输经营成本高,无法实现盈利。B23型可均匀保持全车规定温度和湿度,且较易调节与控制,可以充分保证货物运输质量;运用中不需要加冰及加冰设备,节省资金,加速车辆周转,降低运输成本;不受运输路程长短和运输中车辆停留时间的限制,可保证货物安全送达,适用于铁路大宗冷藏、冷冻货物运输。

我国主要铁路冷藏车辆及技术参数　　　　　　　　　表4-3

主要铁路冷藏车辆	名称	主要参数	特点
	BH1型隔热保温车	自重(t):29.8 载重(t):64 容积(m³):170 车体综合传热系数:≤0.22	可使用叉车等机械化装卸工具进行作业,提升取送车效率

续上表

主要铁路冷藏车辆	名称	主要参数	特点
	BH10型单节机械冷藏车	自重(t):34 载重(t):58 容积(m³):140 温控范围(℃):-24～14	铁路大宗鲜活易腐货物的运输
	B10型单节机械冷藏车	自重(t):38 载重(t):41.1 容积(m³):100 温控范围(℃):-24～14	车辆可以单节使用,也可以集中供电使用并编成车组使用,还可以利用外电源作为冷藏库
	B22型机械保温车	自重(t):37.6 载重(t):46 容积(m³):105 温控范围(℃):-24～14	5节机械冷藏车
	B23型机械保温车	自重(t):38.2 载重(t):45 容积(m³):105 温控范围(℃):-24～14	5节机械冷藏车

　　为实现海运冷藏箱铁路运输,我国铁路系统研发了BX1K型冷藏集装箱专用平车(图4-14)。该车由X1K型集装箱平车改造而成,以"一拖八"的形式与B23型机保车编组,标志着中国铁路冷藏箱运输已与国际接轨,打破了海运冷藏箱在国内无铁路运输的历史,填补了中国铁路不带动力冷藏运输货物的空白。

　　BX1K型车组原供电设备由淘汰的B23工作车提供,需大量乘务员,存在人工成本高、机组能耗高、运营成本大、实际运行速度不高于80km/h等问题。中车长江开发了发电箱取代发电车,提高运输速度,减免人工成本。具体方式为将发电箱(无人值乘、远程控制,图4-15)与1辆专用平车固定使用替代原工作车,形成9辆固定编组的新型BX1K型通电冷藏集装箱运输专用车组。

图4-14　BX1K型冷藏集装箱专用平车示意图

图4-15　BX1K型配套发电集装箱示意图

三、冷藏集装箱运输船

运载冷藏货物的船舶种类有:专用冷藏运输船、香蕉专用运输船、多用途冷藏运输船、带冷藏舱的普通货船和冷藏集装箱冷藏运输船等五大类。

冷藏运输市场主要有两种运输模式。一种是传统的冷藏船运输,另一种是冷藏集装箱船运输。传统的冷藏船基本上是配合远洋捕捞作业的运输,兼作捕捞船的补给船舶,作为远洋渔业捕捞的坚实后盾,传统的冷藏船比冷藏集装箱具有不可替代的优势。相比之下,冷藏集装箱船以其周转快,可以达到"门对门",小批量冷藏货物运输等优点,抢占了大部分港口到港口间的货物运输。

近几年,随着海运冷藏集装箱运输的快速发展,传统的海运冷藏船逐渐被淘汰。本部分重点介绍冷藏集装箱运输船及相对应的岸基设施情况。

冷藏集装箱运输船是在传统的集装箱运输船的基础上发展而来的,是指可用于装载国际标准冷藏集装箱的船舶,其全部舱室及甲板配有供电接口,专用于装载集装箱的全集装箱船舶。冷藏集装箱通常放置在集装箱船的甲板上以利于通风,集装箱船甲板上装有海运冷藏集装箱的供电接口,便于制冷机组取电制冷。

海运冷藏箱一般不配备发电系统,无法进行自制冷。因此,港口冷藏集装箱堆场重要性随之凸显。如冷藏箱堆场面积不足、供电设备短缺等问题,易造成海运冷藏箱制冷中断,影响冷链货物品质。2020年,我国沿海九大枢纽港,进口冷藏集装箱合计为185万TEU,同比增长19.8%(表4-4)。受疫情的影响,海关对冷冻箱实施消毒及核酸检测,冷柜的积压导致码头的冷藏箱供电插座严重短缺,虽然部分港口已经额外增加了冷藏箱供电插座,但是还处于严重短缺的局面,并且增加多道额外清关手续。

我国主要港口冷藏集装箱进口情况   表4-4

港口	2019年进口量 (TEU)	2020年进口量 (TEU)	2020年同比增长	插座数 (个)	堆存能力 (TEU)
上海港	634000	747000	17.8%	20672	33875
天津港	265780	284160	6.9%	10500	18560
青岛港	161636	203621	26.0%	12268	20668
大连港	152000	150000	−1.3%	2600	4500
宁波舟山港	94000	123000	30.9%	2748	5033
厦门港	73361	89813	22.4%	4290	8436
深圳盐田港	67000	118000	76.1%	3735	7230
深圳西部港区	57893	76755	32.6%	2188	3325
广州港	39825	58918	47.9%	5216	8548
合计	1545495	1851267	19.8%	64217	110175

第二节　冷链物流标准化运载单元应用

道路冷链运输车辆尺寸多样,标准化程度依然较低,而海运集装箱、铁路集装箱、航空集装箱等由于可能涉及国际贸易方面,相关运载单元的标准化程度很高。冷库环节使用了标准的1.1m×1.1m、1.2m×1m托盘进行存储与搬运,整体标准化程度较高,但在城市末端一公里配送上,大部分地区无冷链配送专用车辆,导致所使用的冷箱、保温箱等标准化程度很低,存在大量直接使用商品出库时的包装进行运输。

我国是国际标准冷藏集装箱主要生产国。据统计,我国标准冷藏集装箱生产商分布相对集中。2020年,中集集团、上海寰宇、富华集团三家企业产量占中国冷藏集装箱市场的75%。全球冷藏集装箱保有量超过300万TEU,其中马士基的保有量约30万TEU。目前绝大部分冷藏集装箱自身不带动力,需连接外部电源带动制冷机工作。

我国国际标准冷藏集装箱制造业的产能、生产技术和温控技术能力均处于国际领先地位,产品国际市场销路较好。而国内市场处于发展初期,以国内市场为目标的制造企业具有品种较少、产能较好,但产量较低的共性特征。

一、ISO标准冷藏集装箱

国际标准冷藏集装箱根据保温方式主要为机械制冷式和智能保温式。机械制冷集装箱按供源方式不同可分为插电式和柴电一体式,也可按冷风机出风位置不同而分为下出风和上出风制冷,结构分类如图4-16所示,相关实例图见表4-5。除运输用冷藏箱外,近年出现适用于"最先一公里"和"最后一公里"保温冷藏的模块化组合冷箱。

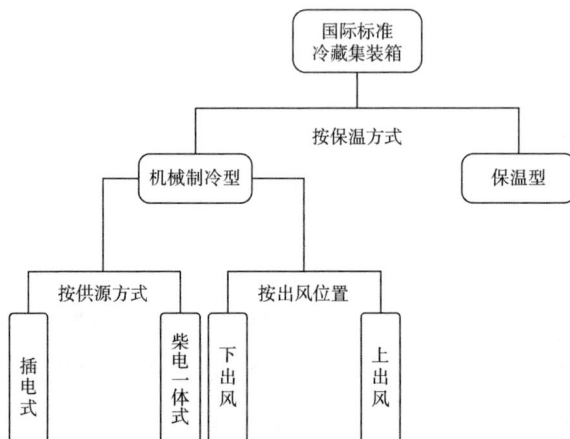

图4-16　国际标准冷藏集装箱主要种类

我国主要国际标准冷藏集装箱及技术参数　　　　　　　　表4-5

主要国际标准冷藏集装箱	名称	主要参数	特点
中车长江运输设备集团有限公司			
	40ft 插电式冷藏集装箱	总重(t):34 自重(t):4.55 载重(t):29.45 容积(m³):67.9 控温范围(℃):-29~+27	与发电箱配套使用,适应我国"1+8"冷藏集装箱铁路运输模式
	40ft 柴电一体式冷藏集装箱	总重(t):34 自重(t):6.3 载重(t):27.7 容积(m³):64 控温范围(℃):-29~+27	装运需要冷藏和保鲜运输的食品和其他物品,满足俄罗斯极寒地区-40℃以下的运用环境及20天连续运行的要求
	40ft 蓄能型保温集装箱	总重(t):34 自重(t):8.15 载重(t):25.85 容积(m³):62.6 控温范围(℃):≥-20	主要用于中欧班列电子产品运输,利用干货的运输条件进行冷链运输,内部设置的蓄能材料,从而实现保温

主要国际标准冷藏集装箱	名称	主要参数	特点
寰宇东方国际集装箱(启东)有限公司			
	20ft(英尺)RF冷藏箱	总重(t):30.48 自重(t):2.81 载重(t):27.67 容积(m³):28.4 控温范围(℃):-25~+25	同时装备机械制冷和T地板,为下出风制冷箱 适用于外部环境为-40~+50℃的情况
	20ft(英尺)RH冷藏箱	总重(t):30.48 自重(t):2.92 载重(t):27.56 容积(m³):32 控温范围(℃):-25~+25	
	40ft(英尺)RF冷藏箱	总重(t):30.48 自重(t):5.02 载重(t):25.46 容积(m³):59.8 控温范围(℃):-25~+25	
	40ft(英尺)RH冷藏箱	总重(t):34 自重(t):4.48 载重(t):29.52 容积(m³):67.9 控温范围(℃):-25~+25	

1)插电式冷藏集装箱

该类型集装箱主要用于装运需要冷藏和保鲜运输的食品和其他物品,与发电箱配套使用,适应我国"1+8"冷藏集装箱铁路运输模式。箱内温度信号可无线传输到发电箱的中央控制器,并通过发电箱的数据平台实现温度数据远程监测。该产品较好地解决了既有同类产品运输问题,提高了可靠性和维护便捷性。

2)柴电一体式冷藏集装箱

该类集装箱主要用于装运需要冷藏和保鲜运输的食品和其他物品,采用柴油机回油加热和800l超大容积塑料油箱等技术,满足俄罗斯极寒地区-40℃以下的运用环境及20天连续运行的要求。该产品配置信息化远程监控系统,可实时监测冷藏箱位置、温度、油箱燃油液位等参数,提高运输服务质量和可靠性、安全性。

中车长江研发的适应中欧班列长距离、超低温、无人化运输特点的铁路专用冷藏箱,集成了高隔热保温性能箱体,燃油低温防护,超大容积、抗冲击、高强度、抗老化非金属油箱,具备冷量回收功能的新鲜空气自动补偿系统、远程监控系统、铁路运输安全防盗等关键技术,全面采用信息化技术实现远程监控。

例如,汉欧国际冷藏箱在武汉至欧洲铁路运用,将湖北电子产品、柑橘等运送欧洲,回程运输红酒、牛肉等。此冷藏集装箱还以优良的新鲜空气自动补偿技术阻止水果呼吸热带来的加速腐化现象,将东南亚的热带地区新鲜水果运抵湖北。2020年疫情期间,更是"冻力加持"助力迎接蒙古国捐赠湖北三万只羊返鄂项目,促进了国内外贸易交流。铁路冷藏货物发电箱为海柜箱铁路运输提供动力,全程不断链,解决了海柜箱上岸中长距离运输难点。中欧班列(渝新欧)将其应用于从欧洲进口的药品、冻肉以及蔬菜出口至欧洲的业务。

3)智能保温式冷藏集装箱

保温式冷藏集装箱内部设置的蓄能材料通过相变来吸收和放出热量,从而达到使货物保持鲜度的效果,主要用于载运水果、蔬菜等类货物。保温式冷藏集装箱已用于以渝新欧为主的中欧班列电子产品运输,其利用干货的运输条件进行冷链运输。通常用于冰制冷,保持时间约为72h。整个过程依靠的是自然条件和相变材料的物理特性,不需要其他任何的装备和能源,并且无任何废气、废水、废料产生和排出,符合低碳、环保、节能、减排的全球导向和保护环境的迫切需求。同时具备GPS定位、蓄能剂温度检测、箱内温度监测、门开关监测等多项功能。

4)机械式上、下出风式冷藏集装箱

该类型集装箱适用于不需要冷冻,且具有呼吸作用的水果、蔬菜等类货物,以及兽皮等在运输中会渗出液汁的货物,会引起潮湿的货物等,而在端壁上开有通风口的集装箱。这种集装箱通常以设有通风孔的冷藏集装箱代用。下出风制冷以寰宇东方公司的四种冷藏集装箱代表,可以使用箱内地板上的"T"地板引导冷风流动,无须其他设计。上出风制冷需要在顶板上安装风道,但地板可以做成平地板,满足对地板有特殊要求的情况,且上出风,冷空气下沉,热空气上升,提升制冷效果。青岛中集生产的标准海运冷箱主流采用风冷技术,采用冷风自下部吹出,上部回风方式制冷。

5)模块化组合冷箱

该类型冷箱具有可任意组合、可拆卸、可移动、可随时改变用途等特点,主要应用在冷链上两个最薄弱的环节,即"最先一公里"和"最后一公里"。

"最先一公里"主要是农产品的产地预冷、储存,"最后一公里"应用主要是终端配送环节的前置仓。当前在电商终端配送领域应用广泛,主要是在干仓里建冷仓,替代传统的质量比较差的库板库。

国际标准冷藏箱主要用于跨国陆、海或国内铁路干线运输和全程物流,用户较集中。主要客户群体为国有大中型物流企业,如国铁集团下属的中铁特货公司、中铁铁龙集装箱物流股份有限公司、武汉汉欧国际物流公司、渝新欧(重庆)物流有限公司、中集冷链发展有限公司等。40ft隔热箱保温效果好,装卸简单,较受欢迎。通过海运、陆运方式进行门到门运输,为京东、拼多多、百果园等电商和果蔬批发商提供服务。渝新欧公司拥有72台45ft柴油发电冷藏箱,840台40ft材料隔热保温箱,主要用于跨境铁路班列运输。中车长江2019年批量交付100台标准冷藏箱供中铁特货运用,疫情期间运输大批牛奶及饮料、香肠、白糖、玉米、面粉等生活食品,为铁路冷链运输打赢新冠肺炎疫情防控阻击战发挥了重要作用。

组合冷藏箱的平台客户主要有美团、滴滴、山东农担、湖南佳慧等。主要以农业合作社,农业担保公司等进行合作推广。山东、广东、河南、湖南、江西等地为基础冷链设施建设和产业扶贫项目助力。由于价格较贵,初期投资较大,尤其是农户持有比较困难,终端客户多以租赁方式持有。

二、铁路冷藏集装箱及保温箱

我国铁路冷藏集装箱产品主要包括插电式冷藏集装箱、柴电式冷藏集装箱、蓄能型保温集装箱、蓄冷型冷藏运输集装箱、锂电池冷藏箱等多种冷链运输装备。中车长江运输设备集团有限公司和中车齐车集团是我国铁路冷藏集装箱主要制造企业,高铁动车组蓄冷保温箱则由中铁快运与铁道科学研究院共同研发,具有自主知识产权。

国内铁路使用的冷链集装箱以中车长江公司产品为主,按保温方式不同可分为隔热保温型和冷藏型(图4-17)。其中冷藏式集装箱按供源技术不同可分为充电蓄冷型和锂电池供源型。隔热保温型按使用场景可分为铁路集装箱和高铁动车组蓄冷箱,主要技术参数见表4-6。

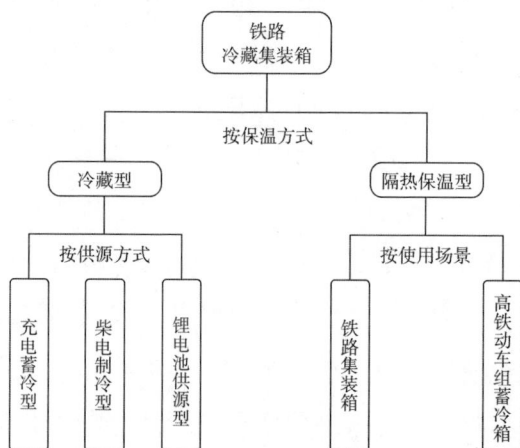

图4-17 铁路冷藏集装箱主要种类

我国主要铁路冷藏集装箱及技术参数、特点 表4-6

主要国内铁路冷藏集装箱	名称	主要参数	特点
中车长江运输设备集团有限公司			
	40ft 隔热保温集装箱	总重(t):34 自重(t):4.6 载重(t):29.4 容积(m³):70.7	利用箱体自身优良的隔热性能减缓运输过程中货物温度变化

续上表

主要国内铁路冷藏集装箱	名称	主要参数	特点
	40ft 蓄冷型冷藏集装箱	总重(t):34 自重(t):9.46 载重(t):24.54 容积(m³):68 控温范围(℃):-15±2	其利用地面电源前置充冷,运输全程无能耗、无机械部件维护,运输管理简洁、运输经济性好
	45ft 蓄冷型冷藏集装箱	总重(t):34 自重(t):10.4 载重(t):23.6 容积(m³):78.8 控温范围(℃):-5±2	采用蓄冷剂作为冷媒,通过地面充冷站对蓄冷剂进行充冷,运输过程中利用蓄冷剂释放的冷量以维持货物所需的温度,运输过程无能源消耗,不需人员押运维护
	20ft 锂电池冷藏集装箱	总重(t):35 自重(t):3.784 载重(t):31.216 容积(m³):29.8 控温范围(℃):-20~+27	采用新能源锂电池作为制冷系统动力源,采用新型直流变频制冷机组,具有制冷速度快,噪声低,效率高等特点
	40ft 锂电池冷藏集装箱	总重(t):35 自重(t):7.536 载重(t):27.464 容积(m³):65 控温范围(℃):-20~+27	采用国际领先的高性能磷酸铁锂电池及与锂电池特性相互匹配纯电动且具有变频功率的节能型制冷机组
	45ft 锂电池冷藏集装箱	总重(t):35 自重(t):8.7 载重(t):26.3 容积(m³):72.3 控温范围(℃):-20~+27	采用新能源锂电池作为制冷系统动力源,采用新型直流变频制冷机组,具有制冷速度快,噪声低,效率高等特点

续上表

主要国内铁路冷藏集装箱	名称	主要参数	特点
寰宇东方国际集装箱(启东)有限公司			
	40ft 中铁铁龙陆运冷藏集装箱	总重(t):34 自重(t):6.3 载重(t):27.7 容积(m³):64 控温范围(℃):-29~+29	具备远程监控系统、新风系统和发电机组 40ft 箱配备 800L 油箱,满足在途 20 天连续运行和
	45ft 中铁铁龙陆运冷藏集装箱	总重(t):34 自重(t):6.8~7.18 载重(t):26.82~27.2 容积(m³):70.6 控温范围(℃):-29~+29	30 天启停运行,解决了需要中途加油的痛点 45ft 箱配备 470L 油箱,可持续运行 10 天
	40ft 两端开门保温集装箱	总重(t):34 自重(t):4.1 载重(t):29.9 容积(m³):69.7	两端开门
	20ft 保温集装箱	总重(t):30.4 自重(t):2.55 载重(t):27.93 容积(m³):30.3	前端保温墙,T地板,铝防撞板

1)隔热保温型

该类型集装箱无任何机械设备,仅利用箱体自身优良的隔热性能减缓运输过程中货物温度变化,具有结构简单、维护方便的优势,主要用于装运对温度有一定要求而又不太敏感的货物,适用于国内外铁路、公路、水路及联运。

近年来,隔热保温型开始采用相变蓄冷技术以实现隔热保温效果。保温箱利用蓄冷剂在相变过程中吸收/释放大量潜热的物理特性,通过装有适量蓄冷剂的蓄冷板对保温箱内进行温度控制的保温箱。蓄冷式保温箱在保温时效内无须动力源,不会断链。由于蓄冷剂的特殊物理性质,其提供的箱内环境具有温控精度高、温度波动度小的特点,且物流过程较现有海运冷藏箱和自发电冷藏箱更加节能、高效、环保,两者技术对比详见表4-7。

机械式制冷技术与蓄冷式温控技术对比分析一览表　　　　　　　　　表4-7

各项指标		机械式制冷温控技术	蓄冷式温控技术	特点
保温时效		8d(满油)	7~10d	无源
温度控制精度		±3℃	±1.5℃	恒温
箱内相对湿度		无法保证湿度控制,制冷过程对生鲜、冷冻货品形成干耗	90%	保湿保鲜
食品24h失重	园艺品	2.10%	0.30%	
	水果	0.70%	0.21%	
	肉	0.20%	0.04%	
	蘑菇	2.04%	0.26%	
蔬菜运输120h,水分损失		6%~8%	0.2%~0.5%	
食品平均保存期	蔬菜(嫩叶)	4d	>30d	
	成熟桃子	7d	>30d	
	牛肉	15d	>30d	
节能环保		制冷剂+压缩机制冷,全球变暖潜值>3,臭氧消耗潜势>5;噪声污染;电力/燃油消耗	可利用谷电;全球变暖潜值<1,臭氧消耗潜势0;电力消耗	节能环保

2)充电蓄冷型

该类集装箱分为铁路集装箱和高铁动车组蓄冷保温箱。铁路集装箱通过地面充冷站对蓄冷剂进行充冷,运输过程中利用蓄冷剂释放的冷量以维持货物所需的温度,全程无能耗、无机械部件维护,不需人员押运,具有节能、环保和经济运输的特点(图4-18)。具有GPS定位和蓄冷剂温度、箱内温度、门开关等多项监测功能,可对货物状态进行实时监控,保证运输品质。其中40ft蓄冷型号适用于冷冻货物的公铁水联运,45ft蓄冷型号主要用于食品冷藏运输。

新型高铁动车组蓄冷保温箱保温时效长达100h,一是可在不进行车体改造的情况下实现全程不断链,降低成本投入;二是可通过更换不同相变点的蓄冷板来调整箱内控温区间,保证不同货物的温度需求。该类型蓄冷箱对运输时限有较高要求,需在蓄冷箱保温时长内完成全程物流,否则会出现超温风险。

图4-18　蓄冷集装箱(左)与充冷箱(右)示意图

3)柴电制冷型

该类集装箱制造技术与柴电一体式国际标准冷藏集装箱相同,但以适应铁路冷链运输为标准设计和生产。该类集装箱主要用于装运需要冷藏和保鲜运输的食品和其他物品,主要生产商为寰宇东方和青冷基地。寰宇东方开发的40ft和45ft柴电制冷集装箱分别配备了800L和480L的柴油箱,可根据不同场景需要选择连续运行和启停运行。青冷基地的产品除柴电机外,还生产配置了海运制冷机的铁路冷箱。

4)锂电池供源型

该类型为全新一代冷藏集装箱,分20ft、40ft和45ft三种型号,均采用国际领先的高性能磷酸铁锂电池及与锂电池特性相互匹配纯电动且具有变频功率的节能型制冷机组,运输前充电后可确保全程制冷效果。制冷速度快,噪声低,效率高,运输中不产生任何排放物。并且创新性采用了纯电动低功耗变频制冷机组及其电控系统和非常规的锂电池储能技术,提供了新型环保能源应用选择。锂电池容量282kW·h,充电时间2h(最高),续航时间≥130h。全程耗电量低,其中45ft冷藏箱型号的运输消耗费用仅相当于同等柴油动力冷藏箱费用的

1/6左右。符合低碳、环保、节能、减排的全球导向和保护环境的迫切需求,并且可降低社会物流成本。该类箱体配备GPS定位、箱内温湿度、门开关等多项监测功能,主要用于上海—成都冻肉等冷链货物运输。

三、航空冷藏集装箱

航空冷链运输的模式是"飞机+航空冷藏箱"模式。因此,航空冷藏箱是航空冷链运输的核心。

目前,航空冷藏集装箱市场较小,全球航空冷藏箱大约在1万台以上,全部为国外产品,国内各大航空公司主要租用国外设备,相关设备典型参数见表4-8。

典型航空冷藏集装箱主要参数及特点 表4-8

航空冷藏箱	名称	主要参数	特点
	RAP t2 干冰型航空冷藏箱	总重(kg):6033 自重(kg):450 载重(kg):5583 容积(m³):8.2 工作温度范围(℃):−20 ~ +20	16节D型干电池和干冰制冷,单次可加300kg干冰
	RAP e2 蓄电型航空冷藏箱	总重(kg):6033 自重(kg):1100 载重(kg):4933 容积(m³):6.4 控温范围(℃):0 ~ 25	12h可充满电。环境温度在−10 ~ 30℃,依靠内置电池,可在5℃货物温度维持30h

国内航空冷藏箱制造业正处于早期发展阶段,厂家比较少,需长期培育。因航空运输的安全性要求,该类产品对安全性要求较高,审查周期较长,国内从设计到工厂,再到使用方都在不断熟悉此类产品,有发展前景。

青岛中集冷藏箱制造有限公司也开始新开发航空冷藏箱,客户群体为国内航空公司、医药运输物流企业和生鲜快递公司等。

目前,可用于航空冷藏运输的产品有两种,两款产品外形尺寸相同,一种为自带蓄电池和冷机的机械制冷主动式航空冷藏箱,一种为采用蓄能材料制冷的蓄能航空冷藏箱,内部装载容积在2.3 ~ 2.7m³之间。

主动式航空冷藏箱采用机械制冷的方式,可以实现0~25℃精确控温,主要面向有精确控温要求的货物,比如疫苗、血浆、医药原料等货物。蓄能航空冷藏箱采用冰板制冷,实现2~8℃的温度控制,其缺点是温度均匀性弱于主动式航空冷藏箱,并且使用前需要将冰板预冷,操作较烦琐。蓄能航空冷藏箱主要面向对温度要求可以存在偏差的货物,比如温区比较大的疫苗、食品等货物。

两种航空冷藏箱在使用过程中均不使用任何燃料,无排放,相对而言,蓄能方式更环保,冰板可以反复使用3000次,足以达到箱体的使用寿命。因航空运输的特殊性,空运冷藏箱不具有制冷装备、卫星定位、温控装置、状态监控设备等功能装备。

第三节　冷链物流相关技术应用

近年来,国内不断引入国际先进的技术与装备,在新建、改建冷库,新投入设备及技术上,我国与国外的冷链物流差距已逐步缩小。

一、制冷设备技术应用

1.机械制冷方式

机械制冷冷藏车是目前应用最为广泛的冷藏车,其核心部件为机械制冷机组。机械制冷方式分为蒸气压缩式、吸收式、蒸气喷射式三种。机械制冷装置广泛采用的主要原因在于制冷机组既能制冷又能加热,扩大了使用范围;厢内温度可实现自控调节,调温精确可靠,调温范围较宽,能适应各种不同冷藏货物的运输。尽管机械制冷装置结构比较复杂、购置及运行费用较高,运转噪声较大等问题,但迄今为止,机械制冷仍为一种可靠、有效的制冷方式。

对于道路车辆,总质量小于7.5t的机械制冷冷藏车,一般选用非独立式制冷机组,制冷功能靠从底盘发动机取力;总质量大于7.5t的冷藏车则主要选用独立式制冷机组。目前,美国开利、美国冷王、日本三菱、日本电装、大金、韩国化速、意大利欧冷等进口机组占据80%～90%独立式制冷机组的市场。我国有100多家企业从事冷藏车用制冷机组生产,主要是新飞、雪峰、广东K牌、河南凯雪等,但由于技术方面的原因,国产制冷机组和国外制冷机组相比在可靠性、制冷效率上依然有一定的差距,主要采用非独立式制冷机组。

对于铁路冷藏车,一种是每一节车厢都备有自己的制冷设备,用自备的柴油发电机组来驱动制冷压缩机,冷藏车可以单节与一般货物车厢编列运行;另一种铁路冷藏车的车厢内只装有制冷机组,没有柴油发电机,这种机械冷藏车不能单节与一般货运车厢编列运行,只能与专用车厢中柴油发电机编组运行。

对于航空冷藏集装箱,其制冷方式直接是使用集装箱内的蓄电池驱动压缩机进行制冷,相对来说,制冷效率较高。与铁路冷藏车相比,航空冷藏集装箱使用灵活,可独立运行。

2.冷板制冷技术

冷板制冷原理是利用蓄冷剂冷冻后所蓄存的冷量进行制冷。货物运输前先将厢内冷板中的蓄冷剂进行"充冷",使其冷却冻结,然后在运输途中利用冷板中的蓄冷剂融化吸热,使冷藏区域内温度保持在运输货物的适温范围内,故将冷板又称"蓄冷板"。冷板制冷装置的结构型式分为整体式和分体式。整体式的动力装置、制冷机组和蓄冷板等均置于车上;分体式在车上仅装有制冷机组和蓄冷板。冷藏车辆停车时,利用动力装置驱动制冷机组对蓄冷板"充冷"。实际应用中多采用后者。常用蓄冷剂均为低熔点共晶溶液,其熔点通常比厢内室温低10℃左右。当运输货物的适温改变时,则所选用的共晶溶液成分也要随之改变。冷板装置本身较重、体积较大,占据了冷藏车厢的一定容积,而且冷板充冷一次仅可持续工作8～15h。近年来,随着能源和环境污染问题日益突出,冷板制冷的应用发展较快,已成为仅次于机械制冷的制冷方式。

3.液氮、干冰制冷技术

液氮制冷就是利用液氮汽化吸热进行制冷,在大气压力下,液氮的沸点为 $-196℃$,汽化潜热为200kJ/kg,氮气的比热为1.05kJ/(kg·℃)。每千克液氮汽化并升温至 $-20℃$ 时,所吸收的热量约为385kJ,液氮沸点低,且是制氧的副产品,因而在制冷行业应用较为广泛。

液氮制冷装置结构简单、工作可靠,无噪声和污染,并且液氮制冷量大、制冷迅速,适于速冻,液氮制冷控温精确($±2℃$)。液氮汽化不会使厢内湿度增加,并且氮气对食品保鲜、防止干耗均有好处。但是液氮成本较高,需经常充注,因而推广受到一定限制。此外,其他低温气化的液态气体,亦可作为制冷剂,如液态二氮化碳(CN_2)。

干冰制冷就是利用固态的二氧化碳在升华过程中,吸收较大热量,从而实现环境温度降低的方式,在一个大气压力下,干冰(固态 CO_2)的升华温度低($-78.9℃$),升华吸热量大(573.5kJ/kg)。

干冰升华产生的 CO_2 气体能抑制微生物繁殖、减缓脂肪氧化以及削弱水果蔬菜的呼吸。但是,干冰升华易引起结霜,CO_2 气体过多则将导致水果、蔬菜等冷藏物呼吸困难而坏死、厢内温度难调,干冰成本较高且消耗量较大,多应用于短途海鲜的冷冻。

二、新型环保制冷方式应用

新型保温材料和制冷能源来源成为新的发展方向。使用太阳能作为制冷能源的来源,在一定程度上能够实现车辆环保与节能。通过在冷藏货车货厢顶部铺设太阳能电池板,以及在挂车工具箱或其他位置放置蓄电池,从而实现能量储存,可有效降低夜间配货时制冷机组噪声。新型保温材料真空绝热板(VIP板)也日益成熟,对冷藏箱保温效果有较大提升,同时可降低车辆自重,实现车辆轻量化。

相变制冷技术开始应用于保温集装箱。相变制冷技术通过箱内设置的蓄能材料相变实现吸收和放出热量,达到保温的效果。普遍应用于保温集装箱,利用地面电源前置充冷,整个过程依靠的是自然条件和相变材料的物理特性,运输全程无能耗、无须机械部件维护。但是对运输时效要求较高,一旦超过箱体续航时间,运输质量难以保证。

　　冷藏集装箱普遍使用环保型制冷剂。现有制冷方式已发展多年,技术相对成熟,制冷领域的工作重点已经从发掘新型制冷方式到如何选用更为环保的制冷剂。集装箱制造企业主要采用R134a、R404a、R513a等环保型制冷剂,臭氧消耗潜能值(ODP)为0,对臭氧层无破坏,但是全球变暖系数值(GWP)不为0,会造成温室效应。丙烷(R290)、丁烷(R600)和异丁烷(R600a)等碳氢化合物制冷剂,既不会破坏臭氧层,又不会造成温室效应,在冷藏集装箱方面尚未推广应用。R404a是现阶段较为先进的制冷剂,对环境友好,液氮制冷技术虽然在冷库应用较多,但相关技术在冷藏车上使用仍有技术上的障碍。

　　可燃气体制冷剂推广存在安全管理瓶颈。由于碳氢化合物制冷剂的易燃性,在推广应用方面存在较大制约。从国际来看,美国、日本等国家,对可燃制冷剂的使用比较排斥,安全标准也较为苛刻。欧洲则积极推广应用,英国、德国等国家已经相继出台相关标准、允许使用可燃制冷剂。我国在制冷剂替代品选用标准方面基本上参照日本和美国,这也使得碳氢制冷剂市场推广受限。

三、卫星定位跟踪技术应用

　　1)公路冷藏车通过卫星定位系统进行位置跟踪

　　根据《道路运输车辆动态监督管理办法》及有关规定,总质量在12t以上的营运车辆在办理营运证时,需要配备卫星定位系统车载终端。冷链运输企业为了对车内货物跟踪,通常也要求物流企业在货箱内安装行驶温度记录仪,以便对冷链物流货物的温度进行实时跟踪。经过近些年的发展,卫星定位系统车载终端技术与相关产品已十分成熟,市场处于充分竞争阶段,主流品牌也以国内企业为主。

　　2)定位装置在铁路冷藏集装箱中应用率较高

　　铁路冷藏集装箱中主流的40ft、45ft柴电一体冷藏集装箱大多配置定位设备,便于对设备进行全程监控和管理。中欧班列冷链运输普遍采用柴电一体冷藏集装箱,通过定位系统实现位置实时监控,保障货物运输安全。

3)海运冷藏集装箱通过运载工具进行位置跟踪

海运冷藏集装箱可以通过箱号在箱主公司网站查询位置和动态。海运冷藏集装箱普遍未配置定位装置,在被装载到集装箱船、集装箱运输半挂车、火车等运载工具后,箱管系统将集装箱与运载工具进行关联,通过追踪运载工具的位置对冷藏集装箱进行位置跟踪。

4)定位装置在冷藏集装箱应用水平逐步提升

定位装置一般集成在制冷机中,嵌入卫星定位芯片,利用制冷机电源供电。目前虽然海运冷藏集装箱中定位系统配置率相对较低,根据用户需要进行加装,但用户对定位设备的接受度逐步提高,应用速度明显提升。

四、智能温控装置应用

冷藏集装箱通过在制冷设备出风口和回风口安装传感器的方式,采集箱内温度、湿度、箱内气体等数据,温控装置根据温度、湿度、气体的设定值自动调节,以满足参数设置需求。冷藏集装箱通过加装辅助控制软件和模块,可以实现远程监控制冷机数据,在出现数据异常时,进行远程调整,实现智能温控。

现有制冷机可实现在小温差范围自动启停的功能。冷链物流企业根据自身对车辆管理的实际需要进行设置,若车辆在行驶状态下对冷藏车内温度进行手动调节,则需单独布置外置式温控装置。外置式温控装置的核心问题是其能够与制冷机进行通信,部分温控装置与车辆行驶温度记录仪集成到一起,可通过云端实现对制冷机远程控制。由于制冷机生产企业与类型较多,部分制冷机生产企业未开放温度控制的协议,这也导致有实时温控需求的用户在选择相关温控装置与制冷机组时受到限制。

目前温控系统主要采集出风口和回风口数据,不能全面反映箱内各部分的温度实际情况,局部货物有可能存在货损风险,传感器布置方式和送风方式需要优化改进,因而对温控装置调节水平和稳定性也提出了新的考验。

五、信息化技术应用

目前企业都拥有自己的冷链物流信息化平台，包括自建或依托第三方企业建立的平台，平台的使用情况较好，主要监测信息包括制冷设备、温控装置、车辆信息、卫星定位信息等，部分平台还实现了对制冷设备的远程控制。

1）冷链全过程信息系统使用情况

随着信息化技术和物联网（IOT）技术的发展，冷链物流行业，信息化、智能化水平不断提高。物流企业和装备生产企业逐步打造信息化平台，实现实时定位、温度监测、开关门监测、油箱油位监测、制冷机组远程控制等功能，提供数据记录、传输和下载功能，将采集的监控数据汇集到监测平台和系统中，实时反馈运输途中的相关核心数据，便于运营维护。

2）冷链监控和追溯技术使用情况

就纯技术而言，冷链物流的监控和追溯技术已相对成熟，但从应用的视角来看，相关技术在冷链物流监控和追溯场景上的深度应用还面临不少瓶颈。

冷链物流监控和追溯应用涉及"硬"和"软"两个方面。硬技术主要是指冷链IOT的相关设备，即通过相关IOT设备实现冷链场景、冷链货物、冷链温度等方面的识别和数据采集。软技术主要是指各种冷链监控管理系统和冷链追溯监管平台。

冷链IOT设备首先是各种温度传感器设备，用于采集冷库、冷藏车、冷柜、配送保温箱的温度。其次是身份识别技术，例如应用射频识别（RFID）技术、条码技术，实现对周转箱筐的识别和追溯，以及实现对货物批次、"一物一码"的识别和追溯。此外，还应用卫星定位技术，实现对货物轨迹、冷藏车运输轨迹的跟踪、追溯。再次是图像识别技术、AI技术，如利用AI摄像头对人员身份的识别，以及冷链物流违规操作事件的识别，例如在冷链进口食品集中监管仓，就是通过AI摄像头对进出作业区的人员进行识别，对员工是否规范穿戴防护服、护目镜、口罩等进行识别（图4-19）。

违规操作报警

穿戴风险报警

禁区闯入报警

消杀遗漏报警

图4-19　图像识别技术、AI技术

冷链监控系统主要是实现冷链储运环境的实时温度数据采集和超温预报警管理。依据实时温度数据和超温报警数据,分析判断合规情况,并通过温度合格率等指标来对相关管理人员及作业人员的绩效进行考核。冷链追溯监管平台主要是将冷链商品的物流节点、流通轨迹和全过程的温度数据整合起来,实现可视化追溯,同时将追溯数据开放给消费者,实现良好的消费体验。

3)冷链全链条信息共享联通情况

上下游信息系统相互独立,联通共享通道尚未打通。大型冷链物流企业陆续建设冷链物流信息管理平台,实现冷链物流数据收集和监测,便于进行过程监管和数据溯源,但是上下游企业之间信息平台相互独立,缺少数据自动联通共享,主要采用微信、电话、邮件等传统方式进行沟通和数据传输。

第四节　挑战与展望

一、存在的问题

近年来,冷链物流发展迅速,相应装备在适应冷链物流发展过程中也出现了一系列的问题,部分问题的解决是一个系统工程,需要多方进行通力合作,方能规范冷链运输装备的健康发展。

1.冷链物流装备难以满足冷链"不断链"和多样化需求

冷链物流链条较长,涉及产地预冷、仓储、运输、分拨、末端配送等多个环节;产地预冷环节使用简易冷藏设施,导致农产品损耗率较高;装卸搬运设备效率低下,导致货物长时间暴露在常温环境中;末端配送环节普遍采用蓄冷保温方式,难以实现严格的温度控制。任一环节"断链",将导致冷链货物品质大打折扣。冷链物流货源的多样性决定了需求的多样性,不同货物对冷藏温度、湿度、气体浓度等要求不同,对多温层冷链物流装备需求明显。目前,冷链物流市场上使用的海运冷藏集装箱和铁路冷藏箱普遍存在箱龄较长、制冷能力弱、保温效果差、运行不稳定等问题,造成能耗成本升高,货物品质下降,冷链设备亟须升级迭代。

2.国际冷链装备体系难以适应新时期冷链内需要求

冷链物流装备内需需求与国际冷链装备体系之间的矛盾日益凸显。按照国际集装箱标准形成物流装备体系,主要是为了适应跨境运输需求,对内陆冷链运输市场的关注较少,内循环用冷链物流装备研发投入不足。内、外循环所使用的冷藏集装箱处于相对独立的体系,通用性差。国际标准海运冷藏箱在铁路运输只能选择铁路"1+8"车板运输,发运量只能是8的倍数,不便于组织货源;铁路冷藏箱需要满足国际标准集装箱相关要求并申请后才能上船运输,为保证运输时效,大部分选择公路运输。

3.装备制造全产业链能力不足

(1)冷链装备核心部件国产化程度较低。冷链物流装备配备的制冷机主要由开利、冷王、大金等少数企业供应,制冷机和制冷机配套装备依赖国外品牌,制冷关键技术的国产化率较低。由于制冷机组供应主要依赖国外厂商,冷藏厢体组装进度不可控,易受到影响。

(2)制冷设备故障率偏高。整体来看,制冷机组、压缩机故障相对偏高。因此,为了保证疫苗、制剂等高附加值产品,在医药冷链运输行业普遍要求车辆配备两个制冷机组,也变相增加了车辆整备质量。

(3)冷链物流装备新技术、新材料推广应用不足。冷链物流装备应用的机械制冷技术和保温材料应用较为成熟,但冷链物流运载工具厢体、冷藏集装箱、保温集装箱等主要采用20世纪90年代的闭式发泡工艺,对于更为先进、环保的开式发泡工艺,由于成本原因,则较少采用,为了达到相同保温效果,一般采用增加箱体保温层厚度的方式,这也导致装货容积降低。

(4)新能源冷藏车发展基础还比较薄弱。当前新能源冷藏车技术不成熟,存在成本较高、车型公告较少、蓄电池密度低等问题。随着中央电视台曝光载货汽车"大吨位小标"事件后,新能源冷藏车成为一个重灾区,因为新能源蓄电池的重量问题,导致超重更加严重,新能源车企都延缓了产品的上市时间,用户开始向传统内燃机冷藏车转移,随着近年新能源车辆的补贴降低甚至取消,企业生产、使用的积极性下滑。

4.二手冷藏集装箱市场的混乱导致新技术应用困难

我国现有大量的国外淘汰的二手冷藏集装箱在中国拆解和改装后(40ft海运集装箱拆解加长、加宽成非标"45ft集装箱"),与集装箱半挂车一起使用替代冷藏半挂车。二手冷藏集装箱改造成本低,价格便宜,但对环境污染巨大,且保温性能差。目前我国二手冷藏集装箱存量在6万台以上,每年还以几千台的数量在增加。由于我国对冷藏集装箱缺少相应的监管办法,没有明确的冷藏集装箱评估评价与退出机制,也造成了新技术、新装备推广使用困难。

5.相关标准规范待进一步完善

冷链运输车辆、零部件标准及要求尚需完善。冷链运输车辆的生产由工业和信息化部负责,目前车辆设计定制化严重,车辆长度、宽度尺寸不一,导致车辆难以逐个进行匹配设计,性能不佳,且电动冷藏车辆缺少相关标准。工业和信息化部近期拟对总质量4.5t以下的车辆,发动机最高排量限定为2.5L,将会导致冷链运输车辆动力储备不足,影响车辆动力性。此外,纯电动制冷机组相关标准缺失,也导致车辆标准化推进缓慢。

冷藏集装箱维修缺乏规范。当前,各船公司管控维修标准不统一,不执行IICL标准(国际集装箱修理标准),进口集装箱箱况较差,缺乏集装箱维修准入机制,维修厂及用箱客户利益难以保障。

二、相关建议

1.加大冷链物流装备研发

针对薄弱环节和细分市场,引导制造企业加大专业化、差异化、智能化设备研发投入,补齐产地预冷、装卸搬运、多温共配、末端配送等环节冷链物流装备以及托盘化运输装备、多式联运冷链装备短板,以满足冷链运输环节的不同个性化需要。

引导制造企业关注快速发展的国内冷链物流市场,深入分析需求类型和需求规模,研发适应中国国情的内贸冷链物流装备,尤其关注铁路冷链运输和航空冷链运输,并注重与国际标准的融合与统一。

2.提升装备产业链国产化水平

(1)加快关键技术突破。优化配置优势资源,鼓励技术和资源共享,组织联合科研攻关,重点推动制冷机组、冷藏厢板等关键技术攻关,提高冷链物流装备产业链的稳定性和竞争力。

(2)加快新材料、新技术的研发和应用,推动冷链物流绿色发展。鼓励企业加大保温材料、新型制冷方式、环保型制冷剂、新能源装备等的研发与推广力度。加快新能源冷藏车技术的发展和充电桩新基建的加速落地。建议制定相关扶持和补贴政策,降低新技术、新材料的应用成本,加快推广应用步伐,助力实现"碳中和"和"碳达峰"目标。

3.制定冷藏箱评估评价规范,建立冷藏箱监管平台

目前国内尚无冷藏集装箱(冷藏厢体)监管平台,从能耗和环保方面来说,技术状况差的冷藏集装箱应退出营运市场。因此,需要制定相关评估评价规范,建立冷藏箱监管平台,对不达标的冷藏集装箱(冷藏厢体)逐步淘汰。

4.完善冷链法律法规标准规范

（1）推出标准化冷链物流车辆配置方案。大部分冷藏车辆生产企业采取委托改装厂改装的方式进行，冷链运输车辆批量订单化生产量较少，车型集中度差，这也就造成了车辆标准化差。部分冷链物流企业要求在车辆出厂时，不安装标准化的行驶温度记录仪。为能够更好地推进冷链运输发展，需要推出标准化的冷链物流车辆配置方案，不同容积范围内的车辆，则可直接按照标准选型，在减少车辆公告数量的同时，也能为冷链物流企业提供一个最优的配置。

（2）规范维修冷藏箱市场机制。建议统一进口箱况要求，参考IICL标准（国际集装箱修理标准），规范冷藏集装箱市场的维修与收费标准，建立集装箱维修准入机制，保证维修厂及用箱客户利益。

三、未来展望

未来，冷链物流装备主要向以下几方面发展：

（1）标准化的运输装备。研究提出普适性更好的运输装备，可满足从货物原产地经货物中转站到货物销售终端的通用型装备，相关装备可以根据需求进行组合拆卸，减少运输过程中货物的直接转运，降低货损货差，并节约能耗。

（2）更高效、更环保的制冷装备和更智能的冷链物流装备。在研发新型隔热材料的基础上，通过提升核心零部件的制造工艺与设计水平，提高废冷、废热的利用率，从而提升热交换效率；采用动力蓄电池、太阳能、氢能等作为制冷动力源，同时使用对环境更友好的冷媒，降低环境污染；利用5G技术、物联网技术实现对冷链物流装备信息自动采集、分析和处理数据，并实现冷链物流过程的追溯和监控。

（3）自动化程度更高的冷链物流装备。未来的冷链物流装备可在无人驾驶的基础上，实现货物自动装载/卸载、自动控温、自动清洁、制冷剂/燃料自动补充等功能，降低人工成本和物流成本，提高物流效率和品质。

第五章

我国冷链物流企业运营与管理

　　本章在充分实地走访调研的基础上,分析了当前我国冷链物流企业的发展现状,梳理总结了仓储型、运输型、城市配送型、综合型、电商型、交易型等六种主要业务发展模式,并选取了医药、农产品、乳制品、生鲜电商等不同细分领域中典型冷链物流企业案例,分析总结了业务特点、发展经验等,为行业内同类企业提供借鉴参考。同时,针对当前冷链物流企业发展面临的主要问题和困难,提出了相关建议和诉求,旨在为我国冷链物流企业发展创造更加健康有序的发展环境。

第一节　冷链物流企业现状及业务模式

一、冷链物流企业发展现状

1.企业数量逐步增加,地域分布特征明显

随着消费升级与政策红利的释放,冷链物流市场规模持续扩大,冷链物流企业数量也逐年增长。据中冷联盟发布的《全国冷链物流企业分布图》显示,2022年,我国冷链物流企业数量约2227家,比2021年增加111家。从区域分布来看,我国冷链物流企业总体地域分布特征明显,反映出经济发达地区人口高度集中、居民消费水平较高,冷链物流业务发展更为旺盛。其中,华东地区冷链物流企业数量最多,为674家,远多于其他地区。其次是华北地区与华南地区,分别为363家与346家。2022年百强冷链物流企业的区域分布由多到少排序依次是:华东、华中、华南、华北、东北、西南、西北。华东地区百强企业达到38家(图5-1),西北地区冷链物流发展较为薄弱。

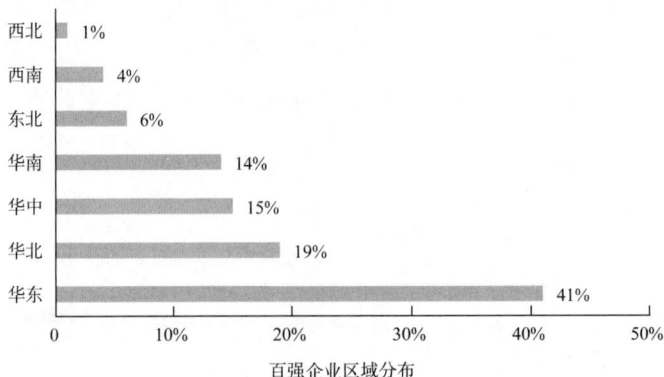

图5-1　冷链物流百强企业区域分布情况

2.民营企业占据主导,市场发展较为活跃

民营企业是冷链物流发展的主力军,是推动市场化进程的重要力量。2021年中国冷链物流百强企业中,民营企业有73家,国营企业有12家,外资企业有2家,合资企业有10家,其他企业有3家(图5-2)。我国冷链物流百强企业以民营企业为主,一定程度上反映出当前冷链物流行业市场竞争充分,市场活力强。

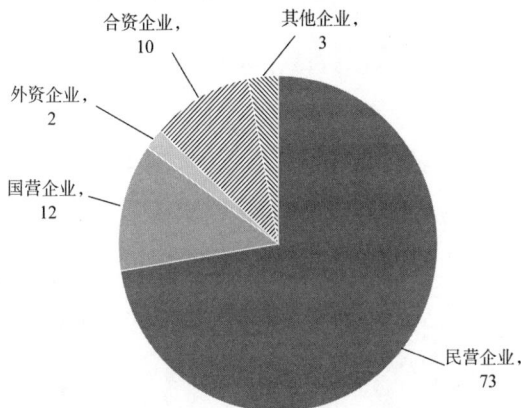

图5-2 冷链物流百强企业格局分布(按企业性质)

3.营收规模不断扩大,市场占有率持续提升

随着冷链物流业务的增加,我国冷链物流百强企业营收规模不断扩大。2021年百家重点企业冷链业务营业收入1093.66亿元,同比增长57.43%(图5-3)。冷链物流百强企业营业收入占冷链物流市场规模的比例也是逐年增长,冷链市场集中度不断提高。从2016年9.22%上升为2021年的23.85%(图5-4)。

4.企业加快转型升级,不断创新组织模式

我国冷链物流企业类型涵盖生产加工、仓储地产、连锁零售、运输配送、生鲜电商和互联网平台等多领域,涌现出跨境冷链多式联运、农产品供应链一体化、城市冷链统仓共配、仓干配一体化等多种创新组织模式。海航冷链、九曳供应链基于跨境生鲜贸易创新空地联运、海铁联运等冷链多式联运组织模式。上海郑明、顺丰冷运通过发展供应链一体化业务对接产地,实现源头管理,畅通"山货出山""鲜货保鲜"的"最先一公里"。唯捷、领鲜、小码大众基于互联网平

台开展"统仓共配"破解"最后一公里"服务瓶颈。希杰荣庆物流通过发展"仓干配一体化"提升资源整合能力和全程物流效率。成都鲜生活整合中心区域冷链物流网络优势资源,打造高覆盖、高效率、高标准的专业冷链物流城市共同配送。各类企业通过创新物流组织模式有效保障了食品、生鲜、化工、医药、电子等各行业冷链物流服务需求。在冷链需求和市场模式不断变化的大背景下,很多企业积极探索和布局新的市场机遇,彰显企业活力。顺丰冷运、京东冷链、苏宁物流、领鲜物流、万纬冷链、宇培供应链、郑明物流积极进行全国性的网络布局。

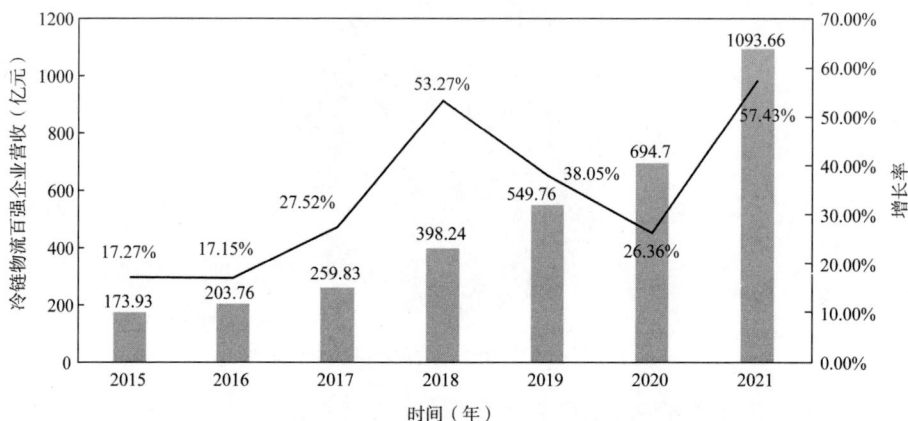

图5-3　2015—2021年冷链物流百强企业营收增长情况

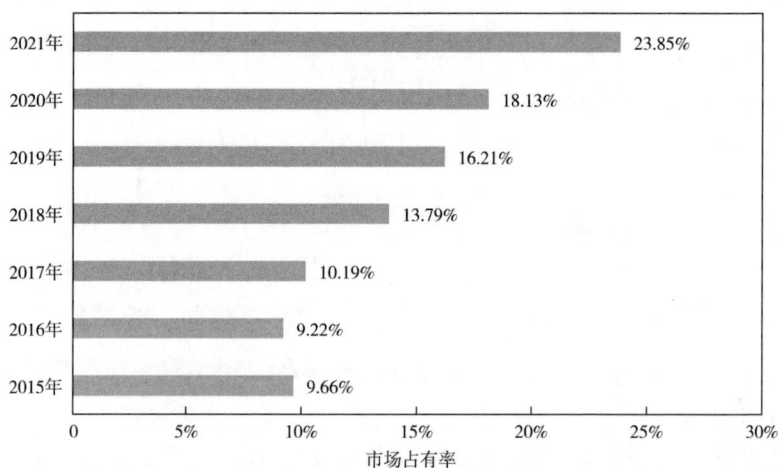

图5-4　2015—2021年百强企业市场占有率变化情况

5.信息技术加快应用,智能化水平明显提升

近年来,规模化冷链物流企业不断加大信息化建设,强化自主研发能力,提高冷链物流全过程智能化和信息化水平。目前,规模化企业通过建立信息系统,已经实现订单管理系统、仓储管理系统、运输管理系统、车辆定位系统之间的协调运作,同时与供应链上下游形成系统对接,实现业务流程无缝衔接和数据信息实时传输。随着温度传感器、卫星定位、RFID 等技术的广泛应用,企业可实时掌握冷链车辆在途位置、温湿度信息、行驶轨迹等数据,以及冷库温湿度信息监测与管控,实现对冷链物流全过程的温度可控和流程可追溯,大幅提升企业管理水平和作业效率,有效支撑冷链物流全程"不断链"。

二、冷链物流企业主要业务模式

冷链物流是一项系统工程,涉及仓储、运输、配送等环节。在相关产业的带动下,冷链物流行业呈现出很多有代表的供求模式和颇具特色的企业,大致可以划分为仓储型、运输型、城市配送型、综合型、电商型、交易型等六种类型。

1.仓储型:业务模式单一,具有规模效应

仓储型冷链物流企业是以从事低温仓储业务为主,为客户提供低温货物储存、保管、中转等仓储服务。通常仓储体量较大,具有规模效应,服务于大型商贸流通企业,辐射区域较大。目前中国冷链市场按此种模式运营的代表企业有万纬冷链、舟山陆港等。

2.运输型:从企业物流变身为物流企业

运输型冷链物流企业——主要是以从事货物低温运输业务为主,包括干线运输、区域配送以及城市配送。该类企业专注于提供优质的冷链运输服务,服务较为单一。目前中国冷链物流行业按此种模式运营多为新进入冷链物流市场的中小企业,或是从企业物流逐步发展出来的专业第三方物流企业。

3.城市配送型:倡导集约共配、构建全国网络

城市配送型冷链物流企业以从事城市低温仓储和配送一体业务为主,主要

服务于超市供应商、超市配送中心、连锁餐饮配送中心、生鲜电商等四类客户。在冷链物流行业中最为常见。

4.综合型:具有仓干配多元业务,并向供应链一体化发展

综合型冷链物流企业以从事冷链仓储、干线运输以及城市配送等综合业务为主。和单一的运输型、城配型冷链物流企业不同,其业务比较广泛,涉及到仓储、运输和配送等各个方面。这种类型的冷链物流企业在逐渐增多,因为仓干配一体化的模式,能为上下游客户减少物流环节,降低物流成本,提高物流效率。

与此同时,综合型企业正在向全产业链拓展,通过对信息流、物流、资金流的控制,从采购到终端整个过程提供低温运输、加工、仓储、配送一站式服务。总的来说,就是将供应商、制造商、物流商和分销商连成一个整体的功能网链结构,这种商业模式比较先进,是国内今年逐步兴起的。

5.电商型:资源整合优化、电商到物流的延伸

电商型冷链物流企业主要指的是生鲜电商企业自主建设的冷链体系,一方面自用,一方面为电商平台上的客户提供冷链物流服务。当前冷链物流发展如此强劲,有一个重要因素是生鲜电商的推动。自2012年开始,生鲜电商蓬勃发展,与之配套的冷链物流也随之快速发展起来。尤其在新冠病毒疫情暴发后,冷链宅配等生鲜电商呈爆发式增长,电商型冷链物流企业增速迅猛。

6.交易型:以农产品交易为主的仓储流通服务

交易型冷链物流企业是指以农产品批发等交易市场为主体,从事低温仓储及冷链运输业务为主的冷链物流企业。这种类型的冷链物流企业在国内各地市普遍存在,但管理模式存在差异,有些以冷库租赁服务为主,有些以自营冷链物流为交易市场提供统一服务,有些则吸纳社会冷链加盟商为交易市场提供服务。未来,随着生鲜农产品冷藏运输率的进一步提高,交易型冷链物流企业将进一步规模化、规范化。

第二节　细分领域典型冷链物流企业经验做法

一、细分领域的主要业务模式与特点

我国冷链物流企业按照发展模式可以划分为仓储型、运输型、城市配送型、综合型、电商型以及交易型,同时也可以根据不同品类划分为医药冷链、农产品冷链、乳制品冷链、高端食品冷链、生鲜电商冷链、其他等不同细分领域的冷链物流企业。通过对典型冷链物流企业的调研分析,梳理总结了不同细分领域的发展模式,见表5-1。

不同领域典型企业发展模式及经验总结　　　　　表5-1

应用领域	典型企业	业务模式	主要特点	经验总结
医药冷链	九州通医药集团股份有限公司	综合型	医药供应链一体化发展	五大核心优势及四大战略部署、先进的医药物流供应链平台、丰富的医药物流产品体系
	山东舜医药物流有限公司	综合型	专业第三方医药物流服务	先进的信息技术保障药品全程追溯、打造全国医药冷链零担配送网络
	上海交荣冷链物流有限公司	综合型	食品、医药冷链物流双轨发展	仓干配一体化发展模式、精细化管理确保药品物流质量安全
农产品冷链	苏州江澜生态农业科技发展有限公司	综合型	农产品供应链一体化发展	"基地联合+厂家直供+冷链物流"一体化发展模式、物联网平台实现食材全流程可追溯
	红星冷链(湖南)股份有限公司	交易型	农产品批发与冷链物流互促发展	"冷库仓储+冻品交易市场"的运营模式、延伸冷链物流链条提升综合服务能力、多元化服务增加客户黏性

续上表

应用领域	典型企业	业务模式	主要特点	经验总结
乳制品冷链	上海领鲜物流有限公司	城市配送型	专业的乳制品统仓共配	多种仓配模式协调运作,标准化、精细化、透明化的运营策略
	南京卫岗乳业有限公司	综合型	乳制品供应链一体化发展	供应链一体化发展策略,通过大数据应用优化物流方案,实现全产业链食品安全信息追溯
高端食品冷链	新夏晖公司	综合型	仓干配一体化发展	资产规模化优势突出、仓干配一体化运营模式
	成都鲜生活冷链物流有限公司	综合型	供应链一体化发展	完善的供应链温控服务、以政产学研协同创新为发展动力
生鲜电商冷链	顺丰控股(集团)股份有限公司	电商型	信息化、一体化	"基于消费地仓储+产地整发+覆盖城市末端配送"的核心商业模式、完善的智慧冷链物流系统方案
	京东物流集团	电商型	网络化、科技型	打造完善的冷链基础网络布局,夯实生鲜电商发展优势、创新"产地仓储+冷链专线"模式,抢占"最先一公里"市场、用科技打造高品质冷链物流服务
其他	上海万纬冷链物流有限公司	仓储型	重资产、网络化布局、标准化运营和服务	全国网络化布局,规模化发展,高标准冷链仓储设施及管理

二、医药冷链物流典型案例

1.九州通医药集团股份有限公司

九州通医药集团股份有限公司是一家以西药、中药、器械为主要经营产品,以医疗机构、批发企业、零售药店为主要客户对象,并为客户提供信息、物流等各项增值服务的大型企业集团,是中国医药商业领域具有全国性网络的企业之一。九州通医药集团物流有限公司(以下简称"九州通物流")是九州通医药集团于2014年8月投资成立的专业医药物流公司,是一家服务大健康行业的科技型、平台型、生态型物流企业,以完善的物流网络和先进的物流技术,为客户提供一体化、专业化的物流供应链综合解决方案。九州通冷链隶属于九州通物流,依托于完善的运输网络资源、标准的GSP仓储资源、专业温控技术、质量管控体系和领先的信息化管理系统,构建全程可视、可追溯的冷链体系,为上下游客户提供专业、安全、高效、定制化的冷链服务解决方案。九州通冷链覆盖全国95%以上行政区域,全国多地设仓,拥有31个省级物流配送中心,104个地级物流配送中心,其中有28家取得药品第三方物流资质,21家取得器械第三方物流资质。冷库容量达10.5万m³,GSP冷库达455个,有430余辆冷藏车(疫苗专用冷藏车130余辆),5000余个保温箱,6500余个温、湿度监测仪,出库准确率达99.99%。

1)五大核心优势及四大战略部署

九州通物流在多年的实践探索中,形成了"丰富的仓配网络资源、领先的技术研发能力、专业化的物流运作团队、一体的物流管理体系、全面的物流业务覆盖"五大核心优势。

九州通物流精密部署了四大战略,即:以"以规划设计技术、信息技术、智能装备技术来构建智慧数字化物流供应链体系"为核心的技术战略、以"开放接入全国仓储、运输及合伙人资源,平台动态组织、全景监管多个元素、主体一体协同运作"为核心的资源战略、以"集约化,数字化集中并网物流资源网络、业务管理一体协同组织、层级执行、运营全景实时监管、服务标准统一及精益分析决策"为核心的管控战略、以"建立全网一体的组织支撑、决策体系,充分释放全区域物流资源整合效益,快速驱动九州通物流市场化经营转型"为核心的经营战略。

2)先进的医药物流供应链平台

九州通物流的九州云仓是融合行业优质资源,集合了互联网、大数据、AI、物联网、移动应用的物流供应链生态平台。2018年,九州云仓成功研发了穿梭车多样式AGV、P&D智能物流设备,在此基础上推出九州云仓全国物流平台并进行全国并网,为医药生产、商业、连锁企业、物流企业提供云上物流供应链解决方案。在九州云仓技术的帮助下,作业效率同步性提升16%,作业准确率提升至99.99%,日行走距离减少3.4km,作业时长缩短2h。

3)丰富的医药物流产品体系

九州通物流的"医严九顶"系列产品在大健康行业背景下衍生而成,服务的产品涉及西药、中药、原料药、器械、消费品等领域,涵盖大健康的方方面面,共分为"医联运""严选送""九链通""顶好递"四大系列。

"医联运"系列产品是九州通物流的一套基础型医药物流服务产品。旗下包含满足客户一点发全国需求的"云仓"产品以及满足全国多仓联运需求的"运河"产品。该产品利用九州通丰富的自有资源,灵活的出入库协同模式,可最大化地缩短配送时间,保障客户需求响应的及时性。

"严选送"系列产品的服务群体定位为专业化的医药物流。旗下包含可为各级经销商解决库存资金占用压力,提供集中存储服务,以及保障医院紧急手术订单1h内送达,提供在市区大型医院周围1km设置市区分仓服务的器械类产品;可实现分科室发货、分品种打单据,支持医院紧急订单2~4h内快速送达,提供精准送达科室并上架服务的医院类产品;根据客户需求提供全委托配送和半委托配送,满足药店多品种供货,实现日定时班车制配送,能帮助连锁公司降低物流成本和减轻资金占用压力的连锁类产品。

"九链通"系列产品专注于医药冷链物流服务,包括JL海仓、JL优达、JL迅达产品,运营模式如图5-5所示。通过丰富的仓储资源、完善的网络运力和精细的运营管理模式打造医药冷链物流产品,将每一个客户的冷链需求做到极致,以高质量、优服务、低成本的定制化服务打造行业新时代风向标,通过"九链通"产品将仓储、干线、配送三大板块协调运行,保证项目运作服务质量,提高客户满意度。

"顶好递"系列产品主要面向消费品美妆、母婴两大类业务群体。此产品可同上游经销管理系统对接,实时传输数据,配备仓储温控、贴码打标、流向追溯、产品组合包装、会员促销等定制化在库服务,以及为下游客户提供预约送货、分拣上架及专车配送等个性化配送服务。

除了四大产品,九州通物流还提供代运营及国际物流两项服务。代运营服务模式支持商品放心托付,是由九州通物流核心团队全包运营,提供专业、供应链一体的无忧服务模式;国际物流方面,以保税仓为核心,提供从海关入库,到保税仓报关、清关出库配送的全链式国际物流业务服务(图5-5)。

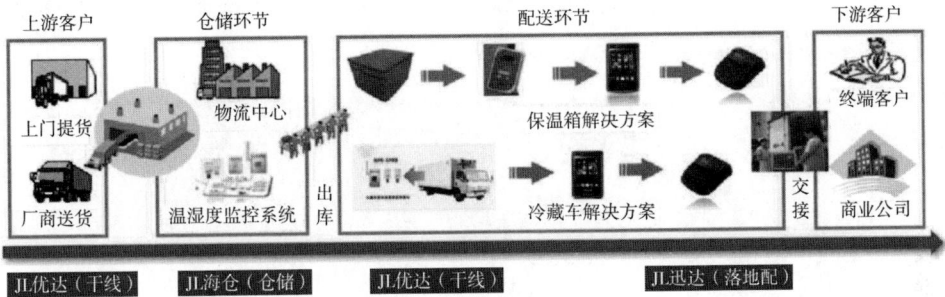

图5-5　医药冷链物流运营模式

2.山东大舜医药物流有限公司

山东大舜医药物流有限公司(以下简称"大舜医药物流")位于山东省济南市,成立于1994年,由山东生化药业有限责任公司改制而成,是山东省食品药品监督管理局批准筹建的首家第三方药品现代物流试点企业。2013年,大舜医药物流建成符合国家药品经营质量管理规范(GSP)要求的2~8℃、10~20℃、15~25℃、−20℃等各类型自动化恒温仓库,总面积12600m²,并配备了智能化储存、输送、分拣等先进设备,安装了温、湿度自动控制系统和监测系统,确保库房温、湿度符合药品储存要求(图5-6)。目前,大舜医药物流配备各车型冷藏运输车200余部。为应对极冷地区、极热地区、极湿地区等极端条件下冷链恒温要求,冷藏车装备了不同类型调温设备,并可实现药品疫苗运输全程可追溯。大舜医药物流服务医药行业不同业务类型的企业500多家,服务生产经营药品企业终端客户10000多家,冷链药品配送网络覆盖全国31个省(区、市)和边疆边防地区,可有力保障人民健康用药和防疫抗疫需要。

1)先进的信息技术保障药品全程追溯

大舜医药物流高度重视药品供应链信息系统和供应链服务平台建设。目前已完成了ERP管理系统、WMS物流管理系统、TMS运输管理系统、GSP质量管理系统以及财务管控一体化信息系统建设,完成了各类业务管控和信息系统对接,实现了药品运输全程可追溯。完成了冷链药品实时交易平台、全国冷链药品门对门配送平台、冷链药品仓储服务平台等系统功能建设,能满足不同区域各类医药企业药品的物流配送、仓储和冷链药品交易服务需求,形成了药品供应链物联网服务模式。

图5-6 大舜医药物流的仓储设施及冷藏车

目前,大舜医药物流正在进行仓配一体化的数字化供应链管理平台升级,构建运输管理TMS云+仓储管理WMS云的数字化供应链管理平台。

2)打造全国医药冷链零担配送网络

大舜医药物流致力于打造全国医药冷链零担配送网络,为医药生物行业提供门对门配送服务。目前大舜医药物流的冷链药品配送网络已覆盖全国31个省(区、市)和边疆边防地区,辐射全国省、市、县(区)、乡四级医药需求终端网点,可实现3~5个工作日送达全国不同区域,满足了中心城市以及偏远乡镇的冷链药品需求,体现了大舜医药物流服务模式的创新发展和新时期企业的责任担当。面对国家双循环发展格局,大舜医药物流正在积极发展药品冷链跨境服务,向医药冷链全球化方向努力。

3.上海交荣冷链物流有限公司

上海交荣冷链物流有限公司(以下简称"交荣公司")成立于2002年4月,隶属于上海交运集团股份有限公司,占地约5万㎡,专业从事药品及食品冷链仓储配送、流通加工、贸易采销及其他增值服务。建立了ISO 9000、ISO 22000质量管理体系,并符合GMP、GSP等医药物流标准。公司拥有三座独立运作的多温带冷冻冷藏仓库,总面积约2万㎡,仓库设备预留50%以上能力冗余,配备2路以上供电,确保仓库环境724h达到恒温恒湿标准。并且环境监控均在警报线之前设置行动线,以确保环境异常时,及时预警提前处置。公司拥有各类冷藏车辆90余辆,均配有双制冷机,装有卫星定位及温度实时监控装置,车辆均需四季温度测试达标,以确保运输过程万无一失。

1)仓干配一体化发展模式

交荣公司拥有多年医药物流领域的从业经验。在完善的质量管理体系的支持下,有效地为医药流通及制药企业提供完善的仓干配一体化解决方案,即提供订单后阶段的一体化解决方案。公司将冷链物流服务延伸至工厂流水线。医药成品自生产车间下线后,随即进行物流包装作业并装载托盘,运输存放至公司自有冷库中。通过在厂内作业实现无缝对接,在前端就对医药成品的物流质量负责,减少了客户产品流转环节,有效降低了物流风险。在仓库存储功能的基础上,叠加车辆干线运输和配送服务,通过建设高效、安全、透明、经济、便捷的仓储配送体系,提高物流运作效率,节约客户成本。为了满足客户的全产业链条服务需求,公司还将物流服务扩大到从原材料提货,至末端用户配送。

2)精细化管理确保药品物流质量安全

交荣公司十分重视作业环节各细节的把控。在医药作业仓库内设置了温度过渡区,确保药品从车辆卸载后因温度差异产生冷凝水影响产品质量。产品入库前进行缠绕膜覆盖包装,既能达到防尘防潮效果,又能避免存储过程中滴水损害产品品质。为了实现客户对产品全程质量追溯,交荣公司逐步学习和改进质量管理体系,并积极配合客户完成设备验证及确认等质量管理工作。

三、农产品冷链物流典型案例

1.苏州江澜生态农业科技发展有限公司

苏州江澜生态农业科技发展有限公司(以下简称"江澜农业")成立于2010年,是一家集种植、加工、配送服务于一体的食材供应链综合服务运营商,主要为大中型食堂单位提供"一站式"的食材供应解决方案。目前,江澜农业已建成

"一站式"冷链物流配送中心13200m²,冷库总容量11667.11m³(其中高温冷藏库7661.96m³,低温冷藏库4147.95m³),装卸场地2740m²,冷藏车60辆。业务发展已覆盖苏州大市及周边城市,年配送量超20万t,客户服务数累计1000多家,日安全服务人次近200万,2020年度销售额3.1亿元,税收400多万元,处于江苏同行业领先地位。未来几年,江澜农业还将新建大型冷链物流基地,进一步提升配送能力。

1)"基地联合+厂家直供+冷链物流"一体化发展模式

江澜农业在吴江、苏州、南通、山东通过自建、合作等模式,共建立蔬菜、水产基地20000多亩。为更好地开展农业生产,增强联农带农能力,江澜农业还成立了两家农业合作社,形成了"龙头企业+合作社+大户"的发展模式以及集种植、加工、配送、终端服务于一体的全产业链业态。同时,与双汇、正大、中粮等国际、国内多家食品一线品牌建立了长期合作关系,通过"基地联合+厂家直供"的模式,减少中间流通环节,降低集采成本,并按标准化流程管控,真正做到源头可溯、质量可控(图5-7)。

图5-7 江澜农业肉类加工中心

2)物联网平台实现食材全流程可追溯

江澜农业通过自主研发,将配送ERP系统、农产品质量追溯系统及物联网系统整合升级,建立了食材配送全程可追溯及物联网大数据平台。平台由五大系统组成:食材配送供应链管理系统、食材配送追溯系统、自有生产基地生产管理系统、食材检测信息管理、物联网大数据监控与分析系统。从产品种植过程到基地直采,再到产品检测、仓储配送,每一个食品安全管控环节都已纳入物联网平台。客户扫描送货单二维码即可一键查询产品追溯、仓储配送、检测报告等信息,全方位了解食材配送的每一个流程,随时检查最前端的实时温度、位置信息,实现了食材配送全程可追溯。全程管控和各节点资源整合,满足了客户对于食材配送一站式服务的需求,同时显著提升江澜农业食材供应链综合管理服务水平,实现了对食品配送的全过程动态、高效管理(图5-8)。

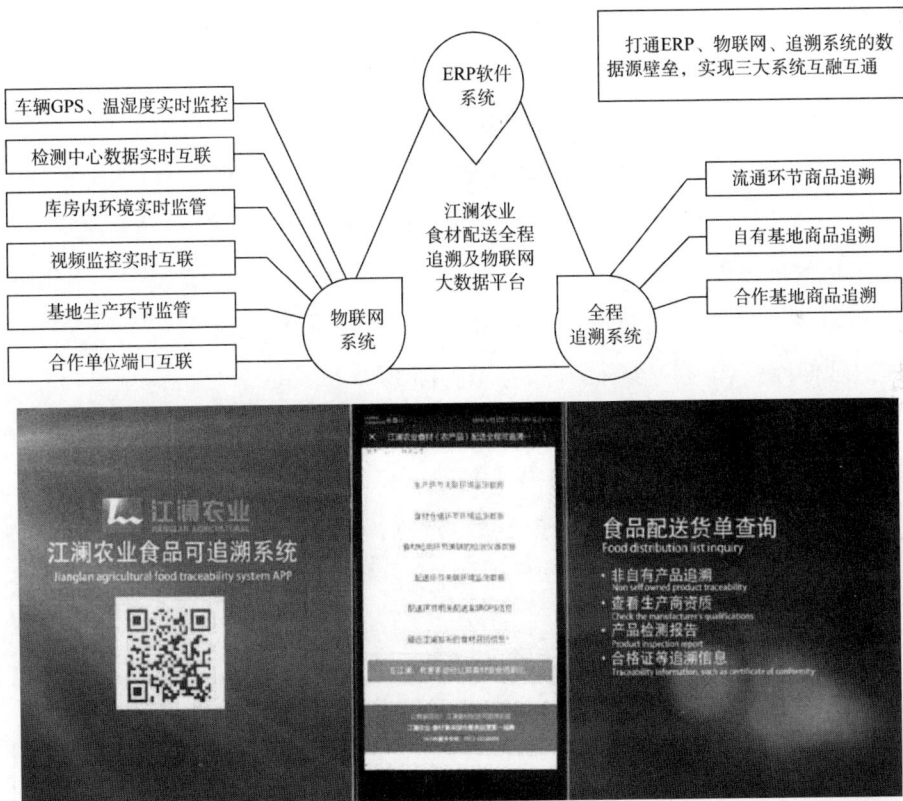

图5-8　食品安全追溯服务平台

2.红星冷链(湖南)股份有限公司

红星冷链(湖南)股份有限公司(以下简称"红星冷链")是由湖南红星冷冻

食品有限公司进行股份制重组而来,下属有一家全资子公司湖南红星北盛冷冻食品有限公司。红星冷链在长沙市南有红星冷链、北有红星北盛两个仓储基地,冷库总库容20万 t。是目前湖南省内冷库容量较大、设施领先、产品辐射面广、日吞吐量较大的冷冻食品集散中心,全省冷冻产品市场占有率65%,是湖南省"菜篮子工程"的重要支柱。

1)"冷库仓储+冻品交易市场"的运营模式

红星冷链作为冷链物流行业中低温仓储环节的服务提供商,核心竞争优势在于采用"冷库仓储+冻品交易市场"的运营模式。2018年,红星冷链交易中心全部建成,交易中心经营面积超过4万 m²,集结算中心、检测中心、服务中心、信息中心于一体。形成以冷冻食品仓储业务为依托,交易中心商铺租赁为销售窗口的立体式销售模式。公司将冷链交易中心商铺与冷库仓储库位捆绑销售,迅速形成冷冻食品交易仓储集散地。公司由最初单一的冷库租赁经营模式到"冷库仓储+冻品交易市场"模式,为客户提供全方位、一体化的冷链综合仓储服务,实现了从仓储型企业向现代冷链综合服务型企业转变。

2)延伸冷链物流链条,提升综合服务能力

为了进一步提升综合服务能力,红星冷链于2018年底通过整合社会车辆,在"冷库仓储+冻品交易市场"的模式下进一步延伸冷链物流服务链条,根据客户需求开展短程冷链物流配送和长途冷链物流运输服务,包括省内仓配、省际干线落地分流及市内配送。截至2020年底,红星冷链已签约91条线路(覆盖全省13个地州市、144个县),吸纳258辆车(其中4.2m冷链车42辆)。

3)多元化服务增加客户黏性

2017年,红星冷链正式开展冻品贸易业务,销售模式主要为"按需采购,直接销售",通过参加国内冷冻食品行业大型展会等方式获取国内冷冻食品行情信息,向国内外厂商下采购订单,直接在国内市场销售。红星冷链电商业务包括:招商采购、市场营销推广、客户服务、物流配送等。平台商城帮助商户解决了商品展示难、推广难、收款难、装车难等问题,同时为客户解决了找货难、采购难、配送难等问题,提高了商户与会员的交易效率,节省了大量的人工成本。此外,红星冷链还开展进口肉类查验业务,查验能力15.7万t/年。

四、乳制品冷链物流典型案例

1.上海领鲜物流有限公司

上海领鲜物流有限公司(以下简称"领鲜物流")成立于2003年,是一家具有雄厚实力的新型第三方物流企业,隶属于光明乳业股份有限公司。领鲜物流已有20多年面向现代零售的冷藏、常温乳品物流运作经验和客户服务经验。领鲜物流拥有5大区域物流管理中心,覆盖华东、华北、华中、华南、西南等地区,以65座综合配送中心为基点,覆盖杭州、宁波、南京、苏州、无锡、合肥、嘉兴、湖州、常州、芜湖、广州、天津、武汉、成都、西安、德州等地,形成一张辐射全国的高密度、高效率的跨区域城市配送网络,可在24h内完成一、二级城市配送,36~48h内完成三、四线城市配送,覆盖终端网点多达50000个。领鲜物流的全国仓库总面积达17.2万 m²。华东地区仓库总面积11.96万 m²,其中常温库8.44万 m²,冷藏库2.55万 m²,冷冻库0.97万 m²。华东以外地区常温库达3.76万 m²,冷藏库1.45万 m²。领鲜物流在华东区域拥有车辆多达1008辆,其中自有冷藏车辆296辆,协作冷藏车辆520辆,常温车辆192辆。华东以外地区拥有冷藏车辆322辆,常温车辆712辆,年货运量超过百万吨。

1)多种仓配模式协调运作

领鲜物流不局限于一种仓配业务模式,根据客户业务为特点,将集中式中央大仓管理、分布式多中心管理及混合管理三种冷链仓配模式协调运作,提高冷链物流的运输效率。领鲜物流在华东地区开展同城共仓共配业务,服务8000个门店,配送业务主要分为早、中、晚三班,多数为自有车辆配送,根据标准化业务流程,统一调度、统一配送。

集中式中央大仓库管理是指在上海设立中央仓库用作库存管理,华东地区其余城市的配送中心采用零库存方式,依托现有的冷藏式配送网络,根据订单要求实现48h内整个华东现代商超的配送(图5-9)。

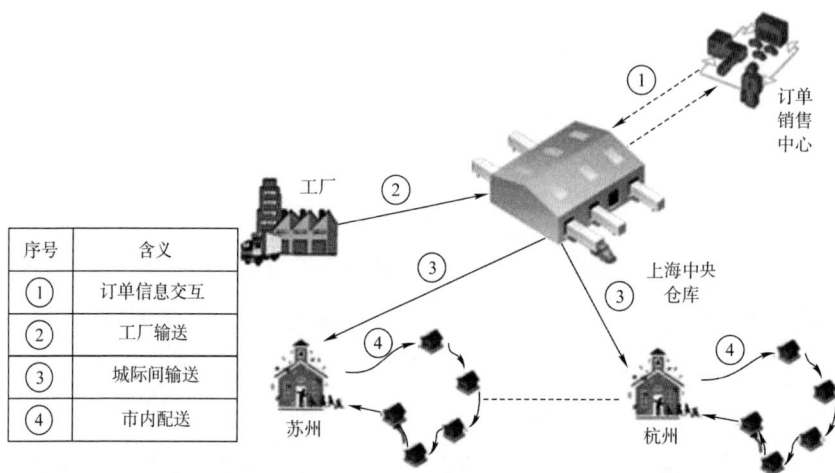

序号	含义
①	订单信息交互
②	工厂输送
③	城际间输送
④	市内配送

图5-9 集中式中央大仓库管理业务模式

分布式多中心管理是指华东设立多个配送中心,所有货物由生产工厂统一配送到各配送中心,每个配送中心负责一定的区域,根据该区域的需求量,仓库保有相应的库存(图5-10)。

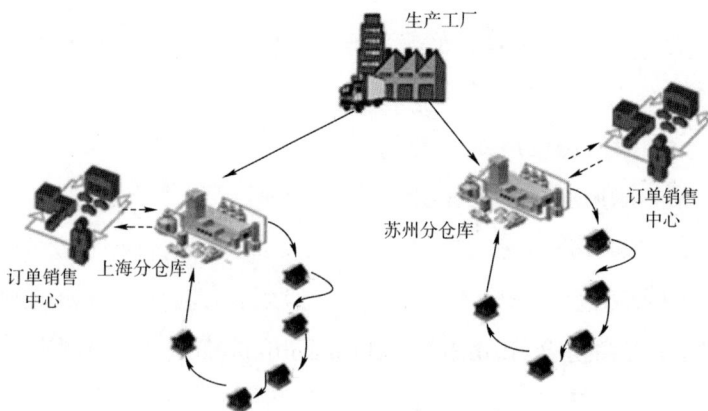

图5-10 分布式多中心管理业务模式

混合管理业务模式是集中式中央大仓库管理与分布式多中心管理结合使用,利用领鲜物流现有的输配送网络和中央大仓库低成本的优势,依托仓储管理系统整合功能,在上海中央大仓库保留主要库存,分中心严格控制库存量,提高运转效率,进而降低成本。

三种仓配模式比较分析见表5-2。

三种仓配模式比较分析 表5-2

类型	优势特点	适用条件
集中式中央大仓库管理	单中心管理,便于控制库存,操作简便,节省成本,充分挖掘领先现有网络优势	(1)客户业务量不大,而且以上海为主、华东其他城市为辅; (2)客户销售订单中心在上海,总部与物流直接对接; (3)销售渠道以现代商超为主; (4)双方可以实现信息对接和共享
分布式多中心管理	减少输送环节,提高客户响应速度,更贴近一线市场,管理难度增加,可以充分利用领鲜物流华东配送中心资源及市内配送网络优势	(1)客户业务量较大,足以支撑分中心业务运作; (2)客户的订单管理采用分布式,以独立销售分公司模式运作; (3)双方信息共享,多中心统一的信息平台,实现仓库调拨
混合管理	能够充分利用两种模式的优势	(1)有库存的业务,比如常温、冷冻等业务类型; (2)客户的工厂较多,或者工厂不在华东,但是发货量适中; (3)客户的销售模式为华东设有销售总部,同时下面设立有销售分公司,独立核算; (4)客户与领鲜物流必须能够实现信息对接,提高供应链的管理水平

2)标准化、精细化、透明化的运营策略

领鲜物流作为一家以冷链配送业务为主的物流企业,在仓储、电子拣货、车辆、同城共配等环节,建立起一整套物流标准作业流程,同时还配套产品保质期和订单全生命周期管理,完善产品的追溯系统,从产品生产到交付到消费者手中,通过智能化信息系统实现全程追溯(图5-11)。同时,领鲜物流对标国际标准,包括英国零售商协会(British Retail Consortium,简称BRC)制定的食品安全全球标准、由德国零售商联盟和法国零售商及批发商联盟共同制定的国际卓越标准系列(International Featured Standards,简称IFS)等,完善企业仓库、配送及企业人文建设的标准化要求,在为大众提供安全和高质量的食品冷链的同时,始终把对消费者食品安全与质量放在首位,追求始终如一的"新鲜"品质(图5-12)。

图 5-11　流通追溯管理系统

视频实时管理　　　　　　　车辆运营实况　　　　　　　库温实时监控

作业流程　　　　　　　　　车辆管理　　　　　　　　　库房管理

图 5-12　企业标准化、透明化的质量管理系统

(1)车辆管理:加强对车辆的管理要求。每天清洗车辆,定期制定对车辆维修、检查维护制冷机组等设备的计划。对所有配送人员手机安装全球定位系统软件,落实一线驾配人员操作规范,有效提升车辆配送过程的冷链控制效果。

同时,通过合理优化配送范围,降低无效行驶公里和时间,提升了配送到站的准时率。

(2)人员管理:加强员工思想意识的提升。通过落实班组建设,开展老带新活动,增加基础培训,明确各区域责任制,修订标准化操作手册等手段,提升员工的基本技能,增强了员工的归属感。同时,为班组建立了四项制度(班组例会制度、记录/档案/台账管理制度、班组考核制度、部门轮流检查制度)和五本台账(班长日志、安全管理记录、宣传教育记录、质量管理记录、绩效考核记录),并纳入日常考核指标中,充分发挥和调动每一位员工的积极性,引导员工自我管理。

(3)物流中心管理:物流中心全面推行8S管理。围绕"效果看得见、持之以恒是关键"8S管理阶段性目标,建立"库内、库外、车辆、办公室、精神面貌"等各项8S管理标准,并通过落实"培训、检查、考核"三位一体的推进措施,同时导入相应的管理和考核制度,确保制度的长期性和严肃性。同时,对全部的物流中心开展冷链配送低温占比考核及年度劳动竞赛,开展各项物流运营质量关键指标考核。

(4)安全管理:规范执行安全制度,加强了安全监管。领鲜物流建立了易腐、易碎品管理制度、仓库管理等制度,并定期组织消防安全培训。同时加大不定期的巡查、监控,尤其在车辆上,监督和维修多部门合理分配任务,保证车辆性能,发现问题及时处理。

2.南京卫岗乳业有限公司

南京卫岗乳业有限公司(以下简称"卫岗乳业")是一家集研发、生产、销售为一体的专业乳品企业,现已成为国家农业产业化重点龙头企业、中国食品百强企业,是中国首家荣获"中华老字号"称号的乳品企业;卫岗品牌是江苏省著名商标,卫岗牛奶被评为中国优质农产品。公司建有国家乳品加工研发专业分中心、国家奶牛生产性能(DHI)测定分中心、江苏省乳品工程技术研究中心、CNAS、南京市企业技术中心等研发机构和试验设施。卫岗在华东区域建立起

3个现代化乳品工业园,并引进60多条国际先进生产设备,公司年加工能力30万t,能实现200多个电商运营的产品生产,品类包括巴氏奶、酸奶、常温奶、常温酸奶、常(低)温乳饮料等。

卫岗乳业拥有完善的仓储及运输网络和现代化乳制品流通体系,以优质冷链运输服务为产品质量保驾护航。目前卫岗冷链网络已覆盖整个华东,设有4个配送中心、15个区域配送中心,仓储面积:常温库19000m²,低温冷藏库5200m²。辐射网点5100家,实现"5h新鲜保障,2h新鲜直达"的高效冷链物流配送。

1)供应链一体化发展策略

我国北方是生鲜乳主产区,南方是乳制品主消费区,要解决好原料奶与市场消费的矛盾,冷链物流的重要性日益显著。一直以来,卫岗乳业始终秉持"新鲜"战略,通过连接牧场端、采购端、生产端和销售终端,建立起产业一体化供应链。卫岗乳业作为供应链主,向上下游融通乳制品供应链节点企业,实现数据共享和信息交互,促进资源在供应链间的快速流通,建设标准化、智能化、协同化、绿色化的供应链产业专业集群,与供应链各方面形成高效、协调、可持续的产业生态圈。

与此同时,卫岗乳业围绕三大加工基地布局的牧场奶源,在生奶产出后最长5h内就送达工厂,并利用集约化供应模式,有效达成奶源质量保障和生产需求的双重要求。还充分利用全球化采购能力,针对产品品类及品相实施差异化计划策略与采购策略,快速响应市场和销售需求。另外卫岗乳业依据供应链的技术能力、生产能力、产能布局,实现柔性化生产,快速达成客户需求。最后融合前置仓、门店和自提点等形成特有的城市微仓体系,使"两小时新鲜送达"能保障实现。

2)通过大数据应用优化物流方案

为更好的提供服务满足消费者需求,卫岗通过天天订用户数据,定位卫岗用户群体画像,借助外部大数据能力,进行城市网格化管理,优化配送路线和网点布局。

3)实现全产业链食品安全信息追溯

卫岗乳业全程可追溯系统建立于企业的牧场管理、乳品生产、仓储物流及分销网络,积极推进乳制品从奶牛养殖、生鲜乳收购、乳品生产、仓储物流到分销配送等全产业链的食品安全信息追溯。充分应用预赋可变二维码、RFID、自动化、信息化等技术,建立覆盖牧场奶源供应、生产加工工厂、仓储物流配送的全产业链双向信息追溯体系,对全产业链工艺流程及质量管控中的关键控制点进行信息化改造,充分落实食品安全的企业主体责任,实现企业经营和惠民的双丰收。

3.内蒙古伊利实业集团股份有限公司

内蒙古伊利实业集团股份有限公司(以下简称"伊利集团")是全国乳品行业龙头企业之一。伊利集团在进行股份制改革之后随着业务的不断增长面临着以下问题:

(1)由于伊利的生产工厂地处内陆而消费地点多集中于东南沿海,造成了信息和区位的劣势。同时在发展过程中遇到了运输成本高,产品竞争力低下等问题。

(2)长途运输的时效性无法保证,致使供应链下游压货、串货严重,影响公司商业信誉。

(3)随着市场对于乳制品新鲜度要求的日趋上升,伊利集团原有的以生产为中心的分销网络已经不再适应市场的变化。

为适应变化,伊利集团在上海、北京、天津、山西、湖北等地收购、建厂,将生产基地建到全国主要消费城市,并与当地的奶农、政府共同投资建设奶源园区基地,最大限度缩短产品投放市场的空间距离,减少运输周转时间。同时,将企业内部分为冷饮事业部、液态奶事业部、奶粉事业部、原奶事业部,各个事业部在各地区市场设立办事处、分公司、配送中心,形成直接将产品送达各个零售终端的营销网络。推行扁平化管理方式,减少中间环节,建立起了快速反应机制。

1)拓展网络,分仓配送

伊利集团拥有国内乳品行业最完整、最丰富的冷链物流运输线,具体包括海洋运输、铁路集装箱、冰保车、机保车、集装箱五定班列运输,以及公路运输、铁海联运、公海联运以及行包发运等。为降低企业成本、提高物流效率,伊利采用第三方物流的模式,通过严格的招标和评选。

伊利液态奶事业部采用两种方式进行物流配送。一方面从工厂直接送达客户;另一方面则在全国重点城市布局分仓,通过分仓配送满足中小客户的需求。例如,伊利集团通过五定班列、车皮、零散集装箱等方式直接将产品运输到武汉设立分仓,然后各分仓再按照客户所处的位置以铁路中转或公路配送到客户的手中。

随着业务的扩展和量的增加,伊利传统的核心企业供应链模式已经不再适合伊利未来的发展。伊利集团通过收购和兼并已在全国十多个销售大区设立了现代化乳业生产基地,形成一个庞大的网络体系,大大降低了物流成本,同时也大大增强了对食品安全的保障。

2)打通供应链信息流与精细化管理

为了提升终端产品新鲜度,伊利股份打通了冷链产品生产、物流、销售每个环节的数据共享。以酸奶产品为例,销售商提前4天下订单,酸奶车间根据订单开始收奶、备料,经过10h左右的生产、冷冻,酸奶被运到冷藏车上,在24h内,送往全国各地的商超货架。

在生产环节,生产车间、冷库、发货平台一应俱全,大型冷藏车有序排在发货口前,与"舱门"无缝对接。为了保证酸奶在发货过程中2~6℃的全程低温,伊利除了要求冷藏车在装货前提前预冷、达到标准温度,还在发货口密闭上下了一些功夫。按照要求,冷藏车需要尽可能贴近发货口,发货口的门封采取了高弹力、无记忆海绵,适合车仓和发货口无缝对接,一套门封设备造价超过7万元。在销售终端,消费者可以买到出车间还不到24h的新鲜伊利酸奶。

伊利集团从2014年开始逐渐实施打造终端产品新鲜度的项目计划,让酸奶产品快速流通。过去一瓶酸奶从出厂到销售终端,需要至少9~10天,而现在得益于伊利集团的冷链物流系统,绝大部分酸奶都可以在24h之内发往全国,即便离生产工厂较远的地区也可在2~3天内抵达销售终端。也正是因此,伊利酸奶才得到广大消费者的普遍喜爱。

五、高端食品冷链物流典型案例

1.新夏晖

新夏晖是中国领先的冷链物流服务综合提供商,由顺丰控股(集团)股份有限公司与美国夏晖公司合资成立。美国夏晖公司于1974年成立于美国,专注于冷链和多温度食品分发技术,是麦当劳的物流供应商,也是全球领先的冷链物流提供商和全球顶尖的供应链整体解决方案提供商,全球业务已遍及116个国家和地区。1981年,美国夏晖公司进入中国市场,为世界领先品牌提供高标准冷链供应链服务。2018年,美国夏晖公司与顺丰控股(集团)股份有限公司强强联手,成立新夏晖。新夏晖拥有全球领先的多温度食品分发技术,专注于打通冷链物流端到端服务,为客户提供一站式的冷链物流供应链解决方案。新夏晖在中国物流采购联合会评选的中国冷链物流百强企业中名列前茅。

1)多元化供应链服务

新夏晖支持更多元化的客户业态,提供端到端一站式的供应链服务。新夏晖的客户群体以高端为主,如:国际连锁餐饮、高端茶饮、咖啡、超市、轻奢产品等。目前也在逐步拓展优质中餐连锁客户,提供定制化方案。新夏晖提供一站式供应链解决方案,包括寻源采购、智慧化解决方案,将TMS、OMS等系统融入客户实际业务场景,强化落地性,充分协同提升客户运营效率。新夏晖结合顺丰控股(集团)有限公司在网络覆盖和物流新科技的优势,以及美国夏晖公司在企业客户端多年积累的运营经验,发挥协同效应,不断优化和升级冷链供应链解决方案。新夏晖的高质量服务备受行业及客户认可,作为官方指定的餐饮服务冷链物流供货商,服务于多项全球性和区域性体育赛事。

2)加大科技投入提升数字化水平

随着业务的快速发展,新夏晖更致力于通过智能物流系统不断提升供应链效能,实现全智能系统赋能和多系统联动的平台效应,结合大数据分析及动态优化技术,全面提升客户体验,引领行业发展。

新夏晖在2018年开始持续加大科技投入力度,把握行业痛点,为客户提供定制化、场景化的解决方案。同时扩增人员,分布多个城市,自主研发统一的系统应对多种服务场景,为此新夏晖专门成立了科技公司。一方面服务自身,另一方面为客户提供定制化解决方案,帮助客户提升效率和数字化水平。

3)优化网络布局实现高效配送

近几年,新夏晖在餐饮连锁品牌的服务拓展主要得益于新夏晖的全国网络布局,更有利于客户产品在全国范围的快速扩张;而行业领先的数字化系统打通供应链全链,确保全国范围内的统一系统支持,从而在面对突发情况需要服务中心切换和网络支持时,可以通过数字化系统实现无感切换。

对于食品制造业客户,由于行业原因,原先的服务覆盖区域在工厂周边区域,有一定局限性,如果要做到全国覆盖,成本高昂。通过新夏晖的全国干线+城配网络,能够实现高效率的配送,为消费者提供更新鲜的产品和更好的服务体验。

面对连锁餐饮逐步往三四线市场下沉,新夏晖全力支持客户发展,与客户同频共振。一方面在一二线城市相应布局,另一方面随着客户下沉建立相应物流中心,支持客户发展。同时,优化物流中心分级和规模,逐级支撑确保运转效率和高效协同。针对相对偏远的地区和市场,客户可能订单相对较小,采用多个客户灵活集约共配,为客户创造更多可能。

2.成都鲜生活冷链物流有限公司

成都鲜生活冷链物流有限公司(以下简称"鲜生活冷链")成立于2016年,是世界500强企业新希望集团打造的全网冷链食品物流服务型公司。鲜生活冷链目前在全国建立了70家分支机构,配送网点达到30余万个,覆盖人群超过

5亿人,是行业最大的冷链供应链企业之一。2021年,鲜生活冷链实现销售收入约70亿元,入选"2021年GEI中国潜在独角兽企业",荣获"未来之星——年度21家高成长性创新公司",2022年3月,鲜生活冷链完成了B轮融资,估值达到100亿元。

1)打造端到端智能供应链体系

鲜生活冷链依托新希望集团的肉蛋奶等动物蛋白资源整合能力、冷链流通场景的实战磨炼与品牌打造能力,以科技、管理、标准提供赋能,逐步从冷链物流向智慧物流、供应链服务、智慧供应生态的发展路径持续进阶,持续增强食材流通服务能力,助力客户升级优化食材供应链体系。一方面,鲜生活冷链围绕提升食材流通全价值链的数智化,以"货、车、库、人、路、站点、订单、资金、安全"等大数据驱动打造端到端智能供应链,不断强化与挖掘"降本、增效、提质、链接"的科技价值。另一方面,鲜生活冷链已在上海、沈阳、成都、武汉、福州、昆明等地布局高标准三温仓储供应链基地,打造集"仓配、加工、金融、分销、办公生活配套"等功能为一体的综合型食材流通枢纽。鲜生活冷链正加速在北京、广州、青岛等30个冷链重点市场的冷链物流智慧园区建设规划,与既有的全国云仓网络互为补充,加快全国冷链仓网布局,夯实食材交付履约能力。

2)科技驱动食品冷链品质和标准升级

以科技为发展动力源,基于覆盖全国的冷链交付网络,完整的产、供、销、仓、干、配全链路交付场景,鲜生活冷链依托大数据及数智化创新能力,打造出物流科技型公司——成都运荔枝科技有限公司(以下简称"运荔枝"),以科技驱动食材流通行业的品质和标准升级。

运荔枝从赋能客户供应链效率优化出发,以科技驱动冷链效率提升,为中餐连锁、西餐连锁、食品工贸、商超零售、休闲食品等客户提供全国一站式冷链交付服务,帮助客户打造供应链柔性交付能力。

依托数字化、大数据、云计算、物联网等科技能力以及遍布全国的交付网络,运荔枝向客户输出冷链供应链优化及仓干配交付解决方案,以数智化方式整合赋能冷链交付全场景,提升服务体验与交付效率。

目前,运荔枝链接冷链运输车辆超 10 万辆、冷链仓储超 300 万 m²,运配线路超 14700 条,服务门店站点数超 30 万个。依托服务客户交付场景的数据沉淀,运荔枝以大数据技术与供应链系统为基础,打造出"调度大师、智能供销、防窜货、履约驾驶舱、动态安全库存、共配拟合、商圈画像、T+1"等数智化产品。

以数智化产品为基底,运荔枝架起了从物流服务迈向冷链交付供应链服务的桥梁,可为客户提供智能排线、智能补货、仓网布局、销量预测、销售策略、智能选品、终端洞察等一体化供应链解决方案等综合服务内容,帮助客户切实提升经营效益。

六、生鲜电商冷链物流典型案例

1.顺丰控股(集团)股份有限公司

顺丰控股(集团)股份有限公司(以下简称"顺丰控股")是一家主要经营国际、国内快递业务的快递企业,于 1993 年 3 月 26 日在广东顺德成立。2014 年 9 月 25 日,顺丰速运有限公司(曾用名)成立冷运事业部,推出顺丰冷运(以下简称顺丰冷运)。依托顺丰强大的运输网络、领先的仓储服务、专业的温控技术、先进的管理系统,顺丰冷运致力于为生鲜食品、医药行业客户提供专业、安全、定制、高效的综合供应链解决方案。顺丰冷运网络覆盖 104 个城市及周边区域,其中有 51 座食品冷库(22.4 万 m²)、108 条食品运输干线,3 座医药冷库(2.4 万 m²)、12 条医药干线,贯通东北、华北、华东、华南、华中核心城市。拥有冷藏车 916 辆,其中经过 GSP 认证车辆 244 辆。

1)"基于消费地仓储+产地整发+覆盖城市末端配送"的核心商业模式

顺丰冷运核心商业模式从价值链上体现为"基于消费地仓储+产地整发+覆盖城市末端配送"的端到端冷链解决方案,其核心商业模式总体框架如图 5-13 所示。

2)完善的智慧冷链物流系统方案

顺丰冷运智慧冷链物流系统框架如图 5-14 所示。

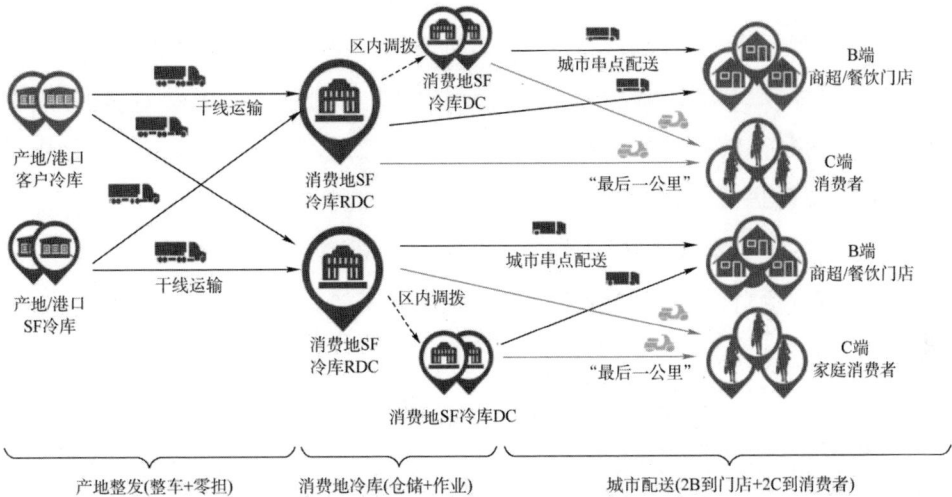

图 5-13　核心商业模式图

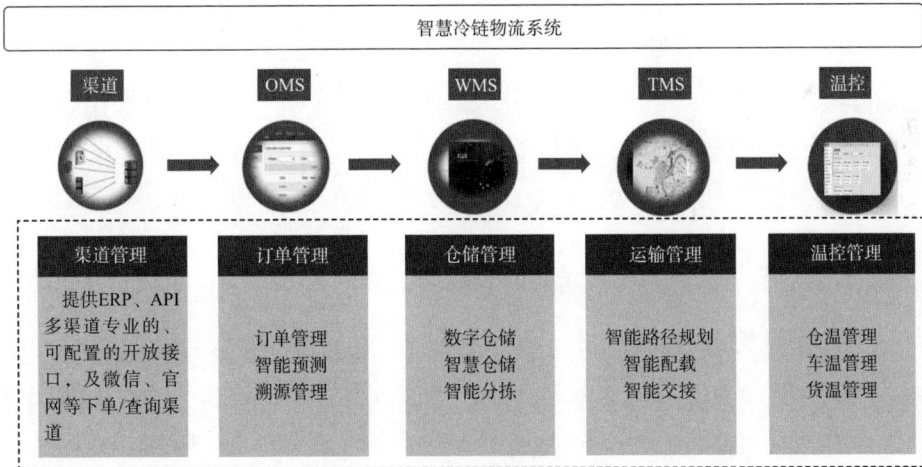

图 5-14　智慧冷链物流系统

　　(1)渠道管理。建立面向客户的科技服务能力,为客户提供免费的企业资源计划(ERP)系统,帮助信息化程度较低的客户提供系统工具,助力客户业务线上化并打通上下游、加速商品从采购到终端用户的供应链服务线上化。提供丰富的应用程序接口(API),支持对订单、库存、状态等信息的线上交互。支持微信、官网的线上下单、查询、支付。

（2）订单管理。订单管理系统如图5-15所示，具体功能包括：

①为客户提供灵活便捷的订单生命周期管理。

②智能预测。结合机器学习和深度学习，提供快速捕捉市场波动的销量预测方案，具有强大的特征识别和挖掘能力、防止过拟合的优势、非常适合突发事件的预测，提高企业预测准确率，辅助精准决策。

③商品溯源。基于区块链技术为部分食品提供的溯源服务，记录食品在生产、仓储、物流节点，满足消费者的溯源需求，确保食品来源安全可靠。

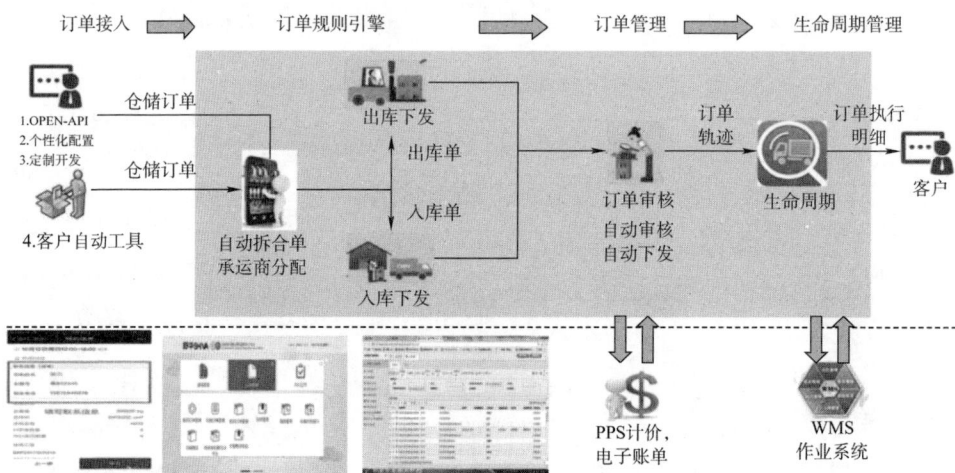

图5-15　订单管理示意图

（3）仓储管理。

①数字化仓储。通过实施数字化仓储，实现仓储全流程的线下转线上管控，实现数字化，让业务更透明；通过作业数据实时采集和大屏监控，实现现场管理和资源调度可视化，让管理更轻松；通过智能终端和引导式作业工具引入，让仓库作业人员真正动起来，不再依赖于工作台、网络等限制，实现移动化，让作业更高效；通过大数据算法、模型在拣货路径规划、波次优化、作业进度预测及商品热度等方面的应用，提升作业效率，探索仓储智能化，让仓储管理变得更科学。

②智慧仓储。智能拣货路径：拣货路径优化可以将各拣货库位间的最短行走距离看成一个旅行商问题（TSP），并基于TSP等方法进行建模，实现各拣货库

位间的拣货距离最短。

智能库区布局:根据货主的历史销量数据,动态地调整SKU在仓库中的存储库位,将高销量、高热度的SKU摆放在距离拣货任务起终点更近的库位,将关联性高的SKU的存储库位尽量靠近,另外可以根据仓库和货主的实际要求,对SKU采用分散化存储的策略;通过库位优化模块计算后的SKU存储库位,达到提高仓库存储库位合理性、提升拣货效率、降低拣货耗时的效果。

③智能拣货。依托物联网技术,打通仓储硬件与仓储管理系统(WMS),将传统的拣货交互方式,人找货变成人货交互,让货架及库位主动告诉拣货员需要分拣的数量,免去需要人脑识别的操作方式。

常温拣货:流利式货架+滚筒输送线+电子标签拣货系统(Digital Picking System,简称DPS),又称亮灯拣货系统。

作业原理:DPS收到拣货数据后,DPS按库区门店顺序,依次亮灯,作业人员按DPS指示数量进行拣货,拣货顺序按门店排序进行,直到所有门店完成拣货。

分拣作业具体流程如图5-16所示。

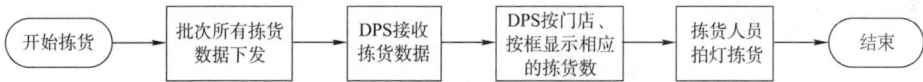

图5-16　分拣作业流程

冷藏、冷冻拣货:中分+播种式拣货系统(Digital Assorting System,简称DAS)。

作业原理:按SKU进行播种。卸货一整拖是一个SKU,中分人员拖着商品到各个路线通道进行中分(按通道分货),中分完成后播种作业人员按DAS指示灯进行播种至各个门店物流框。

中分与播种流程如图5-17所示。

(4)运输管理。

①智能路径规划。根据对网络路由、班次衔接的业务规划,利用网络流模型与时空网络模型,针对所有限制条件及运输需求,再运用大规模邻域搜索算法和强化学习+蒙特卡洛树搜索,推演出可持续应用的最优网络规划,网络模

型具备的弹性、流式算法能力,使突发性高峰、战略调整部署等复杂场景下,及时有效输出网络优化方案。

图 5-17　中分与播种流程

②智能配载。通过自主研发的基于车辆路径规划算法和强化学习的线路规划模型算法,模型在短时间内运算出满足业务需求的支线提送货路径规划方案;该模型采用国际主流的大规模邻域搜索算法,通过探索有效的搜索策略,使其能够保持大规模的邻域寻优能力,同时克服低效耗时的弱点;独创性地采取分布式架构实现算法的并行计算,实现超高并发、超大计算量的实时处理。

③智能交接。到货交接使用手机应用程序电子签收,实时在线跟踪订单状态、各类异常反馈。

(5)温控管理。

①专业的仓储温控技术。通过制冷设备控制库内的温度、湿度,保证商品的低温存储,减少生产与销售过程中的商品损耗,保证商品存储品质。同时运用通过仓库监模块实时监控仓库温、湿度状态,实时预警保证货品安全存储。

②车辆全程智能温度监控。通过车载或便携式制冷设备,定时上传车厢内部温度数据,实现运输过程实时温度可视,并做到温度异常预警,确保货物全程冷链。

③订单全流程温度可视。从客户角度,可以通过查询路由及温度情况,实现对订单全流程温度实时查看,让客户放心。

2.京东物流集团

京东物流早在2014年开始打造冷链物流体系,2018年正式推出京东冷链(JD Cold Chain)。京东冷链专注于生鲜食品、医药物流,依托冷链仓储网、冷链运输网、冷链配送网"三位一体"的综合冷链服务能力,以产品为基础,以科技为核心,通过构建社会化冷链协同网络,打造全流程、全场景的F2B2C一站式冷链服务平台,实现对商家与消费终端的安心交付。

1)打造完善的冷链基础网络布局,夯实生鲜电商发展优势

目前,京东物流已形成冷链卡班网、冷链仓配网、生鲜宅配网"三位一体"的冷链网络布局,拥有覆盖全国七大区域、29个省份的卡班线路34288条,揽收城市超过155个,派送城市超过220个,统一运营管理的冷链车辆3000余辆,其中干支线运输车辆约占2/3,配送车辆占1/3左右。冷链生鲜仓储方面,拥有建成仓29个,在建仓25个,建成仓储面积20万 m^2;此外,还有合伙人的冷链仓储面积约30万 m^2。生鲜宅配方面,已拥有16个生鲜生产仓,日均订单处理能力达到150万单,覆盖城市超过300个,基本实现主要地市全覆盖。冷链城配(配送到门店)发展相对较晚,但也覆盖了26个中心城市,主要是为连锁餐饮、连锁商超、社区店等提供服务。庞大且完善的冷链基础设施网络布局为京东进一步发展生鲜电商业务打下了坚实的基础,这种重资产投入也为京东打造了一道行业的天然壁垒。

2)创新"产地仓+冷链专线"模式,抢占"最先一公里"市场

京东具有自营电商物流、供应链及平台等资源整合优势,为破解农产品尤其是生鲜产品保鲜期较短,储存、运输等难题,京东加快在冷链物流领域布局,充分发挥F2B2C一站式冷链服务能力优势,在农产品原产地打造"产地仓+冷链专线"等创新模式,将供应链环节前置到距离产地最近的地方,有效解决了冷链"最先一公里"难题,通过搭建专门针对滞销农产品的冷链专线,为生鲜冷链农产品快速上行提供了有力保障。

3)用科技打造高品质冷链物流服务

京东物流充分发挥科技型公司的优势,着力提高冷链物流信息化水平,通过打造一系列可视化、智能化、无人化的系统,开发智能巡检机器人、巷道式"货到人"货架系统等冷藏智能装备,以及多系统、多设备集成应用,不仅达到了改善冷藏作业环境、降低物流成本的目的,而且形成了全程冷链在线可视化监控

体系,可以实时掌握车辆运行状态、温湿度控制、开关车门、压缩机运行状况等,为实现全程冷链高品质物流服务提供了科技支撑保障。此外,京东物流还成立了冷链包装研发实验室,由专业团队针对不同品类、不同商品、不同温控条件等,开展包装材料、温控手段等方面的研究,对于冷链运输特别是小包装货物的运输起到了很好的效果。

七、仓储型冷链物流典型案例

2015年,万科集团就正式进军物流地产,经过近四年的发展,物流独立品牌"万纬"已奠定行业领先地位。万纬物流2017年正式进军冷链市场,并于2018年融合太古冷链物流平台,包括其位于上海、广州、南京、成都、厦门、廊坊、宁波在内的7个冷链物流园。冷冻冷藏仓储业务是万纬冷链物流的核心业务。主要的服务包括多温区冷冻、冷藏仓储服务、仓库及库存管理、订单管理、整板进出服务、货物分拣/包装服务、逆向物流/退货管理、多点配送整合、市内及点到点配送服务、进口报关服务。主要客户群有冷冻包装食品生产商、上游食品加工商、食品及原材料进出口商、水产品批发及销售商、现代连锁贸易商及超市、餐饮及食品服务连锁等。

1)全国网络化布局,规模化发展

万纬冷链物流正在布局全国冷链版图,建高端冷库设施,在多个城市以自有设施经营冷链物流业务,计划在3年内形成覆盖30多个国内一线城市及内陆核心港口城市的冷链物流网络。万纬冷链物流所有仓库均能作为区域仓储中心,并具备分拣配送服务功能,设多温区存储以满足不同产品对温控仓储服务的需求。公司目前已为众多食品企业提供温控仓储与冷链物流服务。

2)高标准冷链仓储设施及管理

万纬冷链物流冷库设施采用太古冷藏美国及澳大利亚行业内最先进的营运管理、仓库设计及制冷工程技术。所有仓库均能作为区域仓储中心,并具备分拣配送服务功能,设多温区存储以满足不同食品和饮料对温度控制的要求。冷库的特点如下:

（1）冷库分为不同的独立库房,可按客户的不同需求提供-25~15℃的多温区仓库;

（2）冷库层高超过20m,安装并使用8层高位双深度货架以及品质一流的科朗(Crown)高位叉车,每层货架尺寸可根据客户货物特性进行调节;

（3）除冷冻冷藏间外,冷库还设计有0~4℃的制冷缓冲间(穿堂)和专业的装卸作业平台(装卸房、充气门罩、集中控制系统),确保装卸和进出库作业环境下的温度控制;

（4）库内及装卸作业区安装有专业的监控设备和消防喷淋设备,确保货物的安全(图5-18);

图5-18　宁波万纬冷链物流封闭式月台

（5）智能化的制冷温控技术运用和可视化的温控数据管理,实时查验冷库的温度状态;

（6）冷库运用先进的WMS系统和RF条码扫描技术进行货物的收、发、存管理。

八、小结

冷链物流市场需求结构不断变化,冷链物流企业的产品和服务在不断调整,适应多层次、多样化的市场变化。总体来看,我国冷链物流企业发展模式在由仓储、运输等单一模式,向仓干配一体化的综合模式转变;冷链服务由仓储运输向全产业链延伸,供应链型企业逐渐增多。随着老百姓对生鲜农产品全程冷链要求的不断提升,以农产品交易市场为主体的交易型冷链物流企业在不断转型升级中快速成长;新零售、新餐饮等新型商业模式促使传统电商向交互式电商、社交电商发展,BtoB、BtoC、CtoC、站到站、站到社区等冷链配送模式在不断创新迭代。

通过分析总结典型企业的主要做法,可以看出规模化企业非常注重信息化、标准化,并通过网络化布局和产业化延伸,拓展服务领域,提升服务能力,增强客户黏性和市场竞争力,从而获取更多的市场价值。

1.加强信息化建设提升服务效率

规模化冷链物流企业不断加大信息化建设,提高冷链运输全过程智能化和信息化水平。基于强大的信息系统完成从传统的依靠经验管理转变为依靠精确的数字分析管理,通过数据及时采集、过程精准管理、全自动化智能导向,实现了物流过程优化以及全过程温度监控可追溯,大幅提升了企业的管理水平和运作效率,节省了运作时间和作业成本,有效保障了冷链物流服务品质。

2.重视标准化建设提升管理效能

优秀的冷链物流企业通常都具有一套严格的运作标准,包括冷库、冷藏车等硬件设施标准以及冷链物流作业标准、服务质量考核标准等软件标准,有效保证了服务质量,提高了作业效率。同时,企业更加重视内部管理体系建设,在人才培养方面投入更多。对于吸纳的社会运力进行标准化管理。

3.拓展产业链条,提升盈利能力

当前我国实力较强的冷链物流企业大多已从单一的冷链运输服务商转型为整合商流、物流、信息流和资金流的供应链一体化服务商。在采购、运输、加工、销售等环节有效整合资源,实现生鲜农产品从产地到销地的一体化运作,构建起从田间到餐桌的全程冷链运输体系,降低冷链全链条各环节成本,增加企业盈利能力。

4.完善网络化布局,提升规模化效应

消费升级需求和对食品安全的重视拉动着冷链物流行业的变革和升级,食品冷链物流领域市场规模巨大,但目前冷链物流资源仍然较分散,物流供应链难度较大。因此各大冷链物流企业通过自建或并购冷库设施,纷纷布局全国冷链仓配网络,发挥冷链物流资源集聚的规模化效应,提升企业竞争实力。

第三节 冷链物流企业发展面临的主要问题

1.行业进入门槛较低,低价竞争较严重

目前,我国食品冷链物流行业管理制度尚不健全,缺少强制性标准,缺乏对冷链运输温度有效监督以及运输车辆的合规检查,不能有效约束企业行为。因此存在一定数量企业为降低成本采用不合规车辆进行运输,仓储作业、物流跟踪、温度监控、装卸交付等环节运作不规范,信息化水平低,冷链"断链"情况普遍,并通过低价竞争获取市场,严重干扰了市场秩序,挤占了合规运营的冷链物流企业的市场空间,"劣币驱逐良币"现象难以遏制,不利于行业健康有序发展。此外,冷链物流行业缺少价格引导机制,处于强势地位的货主企业往往会压低运价,使冷链物流企业生存更为艰难。

2.城市通行问题突出,末端配送效率偏低

城市冷链配送主要涉及生鲜食品及疫苗药品,与百姓民生密切相关,且时效性比普通货物更强。此次调研发现,冷链物流企业普遍反映城市通行及停车难。我国各地对货运车辆市区通行普遍实行管控限行措施,限行的规定较为严格,限行范围大、时间长(图5-19),跨城配送、跨区配送存在诸多限制,给城市配送带来很大影响。例如广州的冷链车在佛山市五区通行,需要办理5个通行证,且通行证有效期只有3个月。货车通行的限制,也导致了城市配送过程中客车载货、非法改装、"大吨位小标示"等问题。另一方面缺少合理的停靠和装卸作业区。冷藏车在通行停靠和装卸作业方面,普遍存在停靠难、卸货难和收费多、罚款多问题,早晚高峰时间城区进不去、出不来,配送效率低,配送成本高。

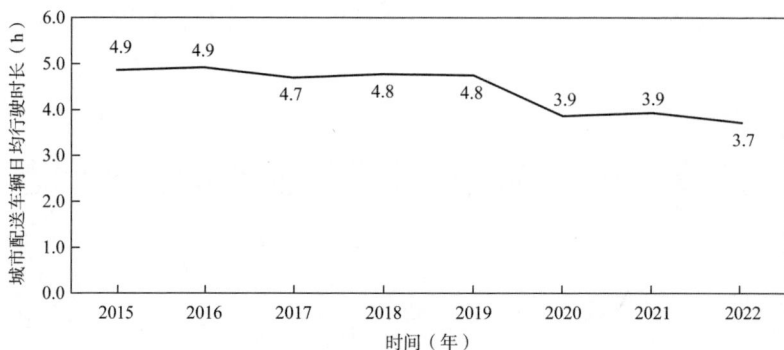

图5-19 2015—2022年冷链城市配送车辆日均行驶时长变化图
数据来源:易流科技云平台。

3.政策支持保障不足,企业发展受制约

(1)用地指标难以保障。冷链物流设施建设项目相对用地规模较大,用地资源紧张,企业层面缺乏了解冷链建设用地供应情况的信息渠道,且冷链建设用地指标申请较困难,在寻找适合用地上事倍功半。自然资源和规划部门对于土地的投资强度有较高要求,很多冷链物流建设项目难以达到相关标准。此外,随着城市扩围,物流用地不断置换外迁等问题也是冷链物流企业用地难的重要原因。

(2)企业融资贷款较为困难。冷链物流设施建设、技术装备升级、企业扩张都需要融资支持,但相关的融资政策门槛较高,很多中小企业难以达到标准和获得融资,同时金融机构对民营企业贷款意愿不强,或贷款利率过高,融资难、融资贵问题在一定程度上制约了行业发展。

(3)企业税收指标较重。营改增之后冷链运输行业适用税率由3%变为9%,但因可抵扣进项范围有限,导致税负有所增加。

（4）补贴政策难以落地。农业农村部门关于农产品仓储保鲜冷链物流设施建设补贴的政策对建设主体、投资规模、补贴额度等都有一定要求,调研中企业普遍反映条件较为苛刻,不具有实操性,且30%的补贴比例相比于农户投资成本而言仍显较低。

（5）各地政策不互通。以动物检验检疫票为例,各地执行政策不同给企业带来很大负担。

4.企业经营压力较大,抗风险能力偏弱

（1）企业运营成本高,利润空间有限。冷链物流是重资产行业,冷库建设成本高、冷藏车等冷链设备投入大,运营维护费用高,但行业利润低,投资回收期长。从调研过程中了解到,多年来冷链物流运价变化不大,但人工成本、仓储用地、用电成本和运输成本不断攀升。在疫情期间,企业还要承担较高的消毒消杀费用。同时,冷链物流效率整体偏低,返程空驶现象较普货更为突出。当前冷链物流行业净利润在2%～3%,企业生存压力很重。

（2）保险保障不足,企业抗风险能力弱。另从医药冷链物流企业了解到,医药产品货值较高,一旦发生运输货损,将按照药品的市场价值赔付。各大保险公司对医药物流服务提供的保险产品非常谨慎,设有至少10%的不计免赔条款,虽然投保但也不能100%获得赔偿。且单车保险价格时常超过市场运价,使得医药物流运作风险极高。

5.专业化人才较缺乏,企业普遍用工难

冷链产品种类繁多,各有特性,不同品种冷藏保鲜的温度、湿度要求不同,冷藏保温材料和运载装备也日益复杂,操作难、风险大,需要专业技术和人才。但目前冷链物流人才培养引进体系尚未建立,也缺乏相应的培训和资格认证机制,专业人才缺口较大。当前企业的管理人员和基层员工大多都来自传统的普通物流企业,缺乏全程冷链的思维和意识,精通冷链物流的复合型专业人才不足,制约了企业服务质量和运行效率的提高。以医药冷链物流企业来讲,因为医药产品货值高,冷链运输中如遇冷机故障,需要驾驶员具有相应的专业技能

予以排查处理。根据江苏省抽样调查,冷库制冷系统操作管理技术岗位的持证熟练人员严重不足,全省从事制冷操作管理工种的技术工人约8000～10000人,其中持五～三级工(初级～中级)上岗人员占50%,二级(技师)以上仅占2%左右。

第四节　促进冷链物流企业发展的相关建议

1.加快企业培育,鼓励推动模式创新

通过政策引导与支持,加快培育一批技术先进、运作规范、核心竞争力强的专业化和规模化冷链物流企业。支持有实力的流通企业通过参股控股、兼并重组等方式,对分散的冷链物流资源进行整合,完善冷链资源网络布局。

鼓励有条件的冷链物流企业与生产、加工、流通企业加强对接,有效整合资源,优化冷链流通组织,提供仓干配一体化服务,推动冷链物流服务由基础服务向增值服务延伸。

鼓励企业向"最先一公里"和"最后一公里"延伸业务链条,创新业务模式,加大农产品主产区建产地仓,以及靠近消费区的线下店/前置仓建设。

鼓励连锁经营企业、大型批发企业和冷链物流企业利用自有设施提供社会化的冷链物流服务,开展冷链共同配送、冷链班线配送、"生鲜电商+冷链宅配""中央厨房+食材冷链配送"等经营模式创新,提高城市冷链配送集约化、现代化水平。

鼓励企业提高科技创新能力,加强信息化建设及智能化应用,实现冷链物流过程优化及全过程追溯,提升企业管理水平和运作效率。

2.发挥协会作用,加强行业协调自律

充分发挥行业协会贴近企业、贴近市场、贴近消费者的优势,开展培训、交流、推介和展览展销等活动,为冷链物流上下游企业搭建产销对接、供需对接的平台,宣传推荐先进企业典型经验和优质服务产品,促进冷链物流行业转型升级。充分发挥企业和政府之间的桥梁纽带作用,围绕诚信经营,通过制定行规行约、商业准则、团体标准,推动完善冷链物流相关政策和标准,积极配合政府管理部门监督执法,发挥行业自律引导和惩戒作用,维护公平竞争市场环境。

3.加强行业管理,引导市场优胜劣汰

充分发挥政府引导作用与服务职能,加强行业监管与企业监督,为冷链物流行业发展创造公平规范的市场环境。将冷藏保温车作为专用货运车辆加强管理,严格冷藏保温车辆的市场准入和过程管理。以冷链物流监测平台为抓手,强化冷链运输全程温度管理,实现冷链物流全程可追溯。建立健全冷链物流企业服务质量和信用评价体系,根据冷链物流企业服务质量评价情况,建立冷链物流企业分级分类管理制度,对运营规范、服务质量好的企业给予相应激励政策,引导市场优胜劣汰,促进物流资源向优质企业集聚。

4.加强政策保障,优化企业营商环境

大中型城市要根据冷链物流等设施的用地需求,分级做好物流基础设施的布局规划,并与城市总体规划、土地利用总体规划做好衔接。对生鲜农产品冷链物流设施用地给予优先保障。

拓宽冷链物流企业的投融资渠道,引导金融机构对符合条件的冷链物流企业加大投融资支持,创新配套金融服务。

研究制定冷链物流企业用水、用电、用气、税收优惠政策,进一步优化鲜活农产品“绿色通道”的实施细则,统一执行标准,降低生鲜农产品冷链物流企业运营成本。对技术先进、管理规范、运行高效的冷链物流园区给予一定补贴,发挥其示范引领作用。

加强部门联合与政策协同,统一各地动物检验检疫政策执行标准。

进一步优化完善城市配送车辆便利通行政策。健全完善冷链城市配送需求调查制度,根据需求优化和调整货运通行证发放。根据冷链物流企业服务质量评价情况,建立冷链城市配送企业分类管理制度,对运营规范、服务质量好的

企业给予优先通行便利政策。鼓励和引导新能源车辆在冷链城市配送中的应用,对符合标准的新能源城市配送车辆给予通行便利。

此外,建议借鉴航空、国际航运等现行办法,研究确定科学合理的货损赔付标准。丰富及优化冷链物流保险产品,降低冷链物流企业运作风险。

5.加强人才培养,提升企业管理水平

依托大专院校、科研院所,优化专业设置,发展职业教育和继续教育,形成多层次的教育、培训体系,加强对从业人员在农产品采后储藏保鲜、制冷设备操作、运输配送管理、信息技术应用等多领域专业知识和技能的培训,提升从业人员的综合素质。大力培育复合型的专业人才,通过产学研结合的方式,搭建更多创新开放的人才发展平台,培育打造涵盖技术研发、创新创业、工程实践的多层次人才队伍体系,为冷链物流发展提供源源不断的高素质合格人才。组建一支常态化的冷链物流专家团队,指导各地加强省级冷链物流智库建设。

第六章

我国冷链物流行业管理体制与机制

　　冷链物流全链条管理涉及发展改革、农业农村、市场监管、商务、交通运输、卫健委、公安、工信、海关总署、供销总社等多个部门。目前,虽然各部门之间职责定位相对明晰,但缺乏高效协同和有效联动,难以形成监管合力,信息化监管基础薄弱,监管效能不高,政策支持保障不足。有必要从规划布局、数字智能、标准制度等多维度推动完善冷链物流管理体制和机制,优化冷链物流企业发展环境,加强冷链物流全链条协同监管,促进冷链物流精细化管理,有力保障和着力使冷链物流高质量发展。

第一节　冷链物流管理主要部门及职责

　　我国冷链物流发展起步较晚,现代化冷链物流体系尚不完善。在管理方面涉及多个部门,未明确统一的牵头部门。从冷链物流全链条的角度来看,直接涉及的行业管理部门主要包括发改委、农业农村、市场监督、商务、交通运输、公安、工业和信息化、卫生和健康、海关、供销总社等部门。2018 年《国务院机构改革方案》调整后,组建国家市场监督管理总局,不再保留国家食品药品监督管理总局。本节分别从法律规定、部门职责以及近年来所做冷链物流重点工作三个方面分析各个部门在冷链物流发展中的监管侧重点。

　　需要说明的是,由于药品和疫苗品类特殊,近年来我国已经建立了相对完善的监管体系,有明确的监管主体,职责明晰。根据《中华人民共和国药品管理法》,国务院药品监督管理部门主管全国药品监督管理工作。根据《中华人民共和国疫苗管理法》,国务院药品监督管理部门负责全国疫苗安全监督管理,制定标准、规范并监督实施,承担疫苗研制、上市许可监督管理和疫苗批签发管理;疫苗储存、运输管理的相关规范由国务院卫生行政部门、国务院药品监督管理部门制定;县级以上卫生行政部门对本行政区域内的预防接种及相关储存、运输实施监督管理。本章节不涉及药品冷链物流管理相关内容。

　　1.发展改革部门

　　发展改革部门主要负责统筹国家及地方冷链物流发展战略、规划及政策,安排专项资金,推动重大项目落地。

　　部门"三定"方案与冷链物流相关的主要职责包括:

　　(1)负责国家及区域冷链物流基础设施发展规划,以及与其他相关规划的统筹衔接。

（2）安排中央财政性冷链物流建设资金,按规定权限审批、核准、审核冷链物流重大项目。

（3）推进落实区域冷链物流协调以及创新驱动发展战略等重大政策。

（4）协调推进冷链物流重大基础设施建设发展。

专栏1　国家发改委"三定"方案相关职责原述

（1）负责国家级专项规划、区域规划、空间规划与国家发展规划的统筹衔接。

（2）安排中央财政性建设资金,按国务院规定权限审批、核准、审核重大项目。规划重大建设项目和生产力布局。拟订并推动落实鼓励民间投资政策措施。

（3）推进落实区域协调发展战略、新型城镇化战略和重大政策,组织拟订相关区域规划和政策。

（4）组织拟订综合性产业政策。协调一二三产业发展重大问题并统筹衔接相关发展规划和重大政策。协调推进重大基础设施建设发展,组织拟订并推动实施服务业及现代物流业战略规划和重大政策。

（5）推动实施创新驱动发展战略。会同相关部门拟订推进创新创业的规划和政策,提出创新发展和培育经济发展新动能的政策。

近年来在冷链物流方面开展的主要工作包括:

（1）开展冷链物流基础设施全国范围的布局规划,开展国家物流枢纽、国家骨干冷链物流基地规划和建设。

（2）加大中央预算内投资、地方政府专项债券对国家物流枢纽、国家骨干冷链物流基地等重大物流基础设施建设的支持力度,并参与印发《关于进一步降低物流成本的实施意见》。

（3）推进社会资本对冷链基础设施建设的资金支持,并印发《关于信贷支持县城城镇化补短板强弱项的通知》。

2.农业农村部门

农业农村部门主要负责农产品产地冷链基础设施规划、建设和管理,冷链食品在产地端的质量安全监管。

《中华人民共和国食品安全法》对农业农村部门在冷链物流方面的主要规定:

(1)制定屠宰畜、禽的检验规程。

(2)参与建立冷链食品安全全程追溯机制。

(3)向国务院卫生行政部门提出冷链食品安全风险评估的建议。

专栏2 **《中华人民共和国食品安全法》对农业农村部门的主要规定原述**

(1)国务院食品安全监督管理、农业行政等部门在监督管理工作中发现需要进行食品安全风险评估的,应当向国务院卫生行政部门提出食品安全风险评估的建议,并提供风险来源、相关检验数据和结论等信息、资料(第十九条)。

(2)食品中农药残留、兽药残留的限量规定及其检验方法与规程由国务院卫生行政部门、国务院农业行政部门会同国务院食品安全监督管理部门制定。屠宰畜、禽的检验规程由国务院农业行政部门会同国务院卫生行政部门制定(第二十七条)。

(3)国务院食品安全监督管理部门会同国务院农业行政等有关部门建立食品安全全程追溯协作机制(第四十二条)。

部门"三定"方案与冷链物流相关的主要职责包括:

(1)统筹研究和组织实施"三农"中关于冷链物流工作的发展战略、中长期规划、重大政策。

(2)负责冷链物流适用农产品的质量安全监督管理,组织开展质量安全监测、追溯、风险评估。

(3)负责畜禽屠宰行业管理。

(4)负责冷链物流适用农业投资管理。编制中央投资安排的冷链物流适用农业投资项目建设规划。

专栏3　农业农村部门"三定"方案相关职责原述

(1)统筹研究和组织实施"三农"工作的发展战略、中长期规划、重大政策。

(2)负责农产品质量安全监督管理。组织开展农产品质量安全监测、追溯、风险评估。提出技术性贸易措施建议。参与制定农产品质量安全国家标准并会同有关部门组织实施。指导农业检验检测体系建设。

(3)组织农业生产资料市场体系建设,拟订有关农业生产资料国家标准并监督实施。组织兽医医政、兽药药政药检工作,负责执业兽医和畜禽屠宰行业管理。

(4)负责农业投资管理。提出农业投融资体制机制改革建议。编制中央投资安排的农业投资项目建设规划,提出农业投资规模和方向、扶持农业农村发展财政项目的建议,按国务院规定权限审批农业投资项目,负责农业投资项目资金安排和监督管理。

近年来在冷链物流方面开展的主要工作包括:

(1)推进农产品仓储保鲜冷链设施建设工作,提高产地"最先一公里"预冷能力。

(2)印发《农业农村部关于加快农产品仓储保鲜冷链设施建设的实施意见》(农市发〔2020〕2号)和《农业农村部办公厅关于进一步加强农产品仓储保鲜冷链设施建设工作的通知》(农市发〔2020〕8号)。

3.市场监督管理部门

市场监督管理部门主要负责冷链食品在加工、储存、销售等流通环节的质量安全监管。

《中华人民共和国食品安全法》对市场监督部门在冷链物流方面的主要规定：

(1)对冷链食品生产经营活动实施监督管理。

(2)向卫生行政部门通报冷链食品安全风险信息。

(3)对冷链食品安全状况进行综合分析。

(4)建立冷链食品安全全程追溯协作机制。

(5)公布冷链食品安全信息。

专栏4	**《中华人民共和国食品安全法》对市场监管部门的主要规定原述**

(1)国务院食品安全监督管理部门依照本法和国务院规定的职责,对食品生产经营活动实施监督管理(第五条)。

(2)国务院卫生行政部门会同国务院食品安全监督管理等部门,制定、实施国家食品安全风险监测计划。国务院食品安全监督管理部门和其他有关部门获知有关食品安全风险信息后,应当立即核实并向国务院卫生行政部门通报(第十四条)。

(3)国务院食品安全监督管理、农业行政等部门在监督管理工作中发现需要进行食品安全风险评估的,应当向国务院卫生行政部门提出食品安全风险评估的建议,并提供风险来源、相关检验数据和结论等信息、资料(第十九条)。

(4)国务院食品安全监督管理部门应当会同国务院有关部门,根据食品安全风险评估结果、食品安全监督管理信息,对食品安全状况进行综合分析(第二十二条)。

(5)食品安全监督管理部门应当加强对食品相关产品生产活动的监督管理(第四十一条)。

(6)国务院食品安全监督管理部门会同国务院农业行政等有关部门建立食品安全全程追溯协作机制(第四十二条)。

（7）国家建立统一的食品安全信息平台,实行食品安全信息统一公布制度。国家食品安全总体情况、食品安全风险警示信息、重大食品安全事故及其调查处理信息和国务院确定需要统一公布的其他信息由国务院食品安全监督管理部门统一公布(第一百一十八条)。

部门"三定"方案与冷链物流相关的主要职责包括:

（1）负责冷链物流市场的综合监督管理。

（2）负责组织和指导冷链物流市场监管综合执法工作。

（3）负责监督管理冷链物流市场秩序。依法监督管理冷链物流市场交易、网络商品交易及有关服务的行为。

（4）负责适用于冷链物流食品的质量安全监督管理及综合协调。

（5）负责统一管理检验检测适用于冷链物流食品的工作。

专栏5　市场监督部门"三定"方案相关职责原述

（1）负责市场综合监督管理。起草市场监督管理有关法律法规草案,制定有关规章、政策、标准,组织实施质量强国战略、食品安全战略和标准化战略,拟订并组织实施有关规划,规范和维护市场秩序,营造诚实守信、公平竞争的市场环境。

（2）负责组织和指导市场监管综合执法工作。指导地方市场监管综合执法队伍整合和建设,推动实行统一的市场监管。组织查处重大违法案件。规范市场监管行政执法行为。

（3）负责监督管理市场秩序。依法监督管理市场交易、网络商品交易及有关服务的行为。

（4）负责食品安全监督管理综合协调。组织制定食品安全重大政策并组织实施。负责食品安全应急体系建设,组织指导重大食品安全事件应急处置和调查处理工作。建立健全食品安全重要信息直报制度。

（5）负责食品安全监督管理。建立覆盖食品生产、流通、消费全过程的监督检查制度和隐患排查治理机制并组织实施,防范区域性、系统性食品安全风险。推动建立食品生产经营者落实主体责任的机制,健全食品安全追溯体系。组织开展食品安全监督抽检、风险监测、核查处置和风险预警、风险交流工作。组织实施特殊食品注册、备案和监督管理。

(6)负责统一管理检验检测工作。推进检验检测机构改革,规范检验检测市场,完善检验检测体系,指导协调检验检测行业发展。

近年来在冷链物流方面开展的主要工作包括:

(1)推动食品安全监督管理顶层设计。落实《中华人民共和国食品安全法》及《中华人民共和国食品安全法实施条例》等,明确储藏、物流配送、市场批发、销售终端全链条的温控标准和规范,落实食品运输在途监管责任,配合协同其他部门制定冷链物流相关安排、意见等。

(2)对冷藏冷冻食品生产经营质量安全监管。明确食品生产经营者和接受食品储存运输业务的非食品生产经营者的责任和义务,明确冷藏冷冻食品销售者在内的所有食品销售者落实主体责任等,并监督引导食品销售者规范经营行为。

(3)规范食品安全监督抽检和风险监测。规范食品安全抽样检验过程,面向商场、超市、批发市场和网络购物平台等经营环节,开展食品安全监督抽检。

(4)完善冷链物流标准体系与标准实施推广机制。特别是在信息与追溯方面,发布《食品冷链物流追溯管理要求》等国家标准,规范追溯信息及标识、追溯信息存储与传输,以及运输、仓储、装卸等环节的温度信息采集要求。

(5)组织开发冷链物流追溯系统。

(6)强化对食品生产经营企业进口冷链食品的追溯管理,对来源不明的进口冷链食品依法进行查处。与有关部门共同监督市场经营单位做好市场环境消毒工作。

4.商务部门

商务部门主要负责城乡冷链流通体系的搭建,对农产品冷链批发市场、商超等场所的存储、销售环节进行市场秩序监管。

部门"三定"方案与冷链物流相关的主要职责包括：

(1)拟订国内外冷链物流贸易相关的战略、政策及制定部门规章。

(2)推动冷链物流流通标准化和连锁经营、商业特许经营、物流配送、电子商务等现代冷链物流流通方式的发展。

(3)促进城乡冷链物流市场发展,指导冷链物流产品批发市场规划和城市商业网点规划、商业体系建设工作。

(4)拟订农产品冷链批发市场运行、流通秩序的政策,推动商务领域信用建设。

(5)实施冷链物流市场调控和重要冷链物流生产资料流通管理的责任,监测分析市场运行、商品供求状况,进行预测预警和信息引导。

(6)负责制定进出口适用冷链物流的商品、加工贸易管理办法和商品、技术目录。

专栏6　商务部门"三定"方案相关职责原述

(1)拟订国内外贸易和国际经济合作的发展战略、政策,起草国内外贸易、外商投资、对外援助、对外投资和对外经济合作的法律法规草案及制定部门规章,提出我国经济贸易法规之间及其与国际经贸条约、协定之间的衔接意见,研究经济全球化、区域经济合作、现代流通方式的发展趋势和流通体制改革并提出建议。

(2)负责推进流通产业结构调整,指导流通企业改革、商贸服务业和社区商业发展,提出促进商贸中小企业发展的政策建议,推动流通标准化和连锁经营、商业特许经营、物流配送、电子商务等现代流通方式的发展。

(3)拟订国内贸易发展规划,促进城乡市场发展,研究提出引导国内外资金投向市场体系建设的政策,指导大宗产品批发市场规划和城市商业网点规划、商业体系建设工作,推进农村市场体系建设,组织实施农村现代流通网络工程。

(4)承担牵头协调整顿和规范市场经济秩序工作的责任,拟订规范市场运行、流通秩序的政策,推动商务领域信用建设,指导商业信用销售,建立市场诚信公共服务平台,按有关规定对特殊流通行业进行监督管理。

(5)承担组织实施重要消费品市场调控和重要生产资料流通管理的责任,负责建立健全生活必需品市场供应应急管理机制,监测分析市场运行、商品供求状况,调查分析商品价格信息,进行预测预警和信息引导,按分工负责重要消费品储备管理和市场调控工作,按有关规定对成品油流通进行监督管理。

(6)负责制定进出口商品、加工贸易管理办法和进出口管理商品、技术目录,拟订促进外贸增长方式转变的政策措施,组织实施重要工业品、原材料和重要农产品进出口总量计划,会同有关部门协调大宗进出口商品,指导贸易促进活动和外贸促进体系建设。

近年来在冷链物流方面开展的主要工作包括:

(1)负责农产品流通体系规划建设工作。

(2)对各地口岸、商场超市、农贸市场和重点餐饮企业、进出口企业开展现场督导检查,重点检查各市场冷链仓储企业闭环管理是否到位、进口冷冻食品相关检测报告单据是否齐全、各大商超和农贸市场是否下架隐患冷冻食品、餐饮企业是否严格落实消杀措施。

(3)指导督促企业严格落实进口食品人物同检、应检尽检等制度。

(4)指导口岸经营单位对进口冷链食品各环节、全链条详细记录、闭环管理,做好作业场所日常消杀。

5.交通运输部门

交通运输部门主要负责冷链运输装备和人员的准入管理,包括车辆运营安全标准制定和性能检测管理,推动城乡流通体系的完善。

部门"三定"方案与冷链物流相关的主要职责包括:

（1）负责推进冷链物品道路运输、铁路运输、民航运输发展。

（2）拟订冷链物流适用的经营性机动车营运安全标准，指导冷藏保温营运车辆综合性能检测管理，参与冷藏保温车报废政策、标准制定工作。

（3）推动集仓储、集配、运输等功能于一体的公共服务型冷链物流园区建设。

专栏7　交通运输部门"三定"方案相关职责原述

（1）负责推进综合交通运输体系建设，统筹规划铁路、公路、水路、民航以及邮政行业发展。

（2）拟订经营性机动车营运安全标准，指导营运车辆综合性能检测管理，参与机动车报废政策、标准制定工作。

（3）承担公路、水路国家重点基本建设项目的绩效监督和管理工作。

近年来在冷链物流方面开展的主要工作包括：

（1）严格把关冷藏保温车辆的市场准入和退出。制定发布《营运货车安全技术条件》（JT/T 1178—2018）《行驶温度记录仪技术要求和检验方法》（JT/T 1325—2020）《冷藏保温车选型技术要求》（GB/T 40475—2021）等国家和行业标准，将冷藏保温车辆作为专用货运车辆加强管理，明确对冷藏保温车辆及其温控、制冷设备等的性能要求和检验方法。

（2）推动提升冷链物流装备专业化水平。鼓励多温层冷藏车、冷藏集装箱、冷藏厢式半挂车、低温保温容器等标准化运载单元以及轻量化、新能源等节能环保冷藏保温车型在冷链物流中的推广使用，提高冷链物流装备的专业化、标准化、轻量化水平。

（3）加强冷链物流基础设施建设。加快建设具有仓储、集配、运输等功能于一体的公共服务型冷链物流园区，加快面向农产品生产基地，特别是中西部农产品规模较大地区的冷链物流园区建设。引导货运枢纽（物流园区）完善冷链物流服务功能。加快农村冷链物流网络体系建设,完善"最先一公里"产地预冷设施。

(4)鼓励冷链物流企业创新发展。鼓励有条件的冷链物流企业延伸服务链条,加强与农产品生产、生鲜食品加工、商贸流通企业在订单管理、仓储管理、物流配送、温度监控等方面的协同对接,提高冷链物流企业供应链服务水平。鼓励冷链物流企业发展"海运+冷藏班列"海铁联运、"中欧冷藏班列"公铁联运、公水联运、空陆联运等多种联运新模式。

(5)提升冷链物流信息化水平。鼓励冷链物流企业自建或委托第三方机构建设冷链物流设施、设备的远程监控系统,对冷藏保温库、冷藏保温车辆、冷藏集装箱内的温度进行实时监测记录,及时处置温度异常等情况。鼓励冷链物流企业推进冷链上下游企业信息共享,实现订单处理、运输仓储、城市配送、结算等业务环节的有效对接,促进资源优化调度和业务协同。

(6)完善冷链车辆通行政策。积极协调公安部门,调整完善城市配送冷藏保温车辆通行管理制度,合理规划冷链配送停靠装卸设施,推动实现配送车辆便利通行。执行鲜活农产品运输"绿色通道"政策,引导企业按照相关规定运输鲜活农产品,确保冷链物流企业运输鲜活农产品依法享受"绿色通道"政策。

(7)疫情防控期间,督促指导进口冷链食品承运单位落实运输环节的主体责任,并实施相应消毒处理措施,在国内运输段严格查验进口冷链食品海关通关单证,落实进口冷链食品运输工具消毒、一线工作人员个人防护等措施,配合检查进口冷链食品倒箱过车(从进口集装箱换装至国内运输车辆)过程中的消毒处理措施的落实情况。

6. 卫生健康部门

卫生健康部门主要负责冷链食品安全风险监测和标准制定,冷链物流场所的卫生监管和传染病防治,以及疫苗运输、储藏监管。

《中华人民共和国食品安全法》对卫生健康部门在冷链物流方面的规定:

(1)组织开展冷链食品安全风险监测和风险评估。

（2）制定、实施国家冷链食品安全风险监测计划。

（3）制定食品安全国家标准。

专栏8	《中华人民共和国食品安全法》对卫生健康部门的主要规定原述

（1）国务院卫生行政部门依照本法和国务院规定的职责，组织开展食品安全风险监测和风险评估，会同国务院食品安全监督管理部门制定并公布食品安全国家标准（第五条）。

（2）国务院卫生行政部门会同国务院食品安全监督管理等部门，制定、实施国家食品安全风险监测计划（第十四条）。

（3）食品安全国家标准由国务院卫生行政部门会同国务院食品安全监督管理部门制定、公布，国务院标准化行政部门提供国家标准编号。食品中农药残留、兽药残留的限量规定及其检验方法与规程由国务院卫生行政部门、国务院农业行政部门会同国务院食品安全监督管理部门制定（第二十七条）。

（4）进口尚无食品安全国家标准的食品，由境外出口商、境外生产企业或者其委托的进口商向国务院卫生行政部门提交所执行的相关国家（地区）标准或者国际标准（第二十二条）。

部门"三定"方案与冷链物流相关的主要职责包括：

（1）指导冷链物流行业及场所突发公共卫生事件的预防控制和医疗救援。

（2）组织开展冷链食品安全风险监测评估，依法制定并公布冷链食品安全标准。

（3）负责冷链物流场所周边卫生的监督管理，负责传染病防治监督。

专栏9	卫生健康部门"三定"方案相关职责原述

（1）负责卫生应急工作，组织指导突发公共卫生事件的预防控制和各类突

发公共事件的医疗卫生救援。

(2)组织开展食品安全风险监测评估,依法制定并公布食品安全标准。

(3)负责职责范围内的职业卫生、放射卫生、环境卫生、学校卫生、公共场所卫生、饮用水卫生等公共卫生的监督管理,负责传染病防治监督,健全卫生健康综合监督体系。

近年来冷链物流方面开展的主要工作包括:

(1)汇总分析进口冷链食品新冠病毒核酸检测结果,对进口冷链食品新冠病毒传播风险进行研判,开展对预防性全面消毒措施的指导评估和检查。

(2)开展卫生应急工作,组织指导突发公共卫生事件的预防控制和各类突发公共事件的医疗卫生救援。

(3)指导正常运营的冷链食品生产经营者在生产、装卸、运输、储存、销售和餐饮服务等过程中做好新冠病毒污染防控。

7.公安部门

公安部门主要负责冷链运输车辆通行管理,冷链食品流通中违法犯罪行为监管。

部门"三定"方案与冷链物流相关的主要职责包括:

(1)预防、制止和侦查在冷链物流方面的违法犯罪活动。

(2)冷链运输车辆通行管理。

(3)监督管理冷链物流信息网络的安全监察工作等。

近期在冷链物流方面开展的主要工作包括:

(1)负责车辆通行管理,科学分配通行权。

(2)负责并明确城市配送货车运行时间及范围。

(3)负责办理货车城市通行证。

(4)依法打击货车非法改装、超载等交通违法行为。

(5)负责依法打击在食品安全、食品进出口活动中的犯罪行为。

| 专栏10 | 公安部门"三定"方案相关职责原述 |

(1)食品药品犯罪侦查。

(2)交通管理。

(3)网络安全保卫。

8.工信部门

工信部门主要负责冷链运输车辆的技术标准制定,推动冷链设备技术创新,查处违法违规生产企业及产品。

部门"三定"方案与冷链物流相关的主要职责包括:

负责冷链物流设备制造相关的政策、技术规范。

近期在冷链物流方面开展的主要工作包括:

支持制造企业联合快递企业研发智能立体仓库,智能物流机器人、自动化包装设备和冷链快递等技术装备。

| 专栏11 | 工信部门"三定"方案相关职责原述 |

制定并组织实施工业、通信业的行业规划、计划和产业政策,提出优化产业布局、结构的政策建议,起草相关法律法规草案,制定规章,拟订行业技术规范和标准并组织实施,指导行业质量管理工作。

9.海关部门

海关部门主要负责对进出口冷链食品进行入境检验检疫和安全监督管理。

相关法律对海关部门在冷链物流方面的规定:

国家出入境检验检疫部门对进出口冷链食品安全实施监督管理,负责进出口冷链商品检验工作。

专栏12 **相关法律条例对海关部门的主要规定原述**

《中华人民共和国食品安全法》规定：

国家出入境检验检疫部门对进出口食品安全实施监督管理(第九十一条)。

《中华人民共和国进出口商品检验法实施条例》规定：

(1)海关总署主管全国进出口商品检验工作(第二条)。

(2)海关总署设在省、自治区、直辖市以及进出口商品的口岸、集散地的出入境检验检疫机构,管理所负责地区的进出口商品检验工作(第二条)。

(3)出入境检验检疫机构依照商检法的规定,对实施许可制度和国家规定必须经过认证的进出口商品实行验证管理,查验单证,核对证货是否相符(第十条)。

部门"三定"方案与冷链物流相关的主要职责包括：

负责冷链物流海关监管工作、进出口冷链物流关税及其他税费征收管理、冷链物流食品卫生检疫和出入境动植物及其产品检验检疫、进出口冷链物流商品法定检验。

专栏13 **海关部门"三定"方案相关职责原述**

负责全国海关工作、组织推动口岸"大通关"建设、海关监管工作、进出口关税及其他税费征收管理、出入境卫生检疫和出入境动植物及其产品检验检疫、进出口商品法定检验、海关风险管理、国家进出口货物贸易等海关统计、全国打击走私综合治理工作。

近年来在冷链物流方面开展的主要工作包括：

(1)主管全国进出口食品安全监督管理工作。

（2）检查冷冻冷藏食品的新鲜程度、中心温度是否符合要求、是否有病变、冷冻冷藏环境温度是否符合相关标准要求、冷链控温设备和设施运作是否正常、温度记录是否符合要求等。

（3）按规定开展进口冷链食品新冠病毒监测与检测，组织指导进口冷链食品进口商、海关查验场所经营单位做好口岸环节被抽中的进口冷链食品集装箱内壁和货物外包装的预防性全面消毒处理工作。

（4）开展打击走私冷链食品专项行动，严打走私冷链食品违法犯罪活动。

10.供销部门

供销部门主要负责供销系统内农产品冷链物流体系搭建。

部门"三定"方案冷链物流相关的主要职责包括：

（1）制定全国供销合作社冷链物流发展规划。

（2）协调同有关部门的关系，支持冷链物流发展电子商务。

专栏14　供销总社"三定"方案相关职责原述

（1）负责研究制定全国供销合作社的发展战略和发展规划，指导服务全系统改革发展。

（2）根据授权对重要农业生产资料、农副产品经营进行组织、协调和管理，指导各级供销合作社承担政府委托的公益性服务和其他任务。

（3）协调同有关部门的关系，指导全国供销合作社业务活动，支持供销合作社发展电子商务和开展农村合作金融服务。

近年来在冷链物流方面开展的主要工作包括：

（1）加快建设农产品冷链物流基础设施骨干网。

（2）从模式和运营上创新发展冷链物流。

（3）推动电商及冷链仓储业务快速发展。

第二节　我国冷链物流管理主要经验做法
及存在的问题

近年来,浙江、湖南、江西等省份以及成都、长沙、重庆等市加强冷链物流顶层设计,完善冷链物流协调发展机制,加强冷链物流制度保障和信息化监管,为全国冷链物流管理提供了参考和示范。

一、主要经验做法

1.成立独立的冷链物流管理协调部门

(1)湖北省成立物流发展局。2009年9月27日,湖北省交通运输厅物流发展局在武汉成立。它是经省编委文件批复同意设立的全国第一家交通物流发展机构,与省交通运输厅道路运输管理局合署办公。其主要职责是贯彻执行国家有关交通物流发展工作的法律、法规、政策和技术标准,为有关部门拟定湖北省交通物流业发展规划及有关政策提供信息及服务,推进传统运输业向现代物流业转型,推进重点交通物流基础设施建设和信息化建设。湖北交通运输厅物流发展局是全省物流产业的桥梁,综合协调涉及冷链物流发展的政策、战略和规划,优化发展环境,推动省内冷链物流行业规范有序发展。

(2)宜昌市成立物流发展中心。2019年,宜昌市政府以市物流局为班底,组建直属市政府的物流业发展中心。宜昌市物流业发展中心主要贯彻执行国家、省有关物流业发展的方针政策和法律法规,研究拟订全市物流业发展战略、中长期发展规划和政策措施并组织实施,协调推进航空、铁路、公路、港口等物流通道的开通工作,会同有关部门推进物流业标准化、信息化建设,建设物流公共信息平台,指导物流业中介组织工作,建立物流人才库和物流企业数据库。宜昌市物流业发展中心负责协调、指导全市物流产业包括冷链物流行业发展工作,培育物流业市场,统筹和协调全市物流市场服务与监督。

(3)成都、长沙等市成立口岸与物流办公室。成都、自贡、重庆、长沙等市根据当地物流建设情况,整合各相关部门职能,组建有利于统一管理的口岸与物流办公室。主要贯彻执行国家和省、市有关口岸与国际物流工作的法律法规及政策,推动国际物流通道建设,协调推进口岸服务体系建设和口岸营商环境的优化提升。同时作为地方物流业综合协调机构,负责协调各相关部门,协同推进包括冷链物流在内的物流业政策制定。

(4)中物联组建冷链物流专业委员会。中国物流与采购联合会冷链物流专业委员会是2010年正式由商务部、农业农村部支持,民政部批准成立的唯一国家级冷链行业组织,主要职责包括配合政府研究制定冷链物流政策规划,推动冷链物流标准组织、制修订和宣贯、试点工作,加强冷链物流基础数据统计、调研、分析以及冷链物流理念推广传播等,积极推动我国冷链物流行业规范化、标准化发展。河南、江西等地也组建了省级冷链物流专业委员会,积极协助政府部门制定产业政策、标准规范,组织专业培训学习,开展省内外技术、模式、业务等方面的交流合作,提升从业人员素质,建设公共服务平台,推动地方冷链物流健康有序发展。

2.加强冷链物流发展顶层设计

(1)江西省商务厅、发改委、农业农村厅、交通运输厅和市场监管总局联合印发了《江西省冷链物流发展规划(2018—2022年)》,明确扩大冷链物流市场体系,优化冷链物流空间布局,构建以昌九为核心,以赣中南、赣东北、赣东南、赣西四大发展地带为支撑的"一核四带"发展格局,优化农产品冷链物流体系,完善冷链物流基础设施网络,规划了29个重点冷链物流规划项目,加快推进冷链物流标准化建设,积极推进冷链物流信息化建设,加快培育第三方冷链物流企业,推动冷链物流对外开放,推进冷链物流模式创新。

(2)湖南省发改委印发实施《湖南省冷链物流业发展规划(2020—2025年)》(湘发改经贸〔2020〕218号),明确完善冷链物流市场体系,优化冷链物空间布局,构建"一核三区多基地"冷链物流格局,引进培育冷链物流龙头企业,完善冷链物流基础设施网络,推进冷链物流标准化建设,提升冷链物流信息化水平,发展冷链物流新业态。湖南省委省政府将农村冷链物流发展纳入省委1号文件进行部署,制定了农产品冷链物流考核评价细则,纳入绩效考核范畴,制定印发冷链物流重点任务清单。同时,指导市州加强规划,常德、衡阳、株洲、湘潭、邵阳等市突出冷链物流编制,印发了市级现代物流发展规划或实施方案。怀化市专门制定《怀化市支持佳惠农产品(冷链)物流产业园建设工作方案》,并确定了一批重点冷链物流建设项目。湘西州出台了《湘西土家族苗族自治州农产品冷链物流发展规划(2018—2022年)》,拟构建"一正二副中心、五园区、多节点"布局。郴州市印发了《湖南郴州市冷链物流产业发展规划(2020—2025年)》。

(3)海南省发改委发布《海南省"十四五"冷链物流发展规划》(征求意见稿),提出到2025年,按照海南自由贸易港建设要求,高标准建成一批规模大、数字化、智能化的冷链物流设施,建设海南省冷链物流供应链数字平台,基本建立以冷链中间品加工贴牌增值服务为主,适应全省居民消费升级需求,管理规范、国际标准、无缝衔接、可追溯的冷链物流服务体系,加快推动冷链支撑工程、冷库设施工程、冷链物流标准化工程、城乡共同配送工程、生鲜冷链速配工程等,基本建成区域性国际冷链物流中心。

(4)山东省为加快推进农产品仓储保鲜设施建设,省农业农村厅经商省财政厅,研究制定了《山东省农产品仓储保鲜设施建设工程实施方案》,主要依托县级以上家庭农场示范场、农民合作社示范社等新型农业经营主体,在乡镇、中心村和田头市场布局实施以水果、蔬菜为主要品类的农产品仓储保鲜设施建设工程,为实现鲜活农产品产地仓储保鲜流通量、信息化水平、应急保供能力显著提升奠定坚实基础。

3.建立冷链物流发展协调机制

(1)浙江省提出要加强工作机制保障,一是依托省现代服务业发展工作领导小组,建立健全省级冷链物流发展工作协调机制,建立指标体系、工作体系、政策体系、评价体系,加强对冷链物流发展工作的政策指导、协调推进和重大问题研究。二是在现有的统计制度下,加强对冷链物流相关的国民经济行业年度监测分析。三是大力培育冷链专业人才,引进和借助优质的科研项目力量,建立省级物流研究院,成立省级冷链物流产业联盟,探索建立现代物流产教联盟,鼓励高校、科研院所研究设立冷链物流相关专业。四是加快物流行业信用体系建设,探索建立冷链物流从业单位和从业人员信用信息档案,健全失信黑名单制度,完善守信联合激励和失信联合惩戒机制。五是探索建立冷链运输车辆道路救援互助机制,对成功实施冷链运输道路救援企业,在质量信用等级和 A 级物流企业评估时给予优先升级。

(2)江西省依托省现代物流工作联席会议制度建立省级冷链物流工作协调机制,加强协调配合。省发展和改革委、商务、农业等部门积极安排冷链设施建设项目扶持资金。省商务部门开展冷链物流情况调研,会同省财政部门安排专项促进资金,与省发展和改革委部门联合印发指导意见,牵头会同有关部门将冷链物流列入重点项目指导目录。省交通运输部门大力支持冷链物流基础设施项目。省市场监督管理部门出台食品冷库经营规范和监管指导意见,开展冷库及食品系列专项整治。各部门按照各自职能分工,共同推进规划的实施,协商解决冷链物流发展中的重点问题,统筹推进全省冷链物流发展工作,推动规划目标任务有效实施。

(3)湖南省在省级层面建立促进冷链物流业发展工作机制,省级发改委、交通运输、商务、农业农村、工业和信息化等部门围绕冷链物流业发展加强合作,统筹安排冷链物流建设项目扶持资金。相关市州、县市区进一步强化促进冷链物流业发展政策措施,形成省、市(州)、县市区联动、部门协作的推进机制。建立冷链物流行业统计制度,充分发挥行业协会作用,共同推动冷链物流业健康有序发展。

4.加强冷链物流用地资金等政策保障

(1)湖南省出台实施《湖南省农产品冷链物流三年实施计划(2015—2017

年)》,设立省级现代服务业冷链物流专项,引导各类企业加大对冷链物流设施投入。据统计,2015—2017年共安排省预算内专项资金1.414亿元,支持134个农产品冷链物流相关项目建设,带动社会总投资近100亿元,基本实现了"冷链物流县(市)全覆盖"。2019年,省商务厅通过农商互联完善农产品供应链项目建设,支持10个农产品冷链物流项目资金2305万元,从省开放型经济与流通产业发展专项中安排资金支持物流标准化和冷链物流建设。2020年4月7日,湖南省人民政府办公厅印发《关于促进冷链物流业高质量发展的若干政策措施》,从引进培育龙头企业、推动形成网络化布局、提出提升标准化水平、支持构建信息化平台、促进车辆通行便利化、降低企业税费负担、降低企业用电成本、保障合理用地需求、拓宽投融资渠道推动创新能力建设、引进培养专业人才等方面加大对冷链物流发展的政策支持。2020年安排2600万元省现代服务发展专项资金支持11个冷链物流项目,通过申报争取获批2020年城乡冷链中央预算内专项资金2400万元支持重点项目建设。2021年将进一步加大省预算内资金支持力度,省发展和改革委、省财政厅初步确定资金规模4000万元。

(2)浙江省发改委发布的《浙江省冷链物流创新发展三年行动计划(2020—2022)年》,明确表示强化冷链物流产业创新发展保障措施,加强用地供应保障,推动冷链物流设施规划与国土空间规划协同衔接,加强通行停靠保障,统一全省城市配送冷藏车辆标识,保障冷链物流城市配送车辆停靠装卸,冷链配送网点应设置专用的路外装卸区域,提供通行便利,对统一标识的冷链城市配送车辆、新能源新型冷链运输车辆、民生保障冷链运输车辆需在限行区域通行的,优先发放通行许可等政策支持。

(3)河南省为缓解疫情对物流等行业造成的较大冲击,支持拉动消费和企业复工复产,省财政拨付资金1.2亿元,支持商贸、物流等行业稳定发展。其中在冷链物流方面支持13个冷链物流体系建设项目和20个省级冷链物流、快递、电商物流示范园区转型发展,对冷链物流在疫情防控期间有序稳定发展提出了有力保障。

5.加强冷链物流信息化监管

(1)商务部建设全国农产品冷链流通监控平台,对农产品冷链流通过程中温度等信息进行全程监控、记录和管理,利用数据直采的方式传输至全国平台,保证数据的真实性和实时性。市场监管总局建设全国进口冷链食品追溯管理平台。北京、天津、上海、江苏、浙江、福建、山东、广东、四川、重庆、湖南、陕西等建立省级平台与之对接,实现从海关到生产加工、批发零售、餐饮服务的全链条过程监测和信息追溯。交通运输部正在组织建设道路冷链运输监测平台,旨在实现对冷链运输车辆、货物的全程跟踪评估。

(2)四川省上线"川冷链"平台,构建冷链追溯体系。"川冷链"平台优化统计查询功能,完成政务云适应性改造,增加辖区企业审核、收发货清单、库房管理及GPS定位、运输车辆管理等模块,提升平台稳定性、可用性和便利性,实现进口冷链食品精准追溯。全省进口冷链食品累计申报40158批次,冷链运输车辆42.6万辆次,备案进口冷链食品经营主体3668家。

(3)湖南省建设"湘冷链"追溯平台。省市场监管局结合"湖南省食品安全追溯与监管平台"项目建设,积极推进重点冷链食品追溯信息化,该平台覆盖"省、市、区县、乡"四级和全省的食品生产、流通、餐饮服务企业,涵盖重点冷链食品区块链追溯系统、综合监管系统、企业自律系统、食品安全抽检数据应用系统、移动监管系统、公众服务系统、决策分析系统等七大业务功能。其中,重点冷链食品区块链追溯系统建设内容包括"一平台、三端",即一个区块链追溯平台,政府监管和执法端、企业上报端、公众查询端,实现疫情防控重点食品"物防"在省内供应链的全闭环追溯管理,计划本月实现湖南省重点冷链食品区块链追溯系统初步上线运行,并按照统一数据对接规程接入国家级平台,实现跨省追溯。

二、存在主要问题

1.冷链物流基础设施规划建设管理缺乏总体统筹

(1)国家、省级层面缺乏冷链物流基础设施整体规划统筹,各地发改委、商务部、农业农村部门等按照各自职责范围分头规划各自建设,相互间缺乏信息沟通和整体统筹,没有形成全国"一盘棋"、区域"一张网",导致冷链物流基础设施建设与需求不匹配,产地预冷设施建设薄弱、产销集中区低端冷库同质化竞争突出、冷库结构不合理等问题。

(2)冷库政策支持不均衡,比如农业农村部门关于农产品仓储保鲜冷链物流设施建设补贴的政策对建设主体、投资规模、补贴额度等都有一定要求,但企业普遍反映条件较为苛刻,不具有实操性,且30%的补贴比例相比于投资成本而言仍显较低。

2.各部门联动不足,冷链物流协同监管尚未建立

冷链物流涉及环节较多,主体类型复杂,发改委、市场监管、交通运输、商务、农业农村、公安、海关等各部门基本上各管一段、各自为政,部门间沟通协调及信息共享机制不健全,全链条、协同化的冷链物流监管体系尚未建立。

(1)存在底数不清、情况不明、信用体系不完善、对失信企业惩戒措施不足等突出问题,难以形成监管合力,监管效能不高。如陕西省目前尚未成立冷链物流综合协调机制,各部门间信息壁垒严重,对省内冷链物流发展总体情况不掌握。

(2)存在重复监管、交叉监管。如农产品产地加工环节质量安全由市场监督和农业农村部门同时监管,农产品批发销售环节质量安全由市场监督和商务部门同时监管,冷链运输配送环节由交警和交通运输部门共同监管,可能存在重复监管。据企业反映,一个月内不同部门多次检查冷库,且检查内容趋同,增加企业运营负担。

3.信息化监管基础薄弱,运输环节监管存在盲区

虽然商务部门建立了全国农产品冷链流通监控平台,市场监管部门已建立全国进口冷链食品追溯系统,但各部门间信息尚未完全互联共享,且总体覆盖面较小,各省应用水平不同,无法实现生产、存储、运输、销售、进出口等各环节的全链条信息化监管。除医药冷链运输外,目前其他品类冷链运输总体重视程

度不够,投入力量不足,运输环节的温度质量管理主要是靠货主端自主要求,行业监管层面手段缺失,信息化力量薄弱,无法实现对冷链运输车辆温度、运输行为等的动态监管,导致冷链运输车辆内食品实时温度不掌握、是否脱冷不知道、服务品质难评价,冷链运输监管存在较大盲区。

4.冷链物流管理制度不健全,政策支持保障不足

1)行业管理总体较为粗放

冷链物流具有较强的专业性,目前管理部门更为重视商品的生产环节,而对于冷链物流环节关注度不够,缺少规范市场主体经营行为的法规制度,缺乏对冷链运输车辆、经营管理、服务质量、行业监管等进行差异化、精细化的规定,对冷链货物基本同于普通道路货物运输进行管理,行业管理总体粗放。

2)仓储环节监管制度亟须完善

一是入库监管执行不到位。冷库存储食品需向市场监管部门备案,但在实际运作中不主动备案现象依然存在。没有建立相应的出入库把关制度,未经出入境检验检疫部门检验的走私肉与肉制品通过冻库洗白,流入食品加工企业或市场,没有经过当地动物检疫部门检疫的病死肉也同样存在。

二是仓库储存监管内容不全面。表现在没有建立实施先进先出、后进后出以及最长储存期限等管理制度,导致肉品过期现象的发生;没有建立实施不同货物分区存放制度,生肉、熟肉制品、散装肉制品、预包装肉制品以及面制品、调味品、果蔬制品等无序堆放,交叉污染隐患突出;没有针对性的卫生管理制度,多年不清理、不消毒的现象普遍存在,卫生状况堪忧;没有相应的设备运行规范,停电、设备维修导致冻品解冻后复冻的现象时有发生,严重影响冻品质量。

3)运输通行保障政策仍需加强

一是绿通政策仍需持续优化。虽然现有的《鲜活农产品品种目录》囊括了大部分常见农产品品类,但随着我国农业发展水平大幅提升、农产品种类日益

丰富,目录中的类别仍有不足。另一方面,目前查验仍采用人工查验,产品新鲜与否取决于主观判断,这也导致不同的收费站、不同的收费员执法差异,影响绿通政策的有效执行。同时人工查验也造成货车交通拥堵,不利于高速公路的快速通行。

二是城市配送通行仍需完善。冷链运输作为专用运输类型,不符合取消4.5t及以下普通货运车辆道路运输证和从业人员资格证等管理规定,但各地对政策的认知和执行情况不一,整体呈现管理混乱。此外,各地仍然存在着"三难"(通行难、停靠难、卸货难)和"两多"(收费多、罚款多)问题,运行机制和保障政策不完善,影响了冷链物流城市配送效率和服务质量。

第三节 发达国家冷链物流管理经验启示

以美国、新加坡、日本为例,从冷链物流监管机制、冷链物流可追溯体系、冷链物流法规标准、行业协会的作用等方面梳理总结发达国家在冷链物流管理方面的做法,分析提出可供我国参考的借鉴启示。

一、冷链物流监管机制

美国的食品安全检验局(FSIS)承担国内生产和进口的肉、禽、蛋及其制品的食品安全与卫生监管,食品和药品管理局(FDA)承担FSIS负责范围之外如农产品的食品安全与卫生监管。美国联邦层面实行"多头监管、共同负责"的管理体系,联邦与地方之间以FDA为主导实行分级监管。FDA制定了完善的农产品冷链物流标准和监管体系,对农产品冷链物流制定了详细的操作标准和要求,并配备了专门的监管部门,制定了具体的惩罚措施,促使美国农产品冷链物流高效、有序发展。

新加坡成立了食品安全监管机构——新加坡食品局(SFA),负责整个供应链的食品安全监管,整合了新加坡农业食品兽医管理局(AVA)、国家环境局(NEA)和卫生科学局(HAS)所管理的与食品有关的职能。新加坡冷链物流管理全流程协调一致,各环节无缝对接,形成了完整的管理体系,有利于各参与者明确各自的行为准则并承担相应的责任。

日本国内涉及冷链物流管理的部门有国土交通省、农林水产省、厚生劳动省和环境省。其中,国土交通省负责冷链物流中的运输业务,致力于促进国内冷链物流效率的提高,并以托盘标准规范为重点进行研究。农林水产省负责果蔬、水产、畜禽、花卉的生产或批发产地的低温控制管理,并建立相应的规范。厚生劳动省负责掌握冷冻配送食品的种类、配送量和卫生状况,加强对冷冻食品的监管。环境省以零售业为中心,通过调研消费者行为模式产生的食物垃圾,研究涉及冷链食物垃圾减少的措施。同时,日本专门为物流设立了政府管理部门,在国土交通省设有高于正局级的"物流审议官",这个职位还兼具管理公共交通、交通新业态的权限。物流审议官负责对包括冷链在内的物流政策进行提议、策划、监督和实施,推动落实日本国家物流发展政策。在国土交通省设有主管物流的高级官员的情况下,日本冷链物流可以在一定程度上得到政府的集中管理,并且物流审议官可以去协调其他交通司局来支持冷链物流的发展。

发达国家针对冷链物流有明确的监管部门和机制,如美国由食品和药品管理局作为农产品冷链物流监管部门,新加坡专门成立食品局负责整个供应链的食品安全监管,日本在国土交通省下设立物流审议官负责统筹协调冷链物流发展及管理。我国也应完善以保障冷链产品质量安全为核心的冷链管理机制,确定牵头单位和主要负责领导,健全多部门协同机制,明确各部门分工与职责,扫除监管盲区,制定完善的监管体系。

二、冷链物流可追溯体系

美国广泛使用射频识别(RFID)和卫星定位(GPS),配备建立自动化温度控制系统和自动化温度监控系统,对冷藏仓库、冷藏车实施自动控温与温度监控。同时,美国冷链运输车辆普遍安装了车辆跟踪系统与信息可追溯系统。在医药冷链物流方面,美国所有州均需严格按照FDA药品冷链物流的标准条例,要求医药产品必须储存在7℃以下(包含7℃),并通过无线冷链监控平台,实时监管、逆向追溯医药冷链物流的整个过程。

新加坡冷链物流信息化水平较高,多数的冷链物流公司拥有自动化水平较高的信息管理系统,并且可以与全国智能(ICT)集成物流系统对接,完成一站式平台服务。比如新加坡规定冷鲜猪肉必须带有唯一识别码,必须连续记录整条供应链上的时间—温度曲线,各环节在进行交接时必须对温度记录进行核查,以便尽早发现冷链物流中的违规操作。同时新加坡标准特别注重HACCP(Hazard Analysis and Critical Control Point)体系的应用,规定冷链各环节都必须主动制定HACCP文件,预防危害发生。

日本广泛使用电子数据交换系统,实现冷链物流各环节动态监控与跟踪。通过RFID、GPS、传感器等信息技术建立了冷链物流供应链管理系统,对货物、冷藏运输车辆进行动态监控和跟踪。还对其冷链物流的供应链建立电子虚拟系统,实现对农业生产、储藏、运输配送和销售一体化的实时监测,使冷链物流信息在全国范围内实时共享。

发达国家广泛采用RFID、GPS、传感器等技术对冷链物流全过程实现了温度监控,建立了完善的可追溯体系。我国也应加强冷链物流全程实行温度监控和全流程规范化操作,确保达到法律要求并具可追溯性。同时,应充分发挥现有部门和机构的作用,建立冷链物流信息披露和联合惩戒机制,对冷链责任主体的经营情况进行抽查,切实推进冷链物流全程无断链可追溯。

三、冷链物流法规标准建设

美国国会于1990年通过《食品卫生运输法》,并于2005年进行修订,授权美国食品和药品管理局(FDA)颁布卫生运输操作准则,明确从事食品运输必须严格遵守准则。FDA于2016年颁布《人类和动物食品卫生运输法规》,明确了发货人、承运人、装货人、卸货人、接受人等各相关方的职责,提出运输车辆和设备、运输作业、培训、记录等各方面的具体要求。此外,美国海关、国际航空运输协会(IATA)、运输安全管理局(TSA)、联邦药品和食品管理局(FDA)、运输部(DOT)等联邦监管机构也都制定了冷链物流的标准和要求,旨在更好地保证产品的安全运输。如 IATA 关于易腐货物运输有《易腐货物规则》(Perishable Cargo Regulations,简称 PCR),美国食品药品管理局公布了相关食品安全法案、危害关键点分析,对食品安全涉及的各个方面以法规的形式进行控制,如《食品安全与运输指南》对关键点进行控制以保证食品在装卸、运输、储存中的健康和安全,《食品安全现代化法案》中对农产品、食品药品、海鲜、化妆品等设定强制性标准。

新加坡在冷链标准化当中,主要以国家实际情况为基准,以市场实际需求为导向,其冷链物流的相关标准是各方利益协调的结果,如新加坡标准SS552:2009,是由农粮兽医局、国外猪肉生产企业、超市、物流企业、消费者协会、肉商联合会等组织共同制定,标准也是各方利益共同协调产生。由于企业的积极参与,标准中考虑到的问题非常全面、细致,标准中的规定来源于实践经验,无论是从整个冷链流程的角度,还是具体的作业层面,都具有很强的可操作性,有利于标准的执行和监管,最终也达到了理想的实施效果。

日本对食品冷链物流的相关法律标准,以实现食品质量安全控制为核心。日本冷链行业以 HACCP、ISO9000、ISO22000 等国际标准为主要参考规范,不断提升国际化程度,一是打造自身良好的运营品质,二是在向国际输出产品时节省时间和降低成本。在冷链物流标准国际化进程上,经过日本政府的努力,国际标准组织冷链标准(企业对企业)的内容基本采取了日本标准的定义,主题领域包括冷链物流服务的定义、运输网络的建设、冷链物品的处理、营业场所、冷库车辆、冷库和冷却液的条件、工作说明和手册、工作人员的教育和培训以及冷藏服务的监控和改进等内容。此外,日本瞄准快速发展的东盟农产品市场,不遗余力在东盟输出本国 JSA-S1004 冷链标准。

发达国家针对冷链物流有清晰的标准,制定了冷链物流全过程的法规和标准,并不断提升国际化程度。我国也要加快完善相关法规标准,内容覆盖冷链物流全过程,并加大标准实施力度和应用监督力度,积极推动国内标准融入国际标准,推进我国冷链物流向标准化、规范化方向发展。

四、行业协会的积极作用

美国行业组织、协会对冷链物流高效运行起到了关键作用。美国冷链协会由航空公司、载货车运输商、地面搬运商和设备生产商组成,为运输温控货物制定标准化的指导原则。美国冷链协会发布了《冷链质量指标》,可用于测试运输、处理和储存易腐货物企业的可靠性、质量和熟练度,并可以为整个易腐货物供应链的认证奠定基础。

新加坡的物流商协会在冷链物流管理上起到了较大的作用,如新加坡物流协会(SLA)、新加坡运输协会(STA)、新加坡船运协会(SSA)等,这些协会为冷链物流企业提供了交流的平台,担当政府联系的桥梁角色,制定冷链物流行业标准,推广新的物流技术,实施政府推行项目,以及培训培养从操作员到管理者的物流人才等。

日本民间行业协会是冷链物流领域标准的重要制定者和推动者。日本虽然有《食品卫生法》《物流效率法》等法规,但没有冷链物流方面具体的法律实施细则或标准说明,所以民间行业协会是填补日本国内冷链物流领域标准规则的主体。涉及冷链物流的最主要民间团体是日本冷冻食品协会,是农林水产省在冷冻食品领域唯一指定的组织,该协会从1969年建立了冷冻食品认定制度,次年发布了《冷冻食品品质与卫生指导要纲》《确认工场认证制度》等文件,对日本冷链物流中的食品规范建设起到了重要作用。而日本冷藏仓库协会背靠国土交通省,对日本国内的冷冻食品保管场所——冷藏仓库的发展进行了大量支持性工作。

发达国家的行业协会对冷链物流的发展发挥了积极的作用,制定了相关的行业标准,填补了政府工作和法律法规的空白。为提升冷链物流管理效率,我国也应充分发挥行业协会的作用,鼓励行业协会制定冷链物流质量标准和行业规范,提高组织能力、协调能力,推动企业精细分工,促进行业自律。

第四节　加强冷链物流行业管理的相关建议

1.齐抓共管,强化协同,建立冷链物流高质量发展议事协调机制

建议推动建立冷链物流高质量发展部际议事协调机制,由国家发改委牵头,联合农业农村部、市场监管总局、商务部、交通运输部、工业和信息化部、公安部、财政部、海关总署、供销合作总社、国家标准委、中国物流与采购联合会等部门共同推进冷链物流高质量发展。议事协调机制应全面掌握全国冷链物流发展情况,综合协调涉及冷链物流发展的政策、战略和规划,统筹推进冷链物流标准化、信息化、统计指标体系、人才培养等基础性工作,指导各省(区、市)人民政府及其职能部门的冷链物流管理工作,协调解决涉及相关部门的有关问题,促进部门协作配合,实现信息共享,建立长效机制,全面推进冷链物流高质量发展。议事协调机制下设办公室,办公室日常工作由国家发改委经济运行局承担。议事协调机制组长由国家发改委分管副主任担任,成员为有关部门和单位负责同志。议事协调机制每年召开1~2次会议,重点研究解决当年冷链物流发展中的重点问题,办公室定期召开工作例会,因工作需要或成员单位要求,经组长同意,可临时召开会议。

2.统筹规划,科学布局,打造冷链物流基础设施建设管理"一张网"

建议由发改部门牵头,农业农村、商务、交通运输、供销总社、海关总署等部门协同合作,统筹规划建设全国及区域大型冷链骨干物流基地、农产品主产区冷库、水产品主产区冷库、重点进口食品集中监管仓库、重点流通贸易型冷库等冷链物流基础设施关键节点,加强顶层设计,实现统一规划、分批建设、联动管理。

3.数字转型,强化对接,建设全国冷链物流信息监管平台

建议由市场监管部门牵头,联合农业农村、商务、交通运输、供销总社、海关总署等部门,共同组建统一的冷链物流数字监管平台,实现以保障冷链产品质量安全为核心,覆盖从生产端到销售端的全链条动态监管,做到冷链产品和运输车辆位置可查、温度可看、责任可追。农业农村、商务、交通运输、供销总社、海关总署等部门根据职责范围分别建立生产端、仓储端、运输端、进出口端等各环节冷链物流信息子系统,各子系统之间实现标准化对接和信息交互,并推动各省级平台与国家平台实现互联互通。

4.填补盲区,创新模式,强化冷链运输环节协同监管

建议由交通运输部门主管全国冷链货物道路运输管理工作,联合市场监督管理、工信、公安、卫健、农业农村、商务等部门制定出台《冷链货物道路运输管理规定》,构建冷链运输分级分类精准监管体系。严格履行各部门在冷链运输环节的企业市场准入、货物质量安全监督、运输装备技术标准、车辆注册和通行秩序管理、企业执行食品安全标准、动植物检验检疫、存储装卸作业规范等职责,强化协同,填补冷链运输监管空白。交通运输部门应进一步明确4.5t以下冷链运输车辆的专用运输属性,做好冷链运输车辆和从业人员的准入管理。以冷链物流电子运单为抓手,建设冷链货物道路运输市场运行监测与服务平台,实现对冷链运输车辆、货物的全程跟踪监测,开展冷链车辆、从业人员的服务质量评价,完善事中事后监管。逐步完善铁路冷链物流班列、航空冷链物流运输管理规范。

5.完善标准,健全制度,推动冷链物流精细化管理

加快推动冷链物流全链条、各品类、多环节急需标准的制定出台,完善以水果、蔬菜、肉类、水产品、乳制品、速冻食品、药品、医疗器械为主要对象的国标、行标、团标的制定完善,加快冷链物流信息追溯平台、医药零售终端等空白领域的标准建设,促进已有的重要团体标准如《净菜物流管理规范》升级为行业标准,建议制定疫苗储存运输强制性国家标准,作为相关法规配套标准,强力推动

冷链物流精细化管理。地方人民政府应在切实落实国务院相关政策的基础上，进一步针对冷链物流企业在用地、用电、税费等方面的实际困难，优化相关政策，切实解决实际问题。在车辆进城通行、城区公共装卸配送区域设置、绿色运输通道、新能源车辆补贴、社会融资、货物质量安全追溯管理等方面完善相关制度保障，推动冷链物流规范化管理。

6.强化沟通，促进自律，鼓励建立细分领域行业协会

充分发挥社会团体积极作用，做好政府和企业间沟通的桥梁，积极参与政策、法规、标准制定，推动行业规范化发展。推动企业联盟化运作，加强冷链物流企业全链条供应链管理意识，推动冷链物流企业诚信建设，加强行业自律。鼓励建立药品、禽肉类、奶制品、水产、化工品等细分品类，存储、运输、电商等细分环节的专业协会，逐步细化制定各品类货物预冷、存储、运输、包装等各环节操作要求和指南，加强推广应用，形成行业共识，助力冷链物流高质量发展。

第七章

我国冷链物流法律法规及标准规范

　　随着食品药品质量安全意识的日益提高，我国冷链物流相关法律法规不断完善，标准化建设工作蓬勃开展，对于引导冷链物流行业健康有序发展，推动产业衔接，促进企业降本增效，保证食品药品质量安全发挥了重要作用。本章全面梳理了药品、医疗器械等医药类和食品类冷链物流相关法律法规制定和标准体系建设情况，分析了存在的问题和短板，并从健全法规制度、完善标准体系、加强标准执行等方面提出相关建议。

第一节　冷链物流现行相关法律法规

一、医药冷链物流监管相关法律法规

医药冷链物流的出现,需求起源于常规保存在常温条件下无法保质的各类医药产品,有些药物、药品容易变色、变味、发霉等甚至药物变质等,所以在低温冷藏条件下能使医药产品不变质失效,延长保质期。医药冷链物流作为冷链物流的一个分支,特指为满足人民疾病预防、诊断和治疗的目的而进行的冷藏药品、医疗器械等实体从生产者到使用者之间的一项系统工程,包括其运输、储存、配送等主要环节。由于药品、医疗器械等医药类产品的特殊性,我国基本建立了一套较为完善的医药产品管理法律法规体系,包括法律如《中华人民共和国药品管理法》、行政法规如《中华人民共和国药品管理法实施条例》和部门规章如《药品经营质量管理规范》等,涉及到药品(含疫苗)、医疗器械等细分领域,包含医药产品的研制、生产、流通、销售、使用等各环节,对于加强医药行业监管,促进医药行业规范有序发展发挥了基础性、关键性作用。从法律法规体系来看,在《中华人民共和国药品管理法》《中华人民共和国疫苗管理法》等上位法的基础上,专门制定了《疫苗储存和运输管理规范》《药品经营质量管理规范》及其附录,对储存、运输、配送等医药冷链物流环节的相关要求作出明确规定,有效支撑和保障医药冷链物流体系建设。

1.药品管理相关法律法规

药品管理相关法律法规主要有《中华人民共和国药品管理法》《中华人民共和国疫苗管理法》《中华人民共和国药品管理法实施条例》《疫苗生产流通管理规定》《药品经营质量管理规范》(包括附录)等。其中涉及到冷链物流相关内容的法律法规主要是《中华人民共和国药品管理法》《中华人民共和国疫苗管理法》《疫苗生产流通管理规定》《药品经营质量管理规范》。

1)《中华人民共和国药品管理法》中冷链物流相关规定

《中华人民共和国药品管理法》(以下简称《药品管理法》)是药品管理中必须遵循的上位法。《药品管理法》旨在加强药品管理,保证药品质量,保障公众用药安全和合法权益,保护和促进公众健康。适用于在我国境内从事药品研制、生产、经营、使用和监督管理活动。其中与冷链物流相关的内容主要包括两个方面:

(1)关于药品追溯制度要求。国家要建立健全药品追溯制度,国务院药品监督管理部门应当制定统一的药品追溯标准和规范,推进药品追溯信息互通互享,实现药品可追溯。

(2)关于委托储存运输的要求。药品上市许可持有人、药品生产企业、药品经营企业委托储存、运输药品的,应当对受托方的质量保证能力和风险管理能力进行评估,与其签订委托协议,约定药品质量责任、操作规程等内容,并对委托方进行监督。

2)《中华人民共和国疫苗管理法》中冷链物流相关规定

《中华人民共和国疫苗管理法》(以下简称《疫苗管理法》)是疫苗管理中必须遵循的上位法。《疫苗管理法》旨在加强疫苗管理,保障疫苗质量和供应,规范预防接种,促进疫苗行业发展,保障公共健康,维护公共卫生安全。适用于在我国境内从事疫苗研制、生产、流通和预防接种及其监督管理活动。其中与冷链物流相关的内容主要包括:

(1)关于疫苗储存运输的要求。疫苗在储存、运输全过程中应当处于规定的温度环境,冷链储存、运输应当符合要求,并定时监测、记录温度。

(2)对于疫苗配送单位文件保存的要求。疫苗配送单位应当按照规定,建立真实、准确、完整的配送记录,并保存至疫苗有效期满后不少于五年备查。

(3)明确疫苗质量监督管理部门。药品监督管理部门依法对疫苗研制、生产、储存、运输以及预防接种中的疫苗质量进行监督检查。

(4)对违反冷链储存、运输要求的法律责任。疫苗配送单位违反疫苗储存、运输管理规范有关冷链储存、运输要求的,须承担相应的法律责任。

3)《疫苗生产流通管理规定》中冷链物流相关规定

《疫苗生产流通管理规定》是于2022年7月发布的一项部门规章,旨在为加强疫苗生产流通监督管理,规范疫苗生产、流通活动。适用于我国境内从事疫苗生产、流通及其监督管理等活动。其中与冷链物流相关的内容主要包括:

(1)对持有人委托疫苗储存、运输的要求。持有人可委托符合药品经营质量管理规范冷藏冷冻药品运输、储存条件的企业配送、区域仓储疫苗,应当对疫苗配送企业的配送能力进行评估,主要从运输单位的配送条件、配送能力、信息化追溯能力等方面进行评估,并将评估情况向持有人所在地和接收疫苗所在地省级药品监督管理部门报告,省级药品监督管理部门应当及时进行公告。同时严格控制配送企业数量,持有人在同一省级行政区域内选取疫苗区域配送企业原则上不得超过两家。

(2)对受托储存、配送企业的要求。受持有人委托承担疫苗运输的配送企业不能再委托其他配送企业进行运输。受托储存运输企业相关方应当按照国家疫苗全程电子追溯制度要求,如实记录疫苗储存、运输信息,实现最小包装单位从生产到使用的全过程可追溯。疫苗配送单位应当按持有人要求,真实、完整地记录储存、运输环节信息。

4)《药品经营质量管理规范》及其附录中冷链物流相关规定

《药品经营质量管理规范》(简称GSP)是规范药品经营质量管理的基本准则,旨在加强药品经营质量管理,规范药品经营行为,保障人体用药安全、有效。现行GSP自2000年颁布实施后,经过二十多年的实践,对提高药品经营企业素质,规范药品经营行为,保障药品质量安全起到了十分重要的作用。在GSP的基础上,国家食品药品监督管理总局制定了相应细化的管理文件,明确了药品经营质量管理过程中的一些技术性、专业性较强的规定或者操作性要求,如计算机系统、仓储温湿度监测系统、药品收货和验收、冷藏和冷冻药品的储存、运输等管理规定,以GSP附录的形式予以发布,作为GSP组成部分一并监督实施。

（1）对设施设备的要求。在GSP中明确要求储存、运输冷藏、冷冻药品的应当配备相应的设施设备，包括冷库、冷库制冷设备的备用发电机组或者双回路供电系统、冷藏车及车载冷藏箱或者保温箱等设备；同时对设备的温度监测功能、验证等提出了相应要求。

（2）对运输配送的要求。GSP对药品的运输、配送环节中的具体操作、温度监测记录、应急预案、质量追溯、运输安全措施等有明确的要求。

除了GSP，还专门制定了附录1《冷藏、冷冻药品的储存与运输管理》，对冷藏、冷冻储运设施设备及温湿度自动监测系统配置与维护，以及收货、验收、储存、养护、出库、运输等环节的操作进行了详细规定；附录3《温湿度自动监测》对仓储和运输过程中配备的温湿度自动监测系统提出了技术要求；附录4《药品收货与验收》规定了药品收货、验收环节的具体要求；附录5《验证管理》对冷库、冷藏车、冷藏箱、保温箱以及温湿度自动监测系统等提出验证要求，确认相关设施、设备及监测系统能够符合规定的设计标准和要求，并能安全、有效地正常运行和使用，确保冷藏、冷冻药品在储存、运输过程中的质量安全。

2.医疗器械管理相关法律法规

医疗器械冷链储运安全对于产品质量至关重要，我国医疗器械领域法规的不断完善，对医疗器械冷链管理的收货、验收、储存、出库、运输等环节均进行了相关规定，有效保障医疗器械冷链产品全生命周期的质量安全。其中涉及到冷链物流相关内容的法规主要是《医疗器械监督管理条例》《医疗器械经营监督管理办法》《医疗器械经营质量管理规范》。

1)《医疗器械监督管理条例》中冷链物流相关规定

《医疗器械监督管理条例》是为了保证医疗器械的安全、有效，保障人体健康和生命安全，促进医疗器械产业发展而制定的条例。适用于在我国境内从事医疗器械的研制、生产、经营、使用活动及其监督管理。该条例对运输、储存医疗器械提出了相应要求，包括要符合医疗器械说明书和标签标示的要求；对温度、湿度等环境条件有特殊要求的，应当采取相应措施，保证医疗器械的安全、有效。

2)《医疗器械经营监督管理办法》中冷链物流相关规定

《医疗器械经营监督管理办法》是2022年3月由国家市场监督管理总局发布的部门规章,旨在加强医疗器械经营监督管理,规范医疗器械经营活动,保证医疗器械安全、有效。适用于从事医疗器械经营活动及其监督管理。该条例对运输、储存医疗器械提出了相关规定,要求医疗器械经营企业应当采取有效措施,确保医疗器械运输、储存符合医疗器械说明书或者标签标示要求,并做好相应记录。对温度、湿度等环境条件有特殊要求的,应当采取相应措施,保证医疗器械的安全、有效。

3)《医疗器械经营质量管理规范》中冷链物流相关规定

《医疗器械经营质量管理规范》(以下简称《管理规范》)旨在加强医疗器械经营质量管理,规范医疗器械经营管理行为,保障公众用械安全有效。该管理规范要求医疗器械经营企业按照《管理规范》建立健全质量管理体系,在医疗器械采购、验收、储存、销售、运输、售后服务等环节采取有效的质量控制措施,保障经营过程中的质量安全,从职责与制度、人员与培训、设施与设备、采购、收货与验收、入库、储存与检查、销售、出库与运输、售后服务等多方面提出了相关要求。其中与冷链物流相关的内容包括:对有特殊时温度要求的医疗器械,应当配备符合其储存要求的设施设备;验收需要冷藏、冷冻的医疗器械时,要对运输方式及运输过程的质量控制状况进行检查;冷藏、冷冻医疗器械的运输需要配置的车辆及设备等以及冷藏车的温控、监测、报警等功能要求。

4)《医疗器械冷链(运输、储存)管理指南》中冷链物流相关规定

《医疗器械冷链(运输、储存)管理指南》(以下简称《管理指南》)是根据《医疗器械监督管理条例》《医疗器械经营监督管理办法》等上位法律法规制定的一部针对性强、实用性强、操作性强的指南。《管理指南》对冷链管理医疗器械所涉及的人员与设施设备、验证管理、出库与运输、应急管理等各环节做出具体要求,适用于医疗器械生产经营企业和使用单位对医疗器械运输与储存的质量管理,为加强医疗器械质量监督管理提供了技术指导。

（1）关于人员管理的要求。《管理指南》要求从事冷链管理医疗器械的收货、验收、储存、检查、出库、运输等工作的人员,应接受冷藏、冷冻相关法律法规、专业知识、工作制度和标准操作规程的培训,经考核合格后,方可上岗。

（2）关于冷链运输、储存设施设备配置的要求。医疗器械生产企业、批发企业、医疗器械零售企业和使用单位都应根据相关需要,配备相适应的冷库(冷藏库或冷冻库)、冷藏车或冷藏箱(保温箱)等设施设备。《管理指南》对冷库、冷藏车、冷藏箱(柜)、保温箱等相关设施设备的功能和管理均做出具体要求,并明确提出,"用于医疗器械储存和运输的冷库、冷藏车应配备温度自动监测系统监测温度"。

（3）关于冷链运输、储存设施设备验证的要求。冷库、冷藏车、冷藏箱、保温箱以及温测系统应进行使用前验证、定期验证及停用时间超过规定时限情况下的验证。未经验证的设施设备,不得应用于冷链管理医疗器械的运输和储存过程。冷链管理医疗器械出库时,应当由专人负责出库复核、装箱封箱、装车码放工作。使用冷藏箱、保温箱运输冷链管理医疗器械的,应当根据验证确定的参数及条件,制定包装标准操作规程等。

（4）关于承运方的资质审核要求。《管理指南》对于冷链管理医疗器械委托运输中承运方的资质及能力审核,委托运输协议的签订,均明确了相关要求。

（5）关于应急预案的要求。《管理指南》要求生产经营企业和使用单位应制定冷链管理医疗器械在储存、运输过程中温度控制的应急预案,并对应急预案进行验证。对储存、运输过程中出现的断电、异常气候、设备故障、交通事故等意外或紧急情况,能够及时采取有效的应对措施,防止因异常突发情况造成的温度失控。

二、食品冷链物流相关法律法规

纵观十多年前,我国关于食品安全的规定散见于《中华人民共和国食品卫生法》《中华人民共和国产品质量法》等法律法规中,未从全局进行细致的统筹规定,食品安全监管远远滞后于食品工业的迅猛发展,从而导致食品安全事件屡次发生。在国家深入实施食品安全战略的背景下,《中华人民共和国食品安全法》(以下简称《食品安全法》)及实施条例于2009年出台。《食品安全法》及实施条例是适应新形势发展的需要,为了从制度上解决现实生活中存在的食品安全问题,更好地保证食品安全而制定的。该法体现了预防为主、科学管理、明确责任、综合治理的食品安全工作指导思想,确立了食品安全风险监测和风险评估制度、食品安全标准制度、食品生产经营行为的基本准则、索证索票制度、不安全食品召回制度、食品安全信息发布制度,明确了分工负责与统一协调相结合的食品安全监管体制,为全面加强和改进食品安全工作,实现全程监管、科学监管,提高监管成效、提升食品安全水平,提供了法律制度保障。《食品安全法》的施行,对于防止、控制、减少和消除食品污染以及食品中有害因素对人体的危害,预防和控制食源性疾病的发生,对规范食品生产经营活动,防范食品安全事故发生,保证食品安全,保障公众身体健康和生命安全,增强食品安全监管工作的规范性、科学性和有效性,提高我国食品安全整体水平,切实维护人民群众的根本利益,具有重大而深远的意义。《中华人民共和国食品安全法实施条例》(以下简称《食品安全法实施条例》)是《食品安全法》的配套行政法规,使相关制度进一步细化、实化、深化,提升法律的制度价值。《食品安全法》中对食品冷链物流提出了总体性要求,《食品安全法实施条例》中细化了相关要求和法律责任。

1)《食品安全法》中冷链物流相关规定

《食品安全法》在食品的储存、运输相关条款中规定:储存、运输和装卸食品的容器、工具和设备应当安全、无害,保持清洁,防止食品污染,并符合食品安全所需的温度、湿度等特殊要求,不得将食品与有毒、有害物品一同储存、运输。同时明确了法律责任,即未按要求进行食品储存、运输和装卸的,将受到改正、警告、停产停业、罚款、吊销许可证等不同程度的惩罚。

2)《食品安全法实施条例》中冷链物流相关规定

《食品安全法实施条例》进一步突出重点、细化规定,对生产、流通、餐饮、运输、存储等各个环节的食品安全提出规定性要求,使相应的制度和机制更加完善。与冷链物流相关的主要有以下几个方面:

（1）关于委托储存运输的要求。《食品安全法实施条例》提出储存、运输对温度、湿度等有特殊要求的食品，应当具备保温、冷藏或者冷链等设备和设施，并保持有效运行。

（2）关于记录保存的要求。《食品安全法实施条例》要求受托储存、运输的经营者应当如实记录委托方和收货方的名称、地址、联系方式等内容，记录保存期限不得少于储存、运输结束后两年。

除了在食品药品质量安全方面建立健全法律法规和管理制度，交通运输领域也从运输合规的角度建立了法规制度，为冷链运输市场的公平有序竞争提供了基本保障。目前，冷链运输相关的法律法规主要是《中华人民共和国道路运输条例》《道路货物运输及站场管理规定》。

第二节　冷链物流相关政策盘点分析

一、医药冷链物流政策实施情况

1.医药冷链物流政策环境

国家"十四五"国民经济和社会发展规划发展纲要将把保障人民健康放在优先发展的战略位置，坚持预防为主的方针，深入实施健康中国行动，完善国民健康促进政策，织牢国家公共卫生防护网，为人民提供全方位、全生命期健康服务。

商务部《关于"十四五"时期促进药品流通行业高质量发展的指导意见》提出"完善城乡药品流通功能，发展现代医药物流，发展现代绿色智慧供应链，发展数字化药品流通，推进互联网＋药品流通，优化流通行业结构，促进对外交流合作。"

国务院办公厅印发的《"十四五"冷链物流发展规划》提出"完善医药产品冷链物流设施网络。鼓励医药流通企业、药品现代物流企业建设医药物流中心,完善医药冷库网络化布局及配套冷链设施设备功能,提升医药产品冷链全程无缝衔接的信息化管理水平。推动医药流通企业按《药品经营质量管理规范》要求配备冷藏冷冻设施设备,支持疾控中心、医院、乡镇卫生院(室)等医疗网点提高医药产品冷链物流和使用环节的质量保障水平。加强医药物流中心与冷链末端的无缝衔接,鼓励发展多温共配、接力配送等模式,探索发展超低温配送,构建广覆盖、高效率、低成本、安全可靠的医药产品冷链物流网络。"提出"提升医药产品冷链物流应急保障水平。研究将医药产品冷链物流纳入国家应急物资保障平台,整合行业医药冷库、车辆、标准化载器具等资源,健全应急联动服务及统一调度机制,提高医药产品冷链应急保障能力。完善全国统一的医药产品冷链物流特别管理机制,保障紧急状态下疫苗及其他医药产品冷链运输畅通和物流过程质量安全。"

国务院办公厅重磅发布《关于印发"十四五"现代物流发展规划的通知》,医药物流首次进入国家顶层设计。《"十四五"现代物流发展规划》是我国现代物流领域第一份国家级五年规划,对于加快构建现代物流体系、促进经济高质量发展具有重要意义。《"十四五"现代物流发展规划》明确提出"完善医药物流社会化服务体系,培育壮大第三方医药物流企业。鼓励覆盖生产、流通、消费的医药供应链平台建设,健全全流程监测追溯体系,确保医药产品物流安全。"

以上重要政策为我国医药冷链物流"十四五"期间高质量发展指明了方向。

2.医药冷链物流领域尚存政策缺口

当前行业发展的政策环境仍然不完善,面临一系列的痛点、难点、堵点问题,亟待优化解决。

(1)药品第三方物流准入资质问题。各地监管部门监管思路和开放程度不一致,监管政策还存在差异,比如社会化第三方医药物流准入资格的规定、资质审核的要求不统一。

(2)药品追溯体系建设问题。现阶段药品信息化系统建设存在种类较多、多种编码共存、操作标准不一、数据安全隐患等问题,冷链物流企业往往要根据药品生产、经营企业的需要连接不同的系统,且各系统操作方式、流程、标准各异,给冷链物流企业的运营与服务增加了不便的负担,制约了药品信息的互联互通与跟踪追溯。

(3)多仓联动、异地设仓问题。当前行业仍存在部分省(市)缺乏政策落实细则、各省政策执行标准不统一的现象,导致企业多仓联动、异地设仓难,增加了全行业的物流成本。

(4)国际冷链运输存在监管主体缺失情况。在国际物流中,从海外厂家到我国口岸,以及海关待检待验通关之前的两段温控过程所采取的温控措施和温控数据,尚存在一定的监管盲区、缺乏一定的监管与追溯。此外,冷藏箱内使用的温度计,其电池多为锂电池,电量有限,难以保证全程信息追溯,给全程冷链的质量安全增加了风险与隐患。

由此可见,医药物流监管政策尚未形成有效的互通互认机制,各方认定不一,造成全国医药物流资源分割的局面,增加了医药物流企业的经营负担,制约了医药物流行业的发展。

但毋庸置疑的是,医药属于政策强监管领域,从《药品管理法》《疫苗管理法》到GMP、GSP等规范,无一不是执行着最严格监管、最严谨标准、最严厉处罚、最严肃问责。地方上在执行强监管政策时,难免出现地方保护、区域壁垒、自我小循环、协同性弱的一些特点。

因此,如何在保障药品安全的前提下,实现降低药品流通的成本,促进药品物流降本增效,亟待全行业共同"破题",走出医药物流资源规模效应低、协同能力差、同质化严重的困境。

3.医药冷链物流政策建议

"十四五"期间,医药冷链物流监管政策宜从科学、柔性、全面、智慧的角度出发,建立全国医药冷链物流"一盘棋",实现药品冷链物流降本、提质、增效的高质量发展。

1）统一行业准入制度

对开展药品第三方物流企业，开展异地设仓、多仓联动的企业，建立全国通用性资格清单，统一规范评价程序和管理办法，提升全国互通、互认、互用效力。

在监管执法层面，对异地设仓等跨行政区域的监管，建议加强部门联动，联合发布统一监管政策、法规及标准规范，开展跨部门协同监管。

2）完善全程信息追溯

打破医药生产、流通、物流、消费各领域的壁垒，建设医药智慧监管追溯平台，整合监管机构、生产企业、流通企业、终端机构、检验检测机构、物流企业相关数据，统一赋码标准和接口标准，建立统一规范的数据管理和交互系统，实现药品一物一码信息化全程追溯和动态监测。

3）打造供应链平台

推动建立医疗器械冷链统一供应链管理平台，一方面实现与海关、检验检疫、公安等政府监管部门的统一接口，建立统一信息化标准、统一数据服务。另一方面，冷链物流企业可共享运输配送信息，尤其针对体外诊断试剂小批量、多次数的运输特点，实现多家企业共用运输（冷藏车、冷藏箱等）资源，通过分摊物流成本，达到各企业节约运输成本的效果，同时也提高各区域、各企业的协调效率与信息共享能力，提升应急通信保障能力，满足应急通信联络和信息传递需求。

4）统一社会信用制度

建立医药物流统一社会信用制度。在医药物流领域建立以信用为基础的新型监管机制，全面推广信用承诺制度，建立企业信用状况综合评价体系，以信用风险为导向优化配置监管资源，编制全国失信医药物流企业惩戒措施基础清单。健全守信激励和失信惩戒机制。例如对纳入信用体系"白名单"的医药冷链物流企业，考虑享受"绿色通道"，适度放宽城市配送路权等优惠政策。对纳入"黑名单"的企业实施曝光、处罚、清退等措施。

5）发挥行业协会作用

在医药物流领域，充分发挥行业协会的作用，通过协会建立有效的政企沟通机制,逐渐形成政府监管、平台自律、行业自治、社会监督的多元治理新模式。在提升市场监管能力方面,行业协会有责任联合媒体、消费者、公众对行业共同开展监督评议。

6)重点区域先行先试

在全国医药物流一盘棋的前提下,可以优先推进区域协作,在京津冀、长三角、粤港澳大湾区、成渝区双城经济圈、长江中游城市群等区域优先开展区域医药物流一体化建设,建立区域合作机制,总结并复制推广典型经验和做法。

二、食品冷链物流政策实施情况

1.食品冷链物流政策环境

2022年政府对冷链物流行业保持高度重视。据不完全统计,2022年国家层面出台的冷链相关政策、规划超过52项,其中由国务院出台超过11项,多部门多维度共同指导部署推动冷链物流行业高质量发展。2022年各地方政府根据国家战略方针陆续出台相关规划政策,据不完全统计,2022年各省的冷链相关政策、规划超过481项。各地冷链物流政策主要以补齐设施短板、畅通冷链物流通道、提高冷链物流服务质量为核心,逐步推动并完善各地冷链物流体系。

地方政策基调与中央政府及各部委一致,对地方政府影响大的政策有《中共中央 国务院关于做好2022年全面推进乡村振兴重点工作的意见》(地方政府发布相关的冷链物流政策超过28项),《公路、水路进口冷链食品物流新冠病毒防控和消毒指南》《港口及其一线人员新冠肺炎疫情防控工作指南》(地方政府发布相关的冷链物流政策超过36项),《农业农村部办公厅 财政部办公厅关于做好2022年农产品产地冷藏保鲜设施建设工作的通知》(地方政府发布相关的冷链物流政策超过41项),《国务院办公厅关于印发推进多式联运发展 优化调整运输结构工作方案(2021—2025年)的通知》(地方政府发布相关的冷链物流政策超过18项),大多区域冷链物流政策以中央政府政策为蓝本制定相关实施方案。冷链物流政策环境不断优化,但整体监管仍涉及到多政府部门多个监管主体,且各地方与国家层面政策存在差异,给企业在经营运作中带来了困难。

2.食品冷链物流领域尚存政策缺口

(1)冷藏车的市场准入问题。冷藏车存在改装情况,且以个体改装为主,尚未形成专业化、系统化规模,冷藏车生产市场较为散乱。从营运冷藏车来看,冷链物流运输虽然属于专用运输范畴,但交通运输部门对冷藏车缺少营运前的技术准入管理,冷藏车视同普通货车进行综合性能检测,对其功能与性能是否能达到冷链物流运输的相关要求尚未制定相关的检测与判定标准。

(2)城市配送"三难"问题。由于国家和政府高度重视环境污染和交通拥堵问题,因此冷链物流城市配送面临较为严格的环保限制政策。在城市通行、车辆停靠等多个方面都有诸多限制。冷链物流运输环节面临限高、限号、限行等问题,无法享受特种车辆相关特权,导致企业需购置更多冷藏车以保证运力应对限号问题。且由于各地限号政策不统一,易出现目的地限行,影响终端配送效率。

(3)城市配送通行证制度有待优化。部分地区冷藏车进入市区需办理通行证,企业反馈市内配送运营成本高、违章成本高。当日违章后次日无法办理通行证,缺乏有效时限给企业解决车辆违章,此规定与生鲜食品日常刚需的特性相矛盾。部分城市规定通行证需当日办理有效,且系统维护升级期间无法办理通行证,影响了生鲜配送的时效性,增加了企业的运营成本。

(4)冷链物流基地设施用地困难、面临约束多。冷链物流用地属于基础设施用地,投资额度大(拿地费用另计,仅建设成本每平米5000元以上)、回收周期长(一般为6~10年),导致新增冷链物流用地很难纳入城市规划并获得指标,即使获得冷链物流用地指标,也存在税收贡献、投资强度等条件问题约束。受拆迁政策影响,当前存量冷链物流用地加速缩减,导致冷链用地困难。

(5)政策互通性差。冷链物流涉及到多政府部门多个监管主体,且各地政策制定与执行层面存在差异。不同省市在动检证、限号、绿通等方面存在不同规定、政策执行标准有差异,给企业在经营运作中带来一定困难。

(6)行业准入门槛急需提升。冷链物流市场前景广阔但门槛较低,从投资的角度看,是资本流入的大好时机。但资本的本质是逐利,在原生态的发展模式下,资本的进入容易导致行业恶性竞争。目前部分企业制定过高标准,可能造成资源过度投入与浪费,当前无法对未履行承诺的企业进行有效的惩罚,需要相关部门出台政策,稳定冷链物流市场秩序,保障行业平稳发展。

(7)冷链物流行业人才缺乏。目前冷链物流各类环节的人才缺口较大,从一线操作员工、中层管理、专业技术以及高级管理人员均存在缺口。冷链物流管理需要复合型的人才,既要懂物流,也要懂制冷,还需了解相关商品的知识,在行业内具备多种专业知识的复合型人才数量较少。

3.食品冷链物流政策建议

1)强化冷链物流监管

统一执行冷藏车辆公告,避免超宽、超高、超标现象;鼓励城市配送用冷藏车安装尾板(适当放宽车辆总质量限制),提高装卸效率、避免失温。

建立冷藏车温控大数据平台,强制性公开温控数据,引入客户和社会监督。严厉打击"伪冷链物流",推动冷链物流企业认证制度,正向引导行业行为,接受公众举报监督,设定高额违规罚款机制(建议罚款数额超出违规收入所得),形成实际的"违规不经济"。

2)改善货运车辆停车难问题

在商业设施建设申报期,给予物流车辆停车环境评估,特别是以食品安全为抓手,结合冷链物流特点以及货运车的长、宽、高尺寸,建设有物流通道及卸货平台;借鉴出租车临时蓝色停车位的经验,对已经建设投入使用的商业设施,建议在临街商业网点设置货运车临时停靠车位,给予货运车20~30min卸货便利。便利补货,保障民生消费,减少断链、保障食品安全。

3)改革肉类跨省调运制度

鉴于目前不同省市之间存在检疫政策的差异,给企业跨省操作等业务环节造成不同程度的困难。因此建议调整冻检证制度,以适应正在大力推进的"集中屠宰、冷链运输、冷鲜上市"畜禽产品生产经营模式。在全国范围内统一肉类检疫标准及单据材料,各省份按照统一的标准化检疫流程进行操作,同时在保证检疫质量的基础上,尽可能精简流程操作。建立统一的线上质量检测监控平台,实现猪肉流通过程的全程监控和信息可追溯功能。

4)加强冷链物流保障性政策的实施

建立明确的绿色通道及政策体系,为应急环节规范操作流程和标准提供必要的政策支持和帮扶。健全行业内的失信惩罚机制,推进冷链物流信用体系建设,充分发挥行业内的约束和惩罚作用。完善信息公开制度,冷链物流参与主体的奖惩信息及时在行业信息平台公开,保证惩罚措施的约束。针对冷链物流建设环节,制定并出台采购(建设)、用水、用电以及用地等方面优惠政策。

5)建立全国性统一通用政策体系

从全国整体性发展的角度,建立统一的标准管理政策体系。确保核心管控标准各地可保证统一性和通用性,从而减少由于政策不一致造成的操作困难以及资源浪费。

6)拓宽投融资渠道

建议根据《公开募集基础设施证券投资基金指引(试行)》,优先支持符合资质、经营良好的冷链物流企业发行公募REITs产品,拓宽冷链物流企业的投融资渠道,鼓励社会资本通过设立产业发展基金等多种方式参与投资建设。

7)培养行业龙头企业

加强行业龙头企业培养,加大行业对企业发展的扶持力度,建立行业发展标杆型企业,指引行业和企业发展方向。同时通过培育龙头企业,逐步规范行业环境和市场行为,建立行业门槛及运营规范。

8)完善冷链物流人才培养机制

鼓励有条件的普通高校和职业院校开设冷链物流相关专业,重点培养冷链物流供应链管理、冷链物流系统规划、冷链物流专项技术和企业运营等方面的专业人才。强化继续教育和职业培训的针对性,鼓励高等院校深入对接行业需求,以应用为导向发展冷链物流继续教育,促进从业人员知识更新与技能提升,拓宽企业管理人员发展视野。

第三节　冷链物流相关标准规范

一、标准制定及实施情况

1.医药冷链物流

全国物流标准化技术委员会医药物流标准化工作组(SAC/TC269/WG2,简称"医药工作组")于2015年6月经全国物流标准化技术委员会批准成立,秘书处设在中国物流与采购联合会医药物流分会。负责开展医药物流相关国家标准、行业标准、团体标准的制修订以及推广工作。医药工作组由来自协会、医药生产、经营批发、物流、疾控、信息化等39名委员组成。目前已牵头制定13项标准,涉及设施设备验证、药品物流、冷链物流、医药冷藏车、阴凉箱、保温箱、承运商审计、冷藏车认证、医药物流人才等方面。

全国物流标准化技术委员会医疗器械物流标准化工作组(SAC/TC269/WG5,简称"器械工作组")于2021年9月经全国物流标准化技术委员会批准成立,秘书处设在中国物流与采购联合会医疗器械供应链分会。负责开展医疗器械物流相关国家标准、行业标准、团体标准的制修订以及推广工作。器械工作组由来自协会、学院、医院、检验机构、医疗器械生产、经营、物流、软硬件等37名委员组成。目前已牵头制定5项标准,涉及IVD、医学检验、院内物流、大中型医疗器械等方面。

"十三五"期间,我国制修订并发布了一批医药冷链物流标准,大力地提高了我国医药物流标准化水平。其中,《药品冷链物流运作规范》的推行,推动行业企业在药品冷链、疫苗储运服务方面能力的提升,有效确保了冷链药品的储运安全。据统计,已有20个省市的200余条招投标项目将此标准作为投标资质之一,包含省疾控、医院、社区卫生服务中心、部分政府、生产和终端企业等企事业单位,涉及北京、上海、天津、重庆、广东、福建、四川、浙江、江苏、山东、湖南、湖北、广西、安徽、黑龙江、内蒙古、新疆、海南等地,涉及疫苗、中药饮片、检验标本等冷链配送项目,将该标准的试点、达标、示范资质作为招投标的加分条件。而且部分地区药监局对企业进行飞检时,也明确要求储存和运输冷链药品、疫苗的企业除了要符合《药品经营质量管理规范》的要求,还应严格参照《药品冷链物流运作规范》开展相关工作。此项标准正逐步得到行业的认可,也为新冠疫苗的运输提供标准规范。

2.食品冷链物流

2009年11月,全国物流标准化技术委员会冷链物流分技术委员会(SAC/TC269/SC5)由国家标准化行政主管部门批准成立,标委会在全国物流标准化技术委员会业务指导下负责冷链物流领域内的国家标准、行业标准、团体标准的制修订与推广工作。2015年,多地相继出台地方标准化体系建设发展规划(2016—2020年),均将冷链物流标准化应用推广作为重点领域。2016年出台的《关于开展农产品冷链流通标准化示范工作的通知》进一步推动了我国冷链物流的标准化发展。 2017年国务院办公厅发布《关于加快发展冷链物流　保障食品安全　促进消费升级的意见》(国办发〔2017〕29号),明确提到"加快完善冷链物流标准和服务规范体系,制修订一批冷链物流强制性标准。"并且随着《中华人民共和国标准化法》出台,食品冷链物流标准化迈上了一个全新的历史阶段。

根据《中国冷链物流标准目录手册》(2022版)显示,我国分布在不同领域和部门的现行有效的冷链物流国家标准、行业标准共计348项,其内容按基础性标准、设施设备相关标准、技术作业与管理标准进行分类。主要包括国内首个冷链物流领域强制性国家标准《食品安全国家标准　食品冷链物流卫生规范》(GB 31605—2020),冷链物流领域基础标准《冷链物流分类与基本要求》(GB/T 28577—2021)，冷链物流服务类标准《物流企业冷链服务要求与能力评估指标》(GB/T 31086—2014)、《道路冷链运输服务规则》(JI/T 1234—2019)、《食品冷链物流交接规范》(GB/T 40956—2021)、冷链相关设施设备《冷库管理规范》(GB/T 30134—2013)、《行驶温度记录仪技术要求和检验方法》(JT/T 1325—2020)、《道路运输　食品与生物制品冷藏车安全要求及试验方法》(GB 29753—2023)，相关细分行业《冷藏、冷冻食品物流包装、标志、运输和储存》(GB/T 24616—2019)以及餐饮、肉制品、水产品等标准。从目前已颁布的标准数目及内容来看，冷链物流标准化工作取得长足的进展，为进一步开展工作夯实了基础。

　　随着冷链物流标准化体系建设不断完善，多项标准已在行业中进行宣贯，如《电子商务冷链物流配送服务管理规范》《冷藏、冷冻食品物流包装、标志、运输和储存》《水产品冷链物流服务规范》国家标准及《餐饮冷链物流服务规范》《道路运输　食品冷藏车功能选用技术规范》行业标准开展的培训、试点-达标-示范企业评选等工作。同时，为了促进冷链物流服务的量化管理与评价，依据《物流企业冷链服务要求与能力评估指标》国家标准开展的冷链物流企业星级评估工作，已得到行业认可，星级企业已成为众多甲方招投标依据之一，并得到了多地政府的政策扶持。

　　受新型冠状病毒感染等一系列突发特殊事件的影响，政府对于冷链物流发展的关注度进一步提升，冷链行业监管力度趋严，标准化体系建设逐步完善。国务院、海关总署、交通运输部先后针对进口冷链食品出台多项法规和指南要求，搭建全国进口冷链食品追溯监管平台。由国家食品安全风险评估中心、中物联冷链委等单位共同起草的《食品安全国家标准　食品冷链物流卫生规范》强制性国家标准已于2021年3月11日正式实施，这也是目前为止我国食品冷链物流领域首个强制性国家标准。

　　标准化程度是反映一个行业整体发展水平的重要标志，完善冷链物流标准化体系建设，对于引导冷链行业健康有序发展，推动产业衔接，促进企业降本增效，保障食品安全具有重要意义。

二、标准制定实施问题分析

1.标准制定方面存在的问题

1)统一的标准体系尚未建立

由于冷链物流涉及的业务环节多、细分领域多、管理主体多,各方面都从各自的角度推进冷链物流标准的制定,行业中尚未建立统一的冷链物流标准体系,导致有些领域标准重复、交叉,有些领域标准缺失,现有相关标准衔接不紧密。

2)基础性、关键性标准尚需完善

基础通用标准方面,对冷链货物的界定、不同品类货物的温度要求等基础性标准缺失,导致行业管理和企业运营中特别是温度控制的合规性无法判定。

冷库标准方面,《冷库设计规范》(GB 50072—2010)要求单层或多层冷库建筑,占地面积≤7000m²,大型冷链物流企业冷库需求体量大,按此标准需投入多个冷库建筑,各库房间需采取特别措施连通,不利于企业实际运营操作。

车辆标准方面,冷藏车的生产由工信部门管理,目前车辆设计定制化严重,车辆长度、宽度尺寸不一,导致车型不统一。工信部门近期拟对总质量4.5t以下车辆限定发动机最高排量为2.5L,将会导致冷藏车动力储备不足,影响车辆动力性。此外,纯电动制冷机组相关标准缺失,也导致冷藏车标准化推进缓慢。

设施设备标准方面,冷藏集装箱维修缺乏统一标准,各船公司各自设立自己的标准,不执行IICL标准(国际集装箱修理标准),导致冷藏集装箱尤其是进口冷藏集装箱箱况较差,用箱客户利益难以保障;移动智能冷库、冷藏箱、保温箱等低温保温容器、不同品类的包装技术等方面标准缺失,不利于先进设备和冷藏保鲜技术的推广应用。药品冷链物流设施设备验证标准不统一,存在重复验证的现象,产生验证成本较高、及时性差的问题。

服务和管理标准方面,针对果蔬、低温乳制品、速冻食品等细分领域的生产、储存、运输、流通加工等各个环节的相关服务和管理标准缺失,导致企业无标可依。此外,医学样本的运输标准尚无明确规定,不同航空运输公司对企业的资质要求也不一致,进而影响医学样本运输的时效性。

2.标准实施方面存在的问题

(1)标准的约束性不强。现有国家和行业标准中推荐性标准多,强制性标准少,比如在冷藏车、温度设备、道路冷链运输服务、冷链物流运作规范等方面都是推荐性标准,对冷链物流企业约束力不强,导致冷链物流运营服务规范化程度低。

(2)标准执行不到位。由于冷链物流行业具有交叉性、复合型等特点,涉及发改、农村、商务、交通、铁路、民航、邮政、工信、市场监督等诸多部门。现行的冷链物流标准众多,标准制定后,实施主体以及监管部门不明确,内容上缺乏衔接性,政策上缺乏配套性,导致标准的使用率低,执行不到位。

(3)标准实施效果评价不足。长期以来,我国冷链物流标准工作重制定、轻应用,将更多的精力投入到标准制修订中,对标准在企业等的实际应用情况,落地执行的情况,评价不足,不能及时发现标准在制定和实施过程中存在的不足,标准的适用性和先进性不够。

(4)标准复审周期长。冷链物流国家标准、行业标准复审周期一般为5年。但现行的冷链物流标准,有部分发布时间较早,且未能及时修订,已出现和经济社会发展需要、行业发展要求、技术进步趋势不一致的情况。特别是冷链物流强标的实施,部分标准已出现与强标冲突或是矛盾的地方。

(5)标准化意识不够。我国冷链物流市场分散,龙头骨干企业对于行业规范的带动和引领作用不强,部分小企业对于标准化工作的重视程度不够,出于成本考虑不能积极实施相关标准。另外,相关从业人员的标准化意识不足,尚未认识到标准实施的重要意义,这在一定程度上影响了行业的规范化管理。

三、推动标准工作相关建议

1.完善冷链物流标准体系

以水果、蔬菜、肉类、水产品、乳制品、速冻食品、药品、医疗器械为主要对象,从国家标准、行业标准、团体标准、地方标准等层面,全面梳理我国冷链物流标准情况,摸清当前标准现状及相互关系,分析研究标准缺失的具体环节或方向,加强急需标准的制定,加快冷链物流信息追溯平台等重点环节以及冷链物流绿色化、智慧化等重点领域标准制修订,制定一批强制性国家标准,守好冷链产品安全底线。加强冷链物流推荐性国家标准、行业标准推陈出新,支持地方因地制宜制定符合发展需要的地方标准,鼓励高起点制定团体标准和企业标准。

2.推动食品冷链物流强标的落地

《食品安全国家标准　食品冷链物流卫生规范》强制性国家标准已于2021年3月11日实施,作为冷链物流行业首个强制性标准,应加大该标准的宣传力度,政府层面明确监管部门和相应的监管机制,对于不合规的企业,建立奖惩制度,促进冷链物流服务质量的提升。

3.加大标准的宣传力度

对于已发布的冷链标准,扩大社会宣传。发挥行业协会作用,通过线上线下等多方式、多渠道加大标准的推广,并鼓励上下游企业积极参与到标准宣贯、培训、试点-达标-示范等工作中来,并从中评选出优秀的对标企业,作为行业学习的标杆,发挥示范作用,助力冷链物流标准化工作有序开展。

4.建立标准化协调机制

针对冷链物流标准涉及多部门管理,建议从国家层面,建立相关的标准化协调机制。从立项、起草、征求意见、审查等各环节加大各方的协同,扩大标准的征求意见范围,加强各环节、各领域标准的衔接。并不断推进冷链物流标准制修订全过程信息公开,以及已发布标准共享等信息化平台的建设。

5.推动政府出台配套政策

支持政府出台相关扶持政策,鼓励相关企业参与冷链物流标准制修订和推广应用,对于通过重要标准试点、示范等企业,可在相关政策、制度规范等方面引导与支持,出台一系列土地、税收、用电等方面的优惠政策,推动冷链物流的全面发展。

6.培育冷链物流标准化专业人才

利用标准宣贯等活动,普及标准化基础知识,解读标准内容,增强企业和相关人员的标准化意识;在相关院校开展冷链物流标准化知识宣贯,并鼓励其开设标准化课程,培育专业人才;邀请相关专家,参与标准化技术委员会,共同促进冷链物流标准化发展。

7.提高冷链物流国际化水平

支持科研院所、学会协会、企业等开展冷链物流相关国际公约、国际标准、国际准则等研究,积极借鉴和引进国际先进标准,促进我国标准与国际标准衔接。积极参加ISO/TC315冷链物流技术委员会的相关工作,参与国际标准的制定,推动我国冷链物流相关标准纳入国际标准体系,提升我国对国际冷链物流标准化的影响力。探索我国加入《易腐食品国际运输与运输用特种设备协议》(ATP)的路径,推动我国冷链物流企业"走出去"。

附　　录

附录1   我国冷链物流相关法律法规

我国冷链物流相关法律法规名称、发布时间及主要内容见附表1-1和附表1-2。

药品、医疗器械冷链物流管理相关法律法规

附表1-1

法律法规 名称	发布 时间	主要内容
中华人民 共和国药品 管理法	2019年	国家建立健全药品追溯制度。国务院药品监督管理部门应当制定统一的药品追溯标准和规范,推进药品追溯信息互通互享,实现药品可追溯。国家建立药物警戒制度,对药品不良反应及其他与用药有关的有害反应进行监测、识别、评估和控制
中华人民 共和国疫苗 管理法	2019年	第三十六条 疫苗上市许可持有人应当按照采购合同约定,向疾病预防控制机构或者疾病预防控制机构指定的接种单位配送疫苗。 疫苗上市许可持有人、疾病预防控制机构自行配送疫苗应当具备疫苗冷链储存、运输条件,也可以委托符合条件的疫苗配送单位配送疫苗。 疾病预防控制机构配送非免疫规划疫苗可以收取储存、运输费用,具体办法由国务院财政部门会同国务院价格主管部门制定,收费标准由省、自治区、直辖市人民政府价格主管部门会同财政部门制定。 第三十七条 疾病预防控制机构、接种单位、疫苗上市许可持有人、疫苗配送单位应当遵守疫苗储存、运输管理规范,保证疫苗质量。 疫苗在储存、运输全过程中应当处于规定的温度环境,冷链储存、运输应当符合要求,并定时监测、记录温度。 疫苗储存、运输管理规范由国务院药品监督管理部门、国务院卫生健康主管部门共同制定。 第三十九条 疫苗上市许可持有人应当按照规定,建立真实、准确、完整的销售记录,并保存至疫苗有效期满后不少于五年备查。 疾病预防控制机构、接种单位、疫苗配送单位应当按照规定,建立真实、准确、完整的接收、购进、储存、配送、供应记录,并保存至疫苗有效期满后不少于五年备查。 疾病预防控制机构、接种单位接收或者购进疫苗时,应当索取本次运输、储存全过程温度监测记录,并保存至疫苗有效期满后不少于五年备查;对不能提供本次运输、储存全过程温度监测记录或者温度控制不符合要求的,不得接收或者购进,并应当立即向县级以上地方人民政府药品监督管理部门、卫生健康主管部门报告

续上表

法律法规名称	发布时间	主要内容
疫苗生产流通管理规定	2022年	第二十四条 持有人、疾病预防控制机构自行配送疫苗,应当具备疫苗冷链储存、运输条件,符合疫苗储存和运输管理规范的有关要求,并对配送的疫苗质量依法承担责任。 持有人与疾病预防控制机构签订的采购合同中应当明确实施配送的单位、配送方式、配送时限和收货地点。 第二十五条 持有人可委托符合药品经营质量、管理规范、冷藏冷冻药品运输、储存条件的企业配送、区域仓储疫苗。持有人应当对疫苗配送企业的配送能力进行评估,严格控制配送企业数量,保证配送过程持续符合法定要求。持有人在同一省行政区域内选取疫苗区域配送企业原则上不得超过2家。 疾病预防控制机构委托配送企业分发疫苗的,应当对疫苗配送企业的配送能力进行评估,保证疫苗冷链储存、运输条件符合疫苗储存和运输管理规范的有关要求。 第二十六条 持有人委托配送疫苗的,应当及时将委托配送疫苗品种信息及受托储存、运输单位配送条件、配送能力及信息化追溯能力等评估情况分别向持有人所在地和接收疫苗所在地省级药品监督管理部门报告,省级药品监督管理部门应当及时进行公告。疾病预防控制机构委托配送企业配送疫苗的,应当向同级药品监督管理部门和卫生健康主管部门报告。接受委托配送的企业不得再次委托。 第二十七条 持有人、疾病预防控制机构和接种单位、受托储存运输企业相关方应当按照国家疫苗全程电子追溯制度要求,如实记录疫苗销售、储存、运输、使用信息,实现最小包装单位从生产到使用的全过程可追溯
药品网络零售配送监督管理办法	2022年	第十四条 药品网络销售企业应当对药品配送的质量与安全负责。配送药品,应当根据药品数量、运输距离、运输时间、温湿度要求等情况,选择适宜的运输工具和设施设备,配送的药品应当放置在独立空间并明显标识,确保符合要求、全程可追溯
药品经营质量管理规范及其冷藏、冷冻药品的储存与运输管理等5个附录	2016年	第二条 本规范是药品经营管理和质量控制的基本准则。 企业应当在药品采购、储存、销售、运输等环节采取有效的质量控制措施,确保药品质量,并按照国家有关要求建立药品追溯系统,实现药品可追溯。 第十三节 运输与配送 第一百条 企业应当按照质量管理制度的要求,严格执行运输操作规程,并采取有效措施保证运输过程中的药品质量与安全。 第一百零一条 运输药品,应当根据药品的包装、质量特性并针对车况、道路、天气等因素,选用适宜的运输工具,采取相应措施防止出现破损、污染等问题

法律法规名称	发布时间	主要内容
药品经营质量管理规范及其冷藏、冷冻药品的储存与运输管理等5个附录	2016年	第一百零二条　发运药品时,应当检查运输工具,发现运输条件不符合规定的,不得发运。运输药品过程中,运载工具应当保持密闭。 第一百零三条　企业应当严格按照外包装标示的要求搬运、装卸药品。 第一百零四条　企业应当根据药品的温度控制要求,在运输过程中采取必要的保温或者冷藏、冷冻措施。 运输过程中,药品不得直接接触冰袋、冰排等蓄冷剂,防止对药品质量造成影响。 第一百零五条　在冷藏、冷冻药品运输途中,应当实时监测并记录冷藏车、冷藏箱或者保温箱内的温度数据。 第一百零六条　企业应当制定冷藏、冷冻药品运输应急预案,对运输途中可能发生的设备故障、异常天气影响、交通拥堵等突发事件,能够采取相应的应对措施。 第一百零七条　企业委托其他单位运输药品的,应当对承运方运输药品的质量保障能力进行审计,索取运输车辆的相关资料,符合本规范运输设施设备条件和要求的方可委托。 第一百零八条　企业委托运输药品应当与承运方签订运输协议,明确药品质量责任、遵守运输操作规程和在途时限等内容。 第一百零九条　企业委托运输药品应当有记录,实现运输过程的质量追溯。记录至少包括发货时间、发货地址、收货单位、收货地址、货单号、药品件数、运输方式、委托经办人、承运单位,采用车辆运输的还应当载明车牌号,并留存驾驶人员的驾驶证复印件。记录应当至少保存5年。 第一百一十条　已装车的药品应当及时发运并尽快送达。委托运输的,企业应当要求并监督承运方严格履行委托运输协议,防止因在途时间过长影响药品质量。 第一百一十一条　企业应当采取运输安全管理措施,防止在运输过程中发生药品盗抢、遗失、调换等事故。 第一百一十二条　特殊管理的药品的运输应当符合国家有关规定
医疗器械监督管理条例	2021年	运输、储存医疗器械,应当符合医疗器械说明书和标签标示的要求;对温度、湿度等环境条件有特殊要求的,应当采取相应措施,保证医疗器械的安全、有效
医疗器械经营质量管理规范	2014年	第二十三条　批发需要冷藏、冷冻储存运输的医疗器械,应当配备以下设施设备: (一)与其经营规模和经营品种相适应的冷库; (二)用于冷库温度监测、显示、记录、调控、报警的设备; (三)能确保制冷设备正常运转的设施(如备用发电机组或者双回路供电系统);

法律法规名称	发布时间	主要内容
医疗器械经营质量管理规范	2014年	(四)企业应当根据相应的运输规模和运输环境要求配备冷藏车、保温车,或者冷藏箱、保温箱等设备; (五)对有特殊温度要求的医疗器械,应当配备符合其储存要求的设施设备。 第五十五条 运输需要冷藏、冷冻医疗器械的冷藏车、车载冷藏箱、保温箱应当符合医疗器械运输过程中对温度控制的要求。冷藏车具有显示温度、自动调控温度、报警、存储和读取温度监测数据的功能
医疗器械经营监督管理办法	2022年	第三十三条 医疗器械经营企业应当采取有效措施,确保医疗器械运输、储存符合医疗器械说明书或者标签标示要求,并做好相应记录。 对温度、湿度等环境条件有特殊要求的,应当采取相应措施,保证医疗器械的安全、有效

食品冷链物流管理相关法律法规　　　　　　　　　　　附表1-2

法律法规名称	发布时间	主要内容
中华人民共和国食品安全法(2021年修订版)	2021年	通过建立出厂检验记录制度、进货查验记录制度、批发企业的销售记录制度等方式,使食品、食品添加剂、食用农产品全程可追溯。 保健食品的标签应声明"本品不能代替药物"。生产经营转基因食品应当按照规定显著标示。食品、食品添加剂的生产日期、保质期等事项应当显著标注,容易辨识。 规定集中交易市场的开办者、柜台出租者、展销会的举办者的资质审查、检查、报告义务,食用农产品批发市场的抽样检验义务和报告义务、网络食品交易第三方平台的实名登记、审查许可证义务。不履行义务的,要承担连带责任,还要受处罚。 保健食品、特殊医学用途配方食品和婴幼儿配方食品纳入特殊食品,严格监管。不得以分装方式生产婴幼儿配方乳粉,同一企业不得用同一配方生产不同品牌的婴幼儿配方乳粉。 生产不符合食品安全标准的食品或者经营明知是不符合食品安全标准的食品,消费者除要求赔偿损失外,还可以向生产者或者经营者要求支付价款十倍或者损失三倍的赔偿金;增加赔偿的金额不足1000元的,为1000元。食品的标签、说明书存在不影响食品安全且不会对消费者造成误导的瑕疵的除外。 大部分违法行为的处罚起点由过去的2000元提升到5万元,较严重的违法行为起点为10万元。一年内累计三次违反食品安全法受到处罚的,责令停产停业,直至吊销许可证。 明知未经许可从事食品生产经营等违法行为而为其提供场所或其他条件的,要受到处罚并承担连带责任。

法律法规名称	发布时间	主要内容
中华人民共和国食品安全法(2021年修订版)	2021年	发布食品虚假广告要受罚,广告经营者、发布者承担连带责任。社会团体或其他组织、个人在虚假广告或其他虚假宣传中向消费者推荐食品的,承担连带责任。 禁止将剧毒、高毒农药用于蔬菜、瓜果、茶叶和中草药材等国家规定的农作物。国家对农药的使用实行严格的管理制度,加快淘汰剧毒、高毒、高残留农药,推动替代产品的研发和应用,鼓励使用高效低毒低残留农药。 消费者合法权益受到损害的,可以向入网食品经营者或者食品生产者要求赔偿。网络食品交易第三方平台提供者不能提供入网食品经营者的真实名称、地址和有效联系方式的,由网络食品交易第三方平台提供者赔偿
食品经营许可管理办法	2015年	1.实行一地一证原则 《食品经营许可管理办法》(以下简称《办法》)明确从事食品销售和餐饮服务活动,应当依法取得食品经营许可。要求食品经营许可实行一地一证的原则,也就是同一经营者在二个以上不同经营地点从事经营活动,应当分别取得食品经营许可。明确省级食品药品监督管理部门可以根据食品类别和食品安全风险状况,确定市、县级食品药品监督管理部门的食品经营许可管理权限。 2.采取三种经营业态、10个经营项目实施分类许可 《办法》规定食品经营许可必须"先照后证",明确将食品经营许可分为3种经营主体业态、10个经营项目,实施分类许可。3种业态是食品销售经营者、餐饮服务经营者、单位食堂,10个经营项目分别为预包装食品销售、散装食品销售、特殊食品销售、其他类食品销售;热食类食品制售、冷食类食品制售、生食类食品制售、糕点类食品制售、自制饮品制售、其他类食品制售等。 3.规定许可证核发程序 规定审核部门要对申请材料的实质内容进行核实并进行现场核查,现场核查人员不得少于2人,自接受现场核查任务之日起10个工作日内完成。规定县级以上食品药品监督管理部门应当自接受申请之日起20个工作日内作出是否准予行政许可的决定,因特殊原因需延长期限的,经本行政机关负责人批准,可以延长10个工作日。同时明确食品经营许可在变更、延续、补办、注销4种情形的提交材料、时限等内容。 4.明确许可证记载内容 许可证分为正本、副本,省级食品药品监督管理部门负责本行政区域食品经营许可证的印制发放等管理工作。明确食品经营许可证载明内容为:经营者名称、社会信用代码、法定代表人、住所、经营场所、主体业态、经营项目、许可证编号、有效期、日常监督管理机构、日常监督管理人员、投诉举报电话、发证机关、签发人、发证日期和二维码等16项。明确食品经营许可证有效期为5年。

法律法规 名称	发布 时间	主要内容
食品经营许可管理办法	2015年	5.规定监管责任 《办法》第六章第39~44条,规定了各级食品药品监督管理部门的职责任务。第七章第45~51条,明确许可申请人、被许可人、食品经营者、食品药品监督管理部门违反本《办法》规定的相关行政处罚条款

附录2 我国冷链物流相关政策

我国冷链物流相关政策情况见附表2-1~附表2-4。

2010—2023年我国冷链物流行业相关政策汇总 附表2-1

时间	发布单位	政策名称
2012年12月	中共中央、国务院	《关于加快发展现代农业 进一步增强农村发展活力的若干意见》
2017年2月	中共中央、国务院	《关于深入推进农业供给侧结构性改革 加快培育农业农村发展新动能的若干意见》
2018年1月	中共中央、国务院	《中共中央 国务院关于实施乡村振兴战略的意见》
2018年5月	中共中央、国务院	《中共中央 国务院关于打赢脱贫攻坚战三年行动的指导意见》
2019年1月	中共中央、国务院	《中共中央 国务院关于坚持农业农村优先发展 做好"三农"工作的若干意见》
2019年3月	中共中央、国务院	《中共中央 国务院关于深化改革加强食品安全工作的意见》
2014年9月	国务院	《物流发展中长期发展规划(2014—2020年)》(国发〔2014〕42号)
2015年7月	国务院	《关于积极推进"互联网+"行动的指导意见》(国发〔2015〕40号)
2016年1月	国务院	《全国农业现代化规划(2016—2020年)的通知》(国发〔2016〕58号)
2020年2月	国务院	《关于抓好"三农"领域重点工作 确保如期实现全面小康的意见》
2020年10月	国务院	《冷链食品生产经营新冠病毒防控技术指南》(联防联控机制综发〔2020〕245号)
2020年10月	国务院	《冷链食品生产经营过程新冠病毒防控消毒技术指南》(联防联控机制综发〔2020〕245号)
2020年11月	国务院	《关于印发进口冷链食品预防性全面消毒工作方案的通知》(联防联控机制综发〔2020〕255号)
2021年2月	国务院	《中共中央 国务院关于全面推进乡村振兴加快农业农村现代化的意见》
2016年5月	国务院办公厅	《国务院办公厅关于开展消费品工业"三品"专项行动 营造良好市场环境的若干意见》(国办发〔2016〕40号)

时间	发布单位	政策名称
2016年6月	国务院办公厅	《营造良好市场环境 推动交通物流融合发展实施方案》(国办发〔2016〕43号)
2017年4月	国务院办公厅	《关于加快发展冷链物流 保障食品安全 促进消费升级的意见》(国办发〔2017〕29号)
2017年10月	国务院办公厅	《关于积极推进供应链创新与应用的指导意见》(国办发〔2017〕84号)
2019年8月	国务院办公厅	《关于加快发展流通 促进商业消费的意见》(国办发〔2019〕42号)
2020年9月	国务院办公厅	《关于以新业态 新模式引领新型消费 加快发展的意见》(国办发〔2020〕32号)
2020年9月	国务院办公厅	《关于促进畜牧业高质量发展的意见》(国办发〔2020〕31号)
2021年12月	国务院办公厅	《"十四五"冷链物流发展规划》(国办发〔2021〕46号)
2010年6月	发改委	《农产品冷链物流发展规划》(发改经贸〔2010〕1304号)
2014年12月	发改委、财政部等十部委	《关于进一步促进冷链运输物流企业健康发展的指导意见》(发改经贸〔2014〕2933号)
2017年1月	发改委、工信部	《关于促进食品工业健康发展的指导意见》(发改产业〔2017〕19号)
2019年2月	发改委等24个部门	《关于推动物流高质量发展 促进形成强大国内市场的意见》(发改经贸〔2019〕352号)
2020年3月	发改委	《关于开展首批国家骨干冷链物流基地建设工作的通知》
2020年5月	发改委等12个部门	《关于进一步优化发展环境 促进生鲜农产品流通的实施意见》(发改经贸〔2020〕809号)
2020年9月	发改委等7个部门	《关于印发第二批国家农村产业融合发展示范园名单的通知》(发改农经〔2020〕1360号)
2017年8月	交通运输部	《关于加快发展冷链物流 保障食品安全 促进消费升级的实施意见》(交运发〔2017〕127号)
2020年6月	交通运输部	交通运输部办公厅关于做好交通运输 促进消费扩容提质有关工作的通知(交办规划〔2020〕26号)
2020年8月	交通运输部	《关于进一步加强冷链物流渠道新冠肺炎疫情防控工作的通知》(交运明电〔2020〕241号)
2020年11月	交通运输部	《公路、水路进口冷链食品物流新冠病毒防控和消毒技术指南》(交运明电〔2020〕292号)

续上表

时间	发布单位	政策名称
2020年12月	交通运输部	交通运输部办公厅关于进一步做好总质量4500kg及以下普通货运车辆"放管服"改革有关工作的通知（交办运〔2020〕65号）
2022年4月	交通运输部等5部门	《交通运输部 国家铁路局 中国民用航空局 国家邮政局 中国国家铁路集团有限公司关于加快推进冷链物流运输高质量发展的实施意见》（交运发〔2022〕49号）
2022年5月	交通运输部	《交通运输部办公厅关于开展冷藏集装箱港航服务提升行动的通知》（交办水函〔2022〕675号）
2018年5月	财政部办公厅、商务部办公厅	《关于开展2018年流通领域现代供应链体系建设的通知》（财办建〔2018〕101号）
2019年5月	财政部、商务部	《关于推动农商互联 完善农产品供应链的通知》（财办建〔2019〕69号）
2020年2月	财政部、农业农村部	《关于切实支持做好新冠肺炎疫情防控期间农产品稳产保供工作的通知》（财办农〔2020〕6号）
2020年3月	财务部	《财务部关于有效应对新冠肺炎疫情影响切实加强地方财政"三保"工作的通知》
2022年5月	财政部、商务部	《关于支持加快农产品供应链体系建设 进一步促进冷链物流发展的通知》（财办建〔2022〕36号）
2019年12月	农业农村部等	《关于实施"互联网+"农产品出村进城工程的指导意见》
2020年3月	农业农村部	《关于做好"三农"领域补短板项目库建设工作的通知》（农办计财〔2020〕1号）
2020年4月	农业农村部	《关于加快农产品仓储保鲜冷链设施建设的实施意见》（农市发〔2020〕2号）
2020年6月	农业农村部	《关于进一步加强农产品仓储保鲜冷链物流设施建设工作的通知》（农办市〔2020〕8号）
2016年12月	商务部、中央网信办、发改委	《电子商务"十三五"发展规划》（商电发〔2016〕482号）
2018年4月	商务部、工信部等八部委	《关于开展供应链创新与应用试点的通知》（商建函〔2018〕142号）
2018年4月	商务部、标准化管理委员会	《关于复制推广农产品冷链流通标准化示范典型经验模式的通知》（商办建函〔2018〕109号）

续上表

时间	发布单位	政策名称
2018年9月	市场监管总局	《关于加强冷冻冷藏食品经营监督管理的通知》（市监食经〔2018〕58号）
2020年3月	市场监管总局	《关于加强冷藏冷冻食品质量安全管理的公告》
2020年11月	国家卫生健康委	《关于进一步做好冷链食品追溯管理工作的通知》（联防联控机制综发〔2020〕263号）
2022年2月	全国供销合作社	《全国供销合作社"十四五"公共型农产品冷链物流发展专项规划》
2016年2月	中国铁路总公司	《铁路冷链物流网络布局"十三五"发展规划》（铁总计统〔2016〕42号）

近年来我国东部地区出台的冷链物流相关政策　　附表2-2

地区	相关政策
北京	《北京市商务局关于新冠肺炎常态化防控下加强食品冷链物流管理的通知》
	《推广应用北京市冷链食品追溯平台的通告》
	《关于加强新冠肺炎疫情防控期间本地农产品销售工作的紧急通知》
	《京冀科技扶贫协作三年行动计划（2018—2020）》
	《关于实施小微企业普惠性税收减免政策的通知》
	《关于公布本市可承接进口冷链产品冷藏保鲜运输企业名单（第一批）的通知》
上海	《关于印发〈松江区冷链仓库消防安全专项整治行动方案〉的通知》
	《上海市促进在线新经济发展行动方案（2020—2022年）》
	《关于印发〈上海市农业部门秋冬季新冠肺炎疫情防控工作方案〉的通知》
	《关于加强冷链食品生产经营企业　疫情防控和食品安全信息追溯管理的通知》
	《关于做好交通运输　促进消费扩容提质有关工作的通知》
	《关于下达2019年扶持新型农业经营主体培育项目资金的通知》
	《关于推动交通运输领域新型基础设施建设的指导意见》
河北	《河北省人民政府关于加快推进奶业振兴的实施意见》
	《关于做好当前疫情形势下禽肉等"菜篮子"产品保障供应工作的紧急通知》
	《关于应对新冠肺炎疫情影响加快服务业发展的工作方案》
	《河北省2020年扩大消费十大专项行动实施方案的通知》
	《河北省农田建设补助资金管理实施细则》
	《河北省现代农业支撑体系专项2020年中央预算内投资计划及任务清单的通知》
	《河北省"十四五"冷链物流发展实施方案》

续上表

地区	相关政策
浙江	《省交通运输厅关于进一步加强冷链物流疫情防控工作的通知》
	《关于进一步做好冷链食品常态化疫情防控工作的通知》
	《乡村振兴第二批省级农村产业融合发展示范园创建名单的通知》
	《浙江省乡村振兴战略标志性工程2020年重点项目投资计划》
	《浙江省冷链物流创新发展三年行动计划(2020—2022年)》
	《浙江省交通运输厅关于进一步加强冷链物流疫情防控工作的通知》
	《关于印发〈浙江省大湾区物流产业高质量发展行动计划(2019—2022)〉的通知》
	《关于印发浙江省新型基础设施建设三年行动计划(2020—2022)的通知》
	《浙江省人民政府关于推进乡村产业高质量发展的若干意见》
	《关于提振消费 促进经济稳定增长的实施意见》
	《浙江省推动先进制造业和现代服务业深度融合发展的实施意见》
	《浙江省人民政府办公厅关于支持冷链物流高质量发展的若干意见》
山东	《关于做好冷链食品新冠肺炎疫情常态化防控工作的通知》
	《山东省畜牧兽局关于贯彻落实〈山东省畜禽居宰管理办法〉的通知》
	《关于印发山东省农产品仓储保鲜设施建设工程实施方案的通知》
	《省农业农村厅 省财政厅关于加快推进农业农村领域政府和社会资本合作(PPP)的通知》
	《山东省人民政府办公厅关于印发山东省推动苹果产业高质量发展行动计划的通知》
	《关于加强冷链食品新冠肺炎疫情防控工作的通知》
	《山东省"十四五"冷链物流发展规划》
福建	《福建省购置冷藏运输工具补助资金管理办法》
	《关于加快泉州港中心港区建设 做大做强泉州港口经济的建议》
	《进口冷链食品新冠肺炎疫情防控导则》
	《福建省贯彻"十四五"冷链物流发展规划实施方案》
辽宁	《辽宁省交通厅关于推进辽宁沿海港口转型升级的指导意见》
	《辽宁省交通厅关于加快交通物流业发展四年行动计划》的通知
	《辽宁省冷链物流高质量发展实施方案(2022—2025年)》
江苏	《关于加强进口冷链食品,国际邮件快件预防性全面消毒和新冠病毒核酸检测工作的通知》
	《江苏省供销合作发展专项资金管理办法》
	《关于加快推进渔业高质量发展的意见》
	《江苏省冷链物流发展规划(2022—2030年)》
广东	《对检出新冠病毒核酸阳性的进口冷链食品境外生产企业实施紧急预防性措施的公告》
	《广东省推进冷链物流高质量发展"十四五"实施方案》

地区	相关政策
海南	《关于印发中国(三亚)跨境电子商务综合试验区实施方案的通知》
	《海南省关于进一步降低物流成本的实施方案》的通知
	《海南省"十四五"冷链物流发展规划》
	《关于加快海南省道路货运行业转型升级　促进高质量发展实施意见的通知》
	《中共海南省委　海南省人民政府关于深化改革加强食品安全工作的实施意见》

近年来我国中部地区冷链物流相关政策

附表2-3

地区	相关政策
广西	《关于加强冷链食品新冠肺炎疫情防控工作的通知》
	《关于印发广西基础设施补短板　"五网"建设三年大会战总体方案(2020—2022年)的通知》
	《广西加快发展流通　促进商业消费实施方案的通知》
	《关于印发广西加快发展向海经济　推动海洋强区建设三年行动计划(2020—2022年)的通知》
湖北	《省人民政府办公厅关于进一步推进物流降本增效促进实体经济发展的实施方案》
	《省发改委关于开展2020年度省重点物流企业认定工作的通知》
	《省人民政府关于印发提振消费促进经济稳定增长若干措施的通知》
	《湖北省疫后重振补短板强功能"十大工程"三年行动方案(2020—2022年)的通知》
	《湖北省构建市场导向的绿色技术创新体系实施方案(2020—2022)》
山西	《山西省农业农村厅办公室关于进一步稳定生鲜乳生产购销秩序　加强质量安全监管的通知》
	《山西省农业农村厅办公室关于加快农产品仓储保鲜冷链设施建设申报和工作推进的通知》
	《山西省农业农村厅办公室关于做好2020年农产品质量安全追溯工作的通知》
	《关于加快发展流通　促进商业消费的实施意见》
	《关于印发山西省2020年食品安全重点工作安排的通知》
	《山西省"十四五"冷链物流发展规划》
内蒙古	《牧区现代化三年行动方案(2020—2022年)》
	《自治区推进贸易高质量发展行动计划(2020—2022年)》
	《奶业振兴三年行动方案(2020—2022年)的通知》
	《农业高质量发展三年行动方案(2020—2022年)》
	《内蒙古自治区冷链物流发展实施方案》
吉林	《吉林省交通运输厅关于进一步加强冷链物流渠道新冠肺炎疫情防控工作的通知》
	《吉林省发改委关于下达城乡冷链和国家物流枢纽建设项目2020年中央预算内投资计划的通知》
	《关于落实预防性全面消毒工作强化食品生产经营环节进口冷链食品监管有关工作的通知》
	《吉林省"十四五"冷链物流发展规划》

续上表

地区	相关政策
安徽	《安徽省人民政府办公厅关于加强长三角绿色农产品生产加工供应基地建设的实施意见》
	《安徽省人民政府办公厅关于稳定生猪生产　促进转型升级的实施意见》
	《省商务厅关于2020年省级商贸流通业发展政策项目申报工作的通知》
	《安徽省冷链物流发展实施方案(2022—2025年)》
江西	《关于支持赣州打造对接融入粤港澳大湾区桥头堡若干政策措施的通知》
	《江西省推动物流高质量发展　促进形成强大国内市场三年行动计划(2020—2022年)》
	《应对新冠肺炎疫情进一步帮扶企业和个体工商户缓解房屋租金压力实施方案》
	《关于推动交通运输领域新型基础设施建设的指导意见》
	《关于实施"三大攻坚行动、三大提升工程"推动全省交通运输高质量发展的意见》
	《江西省人民政府办公厅关于加快推进绿色食品产业链高质量发展的指导意见》
	《江西省商贸物流"十四五"发展规划》
河南	《河南省人民政府办公厅关于加快畜牧业高质量发展的意见》
	《关于加快推进农业信息化和数字乡村建设的实施意见》
	《关于印发豫沪农业领域合作工作方案的通知》
	《拨付1.2亿元服务业发展资金支持商贸、物流等行业稳定发展》
	《河南省中小微企业应急周转资金池激励政策实施方案》
	《省交通运输厅等部门关于加快全省道路货运行业转型升级　促进高质量发展实施意见的通知》
	《河南省进一步降低物流成本实施方案》
	《郑州市"十四五"冷链物流发展规划》
湖南	《关于印发湖南省冷链食品新冠肺炎疫情常态化防控工作指南的通知》
	《关于湖南省拟支持城乡冷链和国家物流枢纽建设项目2020年第二批中央预算内投资项目的公示》
	《关于拟纳入2020年度省现代服务业(冷链物流)发展专项资金支持范围的项目公示》
	《关于印发第二批国家农村产业融合发展示范园名单的通知》
	《关于加快开展县城城镇化补短板强弱项工作的通知》
	《关于多措并举促进禽肉水产品扩大生产保障供给的通知》
	《湖南省冷链物流业发展规划(2020—2025年)》
	《湖南省冷链物流体系建设行动方案(2022—2025年)》
黑龙江	《黑龙江省人民政府办公厅关于应对新型冠状病毒肺炎疫情　支持农业稳产保供的意见》
	《黑龙江省"十四五"冷链物流发展规划》
辽宁	《辽宁省冷链物流高质量发展实施方案(2022—2025年)》

近年来我国西部地区冷链物流相关政策   附表2-4

地区	相关政策
新疆	《关于加强冷链食品新冠肺炎疫情防控工作的通知》
	《关于印发〈新疆冷链物流标准化发展规划(2020—2025)〉的通知》
	《新疆冷链物流标准化发展规划(2020—2025)》
	《关于进一步降低物流成本的若干措施》
	《大力支持新疆冷链物流产业绿色发展的通知》
	《冷链物流保障食品安全 促进消费升级的实施意见》
青海	《自治区人民政府关于推进农业高质量发展 促进乡村产业振兴的实施意见》
	《自治区人民政府办公厅印发关于积极应对疫情影响 释放消费潜力 支持服务业健康发展的若干政策措施的通知》
	《青海省人民政府办公厅关于加快藏羊产业转型发展的实施意见》
	《青海省"十四五"冷链物流发展实施方案》
甘肃	《甘肃实现有需求贫困村仓储保鲜冷链设施全覆盖的通知》
	《我省完善特色农产品仓储保鲜冷链体系的通知》
	《甘肃省"十四五"冷链物流高质量发展实施方案》
陕西	《陕西省人民政府办公厅关于印发加快推进全省畜牧业高质量发展意见的通知》
贵州	《贵州省2020年农产品仓储保鲜冷链设施建设实施方案》
	《智慧农业平台建设——纳雍土鸡示范点》
	《关于进一步加强冷链物流渠道新冠肺炎疫情防控工作的通知》
四川	《四川省生猪(牛羊)调出大县奖励资金管理办法》
	《关于2020年省级财政现代农业发展工程共同财政事权转移支付资金安排情况的公告》
	《印发四川电商营商高地建设总体方案的通知》
	《关于做好2020年国家骨干冷链物流基地建设工作的通知》
重庆	《重庆市冷链物流高质量发展"十四五"规划(2021—2025年)》
云南	《关于做好疫情防控重点保障物资生产企业名单管理事项的通知》
	《支持特色农产品加工和冷链物流建设政策措施》
	《云南省人民政府办公厅关于印发云南省支持农产品冷链物流设施建设政策措施的通知》
	《云南省"十四五"冷链物流发展实施方案》
西藏	《关于加强冷链食品新冠肺炎疫情防控工作的通知》
宁夏	《关于积极应对疫情影响 释放消费潜力 支持服务业健康发展的若干政策措施的通知》
	《自治区人民政府关于推进农业高质量发展促进乡村产业振兴的实施意见》

附录3　我国冷链物流相关标准

我国冷链物流相关标准情况见附表3-1和附表3-2。

医药物流主要标准列表

附表3-1

标准类型	标准名称	标准号/标准编号	发布日期 实施日期	标准范围
国家标准	《医药产品冷链物流温控设施设备验证　性能确认技术规范》	GB/T 34399—2017	2017-10-14 2018-05-01	本标准规定了医药产品冷链物流涉及的温控仓库、温控车辆、冷藏箱、保温箱及温度监测系统性能确认的内容、要求和操作要点。本标准适用于医药产品储存运输过程中涉及的温控仓库、温控车辆、冷藏箱、保温箱及温度监测系统的性能确认等活动
	《药品物流服务规范》	20214071-T-469	报批阶段	本文件规定了药品物流服务的基本要求，以及人员与培训、设施设备、信息系统、仓储、运输与配送、装卸与搬运、交接、增值服务、信息管理、风险管理、投诉处理、服务评价与改进的要求。本文件适用于药品物流服务与管理活动。本文件不适用于药品医院院内物流服务与管理活动
	《药品冷链物流运作规范》	GB/T 28842—2021	2021-11-26 2022-06-01	本文件规定了药品冷链物流过程中的总体要求，人员与培训、设施设备与验证管理、温度监测与控制、物流作业、应急管理以及内审与改进等方面的要求。本文件适用于药品冷链物流服务与管理
	《医药物流质量管理审核规范》	GB/T 42502—2023	2023-03-17 2023-03-17	本文件规定了医药物流质量管理审核方的基本要求、审核工作要求，以及审核内容、审核判定、审核结果与反馈、评价与改进的要求。本文件适用于医药物流质量管理审核方对医药物流服务提供商的审核
	《医学检验生物样本冷链物流运作规范》	GB/T 42186—2022	2022-12-30 2022-12-30	本文件规定了医学检验生物样本冷链物流运作过程中的组织要求、人员与培训、设备管理、物流作业、风险控制、评审与改进。本文件适用于医学检验生物样本冷链物流企业的服务与管理

标准类型	标准名称	标准号/标准编号	发布日期实施日期	标准范围
行业标准	《药品阴凉箱的技术要求和试验方法》	WB/T 1062—2016	2016-10-24 2017-01-01	本标准规定了药品阴凉箱(以下简称阴凉箱)的术语和定义、技术要求和试验方法。 本标准适用于箱内温度范围为8~20℃、相对湿度范围为35%~75%的电机驱动压缩式全封闭型制冷系统的立式药品阴凉箱
	《药品冷链保温箱通用规范》	WB/T 1097—2018	2018-07-16 2018-08-01	本标准规定了药品冷链保温箱的技术要求、试验方法、检验规则和标志。 本标准适用于冷藏药品运输、暂存和流通加工中所使用的冷链保温箱
	《道路运输医药产品冷藏车功能配置要求》	WB/T 1104—2020	2020-05-11 2020-06-01	本标准规定了医药产品冷藏车的分类、功能配置要求。 本标准适用于道路运输医药产品冷藏车的选型
	《疫苗储存与运输服务规范》	303-2021-006	征求意见阶段	本文件规定了疫苗在储存运输过程中的基本要求,质量管理体系文件、人员与培训、设施设备、信息系统、储存作业、运输作业、应急管理、追溯管理、内审与改进、委托管理等要求。 本文件适用于疫苗储存与运输环节的服务与管理
	《网络零售药品配送服务规范》	303-2022-004	起草阶段	本文件规定了网络零售药品配送基本要求、人员与培训、设施设备、服务流程、信息系统管理、档案管理、应急处置及服务评价等要求。 本文件适用于网络零售药品配送企业在配送过程中的服务与管理
	《体外诊断试剂温控物流服务规范》	WB/T 1115—2021	2021-05-31 2021-07-01	本文件规定了体外诊断试剂温控物流服务的基本要求、人员与培训、设施设备、物流作业、温度监测和控制、追溯与应用和应急处理。 本文件适用于按照医疗器械管理的体外诊断试剂温控物流服务。本文件不适用于按照药品管理的体外诊断试剂温控物流服务
	《医药产品医院院内物流服务规范》	303-2021-003	征求意见阶段	本文件规定了从事医药产品医院院内物流服务的基本要求、物流服务要求、评价与改进。 本文件适用于医药产品医院院内物流的服务与管理。 本文件不适用于大中型医疗设备的医院院内物流服务与管理

续上表

标准类型	标准名称	标准号/标准编号	发布日期 实施日期	标准范围
行业标准	《医疗器械物流通用服务规范》	303-2022-010	起草阶段	本文件规定了医疗器械物流服务的基本要求、人员与培训要求、设施设备要求、信息系统要求、作业要求和服务评价与改进。 本文件适用于医疗器械物流的管理与服务
团体标准	《医药冷藏车温控验证 性能确认技术规范》	T/CFLP 0013—2018	2018-04-11 2018-05-01	本标准规定了医药冷藏车的车辆技术要求,温度传感器技术和布置要求,温控性能确认测试内容及要求、合格判定标准、确认程序、数据分析、偏差处理、确认周期和确认结果评定内容。 本标准适用于医药冷藏车的温控性能确认活动
	《医药物流 承运企业质量管理审计规范》	T/CFLP 0012—2018	2018-04-11 2018-05-01	本标准规定了医药物流承运企业质量管理审计的目的、类型、范围、人员、准备、流程、内容和结论。 本标准适用于药品/医疗器械生产和经营企业对承运企业的质量审计,也适用于承运企业对分包企业的审计
	《医药物流从业人员能力要求》	T/CFLP 0034—2022	2022-04-11 2022-04-20	本文件规定了医药物流从业人员能力的构成、要素要求、等级的划分及其要求。 文件适用于对医药物流从业人员的选用,培养,考核和评估
	《质量分级及"领跑者"评价要求 药品冷链物流服务》	T/CFLP 0045—2022	2022-09-01 2022-09-05	本文件规定了药品冷链运输服务、药品冷链仓储服务、药品冷链综合物流服务"领跑者"质量及企业标准水平的评价指标体系和评价方法。 本文件适用于药品冷链物流跟踪质量及企业标准水平评价。相关机构开展质量分级和企业标准水平评估、"领跑者"评价以及相关状证时可参照使用,企业在制定企业标准时也可参照本文件。 本文件不适用于疫苗冷链运输服务、疫苗冷链仓储服务、疫苗冷链综合物流服务质量及企业标准水平评价
	《医药产品医院院内物流服务规范》	T/CFLP 0023—2019	2019-11-05 2019-12-30	本标准规定了从事医药产品医院院内物流服务的基本要求和服务要求。 本标准适用于物流服务商对医院院内除特殊药品、大型医疗设备之外的医药产品的物流服务

标准类型	标准名称	标准号/标准编号	发布日期实施日期	标准范围
团体标准	《大中型医疗设备运输与就位服务规范》	T/CFLP 0049—2022	2022-12-29 2023-01-15	本文件规定了大中型医疗设备运输与就位服务的服务提供方、服务人员、服务准备、运输服务、就位服务、单证管理、异常情况处理以及服务评价与改进的要求。本文件适用于大中型医疗设备的运输与就位服务活动

冷链物流基础标准及食品冷链物流重点标准列表 　　附表3-2

序号	标准名称	标准号	发布/实施日期	标准范围
1	《食品安全国家标准 食品冷链物流卫生规范》	GB 31605—2020	2020-09-11/ 2021-03-11	本标准规定了食品冷链物流过程中的基本要求、交接、运输配送、储存、人员和管理制度、追溯及召回、文件管理等方面的要求和管理准则,适用于各类食品出厂后到销售前需要温度控制的物流过程
2	《冷链物流分类与基本要求》	GB/T 28577—2021	2021-11-26/ 2022-06-01	本标准规定了冷链物流的分类,以及设施设备、信息系统、温度控制、物品保护、质量管理、人员要求、安全管理、环境保护等方面的基本要求。本标准适用于冷链物流及相关领域的管理与运作
3	《物流企业冷链服务要求与能力评估指标》	GB/T 31086—2014	2014-12-22/ 2015-07-01	本标准规定了物流企业从事农产品、食品冷链服务所应满足的基本要求,以及物流企业冷链服务类型、能力级别划分及评估指标。本标准适用于物流企业的农产品、食品冷链服务及管理
4	《食品冷链物流交接规范》	GB/T 40956—2021	2021-11-26/ 2022-06-01	本标准规定了食品冷链物流交接作业的总体要求和入库、出库、配送交接要求。本标准适用于食品冷链物流过程中的交接管理
5	《道路运输食品与生物制品冷藏车安全要求及试验方法》	GB 29753—2023	2023-09-8/ 2024-01-01	本标准规定了冷藏车的分类、技术要求、试验方法和标志。本标准适用于采用已定型汽车整车或二类、三类底盘上改装的道路运输易腐食品与生物制品的冷藏汽车和冷藏半挂车
6	《冷藏、冷冻食品物流包装、标志、运输和储存》	GB/T 24616—2019	2019-08-30/ 2020-03-01	本标准规定了冷藏、冷冻食品在物流过程中的包装、标志、运输、储存和追溯要求,标准适用于冷藏、冷冻食品的物流作业与管理

续上表

序号	标准名称	标准号	发布/ 实施日期	标准范围
7	《道路冷链运输服务规则》	JI/T 1234— 2019	2019-01-02/ 2019-03-01	本标准规定了道路冷链运输服务的企业、人员、设施设备、作业、文件和记录等要求。本标准适用于道路运输企业从事的普通货物道路冷链运输业务,不适用于危险货物道路冷链运输业务